ふくいをたのしく

発刊の想《おも》い。

これからの世代のみんなが、
日本中と交流をするためには、
「デザインの目線」がとても
重要になっていくと考えます。
それは、長く続いていくであろう
本質を持ったものを見極め、
わかりやすく、楽しく工夫を感じる創意です。
人口の多い都市が発信する
流行も含めたものではなく、
土着的でも、その中に秘められた「個性」——
それらを手がかりとして、
具体的にその土地へ行くための
「デザインの目線」を持った観光ガイドが今、
必要と考え、47都道府県を一冊一冊、
同等に同じ項目で取材・編集し、
各号同程度のページ数で発刊していきます。

d design travel
発行人　ナガオカケンメイ

problems, we will point out the problems while recommending it.

- The businesses we recommend will not have editorial influence. Their only role in the publications will be fact checking.
- We will only pick up things deemed enduring from the "long life design" perspective.
- We will not enhance photographs by using special lenses. We will capture things as they are.
- We will maintain a relationship with the places and people we pick up after the publication of the guidebook in which they are featured.

Our selection criteria:

- The business or product is uniquely local.
- The business or product communicates an important local message.
- The business or product is operated or produced by local people.
- The product or services are reasonably priced.
- The business or product is innovatively designed.

Kenmei Nagaoka
Founder, d design travel

編集の考え方。

・必ず自費でまず利用すること。実際に泊まり、食事し、買って、確かめること。
・感動しないものは取り上げないこと。本音で、自分の言葉で書くこと。
・問題があっても、素晴らしければ、問題を指摘しながら薦めること。
・取材相手の原稿チェックは、事実確認だけにとどめること。
・ロングライフデザインの視点で、長く続くものだけを取り上げること。
・写真撮影は特殊レンズを使って誇張しない。ありのままを撮ること。
・取り上げた場所や人とは、発刊後も継続的に交流を持つこと。

取材対象選定の考え方。

・その土地らしいこと。
・その土地の大切なメッセージを伝えていること。
・その土地の人がやっていること。
・価格が手頃であること。
・デザインの工夫があること。

SIGHTS
その土地を知る
To know the region

CAFES
その土地でお茶をする
お酒を飲む
To have tea
To have a drink

RESTAURANTS
その土地で食事する
To eat

HOTELS
その土地に泊まる
To stay

SHOPS
その土地らしい買物
To buy regional goods

PEOPLE
その土地のキーマン
To meet key persons

A Few Thoughts Regarding the Publication of This Series

I believe that a "design perspective" will become extremely important for future generations, and indeed people of all generations, to interact with all areas of Japan. By "design perspective," I mean an imagination, which discerns what has substance and will endure, and allows users to easily understand and enjoy innovations. I feel that now, more than ever, a new kind of guidebook with a "design perspective" is needed. Therefore, we will publish a guide to each of Japan's 47 prefectures. The guidebooks will be composed, researched, and edited identically and be similar in volume.

Our editorial concept:

- Any business or product we recommend will first have been purchased or used at the researchers' own expense. That is to say, the writers have all actually spent the night in at the inns, eaten at the restaurants, and purchased the products they recommend.
- We will not recommend something unless it moves us. The recommendations will be written sincerely and in our own words.
- If something or some service is wonderful, but not without

福井県の12か月

12 Months of FUKUI

海辺の手しごと市（福井市）

越前海岸のゴールデンウイークの風物詩ともいわれる「WATARIGLASS studio」主催のイベント。市内外のハンドメイド工房や飲食店などが出店し、2023年で9回目。ジャズライブや、おもちゃの物々交換市「かえっこバザール」、織ネームの販売など楽しい催しが盛りだくさん。

七間《しちけん》朝市の開始（大野市）

400年以上の歴史がある、城下町・大野に春を知らせる名物朝市。春分の日から大晦日《おおみそか》までの毎日午前7時から11時ごろに「七間通り」にずらりと店が出る。地元でとれた旬の野菜や山菜などが所狭しと並び、それらの美味しさもさることながら屈託のないおばちゃんたちとの会話も最高。

地蔵盆（小浜市）

毎年8月23日に行なわれる子どもが主役の伝統行事。子どもたちは、地域の地蔵を洗い、絵の具を使ってカラフルにお色直しし、当日の朝から太鼓やかねを鳴らし、「まいってんのー」と、住民に参拝を呼びかける。さらに、子どもたちは、水鉄砲や水風船を携え、他の地域の五色旗の奪い合いに熱中するが……！？

6 JUNE　5 MAY　4 APRIL　3 MARCH　2 FEBRUARY　1 JANUARY

三国祭（坂井市）

江戸時代から続く北陸三大祭りの一つ。毎年5月19、20、21日の三日間で開催され、大きな人形をのせた山車《やま》や神輿《みこし》巡行の中日が特に見もの。町内にある山車は全部で18基。そのうちの6基（当番制）が、毎年三國神社に奉納されるといい、2023年には、武蔵坊弁慶や加藤清正などが登場したが、過去には、猪八戒や一寸法師など架空のユニークな人形も。

千年未来工藝祭（越前市）

若者をターゲットとし、「工藝《こうげい》」を次世代へ継承するきっかけづくりのイベント。展示販売やワークショップ、シンポジウムなどに加え　て、『Thousand Next Takumi CoNEXTion Project』が面白い。越前市伝統工芸三産地の若手職人が集まり、自らのアイデアで製作した作品をもとに開発と販売方法をリサーチする。

ONE PARK FESTIVAL（福井市）

街全体が“一つのテーマパーク”になる音楽フェス。福井市中心市街地のまさに中心「福井市中央公園」をメイン会場にしていて、再入場可能なので、お気に入りのアーティストが登場するまでは街に繰り出して買い物も観光もOK！福井城址でサウナや、お堀でカヌー体験もあって、もちろん福井ならではのフードもある特別なイベント。

めがねフェス（鯖江市）

「めがねよ、ありがとう」を合言葉に、全国からめがね好きが集まるめがねの感謝祭。めがね供養を中心に、産地の最新のめがねが並ぶPOP UP GALLERYや、めがねステージ、めがねグルメ、めがねグッズ販売など、めがねづくしのイベント。めがねへの感謝などをつづった作品を応募する「めがねよ、ありがとう作文」も必読。泣けます。

RENEW（鯖江《さばえ》市・越前市・越前町）

福井県鯖江市、越前市、越前町で開催される体感型マーケット。漆器や和紙、木工などの普段出入りできないものづくりの工房を開放し、実際のものづくりの現場を見学・体験できる。「うるしの里会館」を総合案内所とし、館内では、ショップ型博覧会『まち／ひと／しごと』も開催し、全国からローカルプレーヤーが集結。2023年は、d編集部も緊急参戦。

たくらCANVASマーケット（南越前町）

南条にある雑貨店「GENOME REAL STORE」のフリーマーケットを前身とするクラフトマーケット。同じ地域にある「旧宅良保育所」を使って、ハンドメイドの雑貨や洋服、レトロな小物や日用品、焼き菓子やパン、コーヒーショップなど、およそ50店が集合。南越前町の秋色に染まる山間の景色を楽しむのも、このイベントならでは。

御食国《みけつくに》まち歩きマルシェ（小浜市）

全長約2キロの小浜の歴史的な町並みがマルシェになるイベント。「小浜西組」を中心に、60を超える魅力あるフードやショップが集合。2023年には、三丁町エリアにて『三丁町バザール』も同時開催。かつて朝廷に海の幸を献上していた御食国の風情ある町並みで食とお買い物を満喫してみては？

12 DECEMBER　11 NOVEMBER　10 OCTOBER　9 SEPTEMBER　8 AUGUST　7 JULY

越前がに漁解禁（日本海）

夏の「福井号」の取材中にはあり付くことができなかった魅惑の海の幸「越前がに」。毎年11月6日から越前がに漁が解禁され、その日から多くの飲食店のメニューに越前がにが並ぶ！　冷凍のもいただいたけど、やっぱり新鮮な生越前がにが食べたい！もう一度取材に行ってもいいでしょうか？

© 株式会社 fu プロダクション

美浜町民レガッタ（美浜町）

1968年の福井国体を機に、ボート競技に力を入れる美浜町のボート競技イベント。日本国内で開催される住民参加型のレガッタ大会では最大規模で、三方五湖の一つ「久々子湖」でレースが繰り広げられる。小学生からシニアまで、老若男女が参加する和気藹々かつ本格的な町民スポーツ。

越前海岸水仙まつり（越前町・南越前町・福井市）

日本水仙の群生地として知られる越前海岸を舞台に、12月から1月にかけて開催されるお祭り。期間中は、物産展や水仙にちなんだ企画があり、メインイベントは、「越前町」「南越前町」「福井市」の各地区を順番に持ち回り。「ノカテ」のメンバーも毎年参加予定。

湊ノ芸術祭
minato art festival

湊ノ芸術祭（坂井市）

「アートを通じ まちと人が対話する祭り」をテーマに三国町各地で芸術作品を展示するイベント。2023年の初開催では、参加アーティストに同町出身の映像作家・西端実歩氏をはじめ4名。『湊シネマ』の会場にもなる「マチノクラ」を含め、「アーバンデザインセンター坂井」「三国港堤防エリア」など、風情ある町並みを歩きながら、グラフィックアートや映像、インスタレーションを鑑賞。

マゴロ
ェ

KOREMO

＊1 d design travel 調べ（2023年11月時点）　＊2 国土地理院ホームページより
＊3 総務省統計局ホームページより（2022年10月時点）
＊4 社団法人 日本観光協会（編）「数字でみる観光」より（2021年度版）　※（ ）内の数字は全国平均値
＊1 Figures compiled by d design travel.（Data as of June 2022）　＊2 Extracts from the website of Geographical Survey Institute, Ministry of Land, Infrastructure,Transport and Tourism.　＊3 According to the website of the Statistics Bureau, Ministry of Internal Affairs and Communications.（Data as of June 2022）
＊4 From Suuji de miru kanko, by Japan Travel and Tourism Association（2021 Edition）
※ The value between the parentheses is the national average.

福井の数字
Numbers of FUKUI

美術館などの数 ＊1（122）
Museums
Number of institutions registered under the Fukui Prefecture Association of Museums

89

スターバックスコーヒーの数 ＊1（40）
Starbucks Coffee Stores

9

歴代Gマーク受賞数 ＊1（1026）
Winners of the Good Design Award

108

経済産業大臣指定伝統的工芸品 ＊1（5）
Traditional crafts designated by the Minister of Economy, Trade and Industry

7

越前漆器、若狭塗、越前焼、越前和紙、若狭めのう細工、越前打刃物《うちはもの》、越前箪笥《たんす》

Echizen lacquerware, Wakasa lacquerware
Echizen ware, Echizen *washi*, Wakasa Agate Work
Echizen knives, Echizen chests

ものづくり・商業・サービス生産性向上促進補助金に採択されたプロジェクト ＊1（750）
Projects that have been selected for the Monozukuri Subsidy

311

日本建築家協会 福井県の登録会員数 ＊1（69）
Registered members of the Japan Institute of Architects

18

日本グラフィックデザイナー協会 福井県登録会員数 ＊1（62）
Registered members of the Japan Graphic Designers Association Inc.

3

県庁所在地
Capital

福井市
Fukui City

市町村の数 ＊1（36）
Municipalities

17

人口 ＊3（2,668,444）
Population

752,976 人

面積 ＊2（8,041）
Area

4,190 ㎢

1年間観光者数 ＊4（35,265,625）
Annual number of tourists

14,000,000 人

郷土料理
Local specialties

鯖《さば》のへしこ
麩《ふ》の辛し和《あ》え
おろしそば
でっち羊かん
小鯛《こだい》のささ漬

Salted mackerel in rice-bran paste,
Wheat gluten salad in mustard dressing,
Soba with grated radish
Decchi yokan (red bean jelly)
Sasazuke pickled sea bream

眼鏡フレームの生産額 ＊1（10.6）
Glasses frame production amount

473 億円

主《おも》な出身著名人（現市名、故人も含む）
Famous people from Fukui

かこさとし（絵本作家・越前市）、**五木ひろし**（歌手・美浜町）、**いわさきちひろ**（絵本作家・越前市）、**大和田伸也**（俳優・敦賀市）、**大和田獏**（俳優・敦賀市）、**桂正和**（漫画家・鯖江市）、**川崎和男**（インダストリアルデザイナー・福井市）、**川本真琴**（歌手・福井市）、**高橋愛**（マルチタレント／元モーニング娘。・坂井市）、**村本大輔**（お笑い芸人／ウーマンラッシュアワー・おおい町）、**元谷芙美子**（実業家／アパホテル取締役社長・福井市）、他

Satoshi Kako（Author and illustrator, Echizen City）, **Hiroshi Itsuki**（Singer, Mihama town）, **Chihiro Iwasaki**（Author and illustrator, Echizen City）, **Shinya Owada**（Actor, Tsuruga City）, **Baku Owada**（Actor, Tsuruga City）, **Masakazu Katsura**（Manga artist, Sabae City）, **Kazuo Kawasaki**（Industrial designer, Fukui City）, **Makoto Kawamoto**（Singer, Fukui City）, **Ai Takahashi**（Multi-talented entertainer, Sakai City）, **Daisuke Muramoto**（Comedian/Woman Rush Hour, Oi town）, **Fumiko Motoya**（Businesswoman/President of APA Hotel, Fukui City）, etc.

福井号 目次

CONTENTS

SINCE 1984
SHIROMACHI
ANNEX

Normal for FUKUI
福井のふつう

d design travel 編集部が見つけた、
福井県の当たり前。

絵・辻《つじ》井《い》希《き》文《ふみ》
文・神《しん》藤《どう》秀《ひで》人《と》

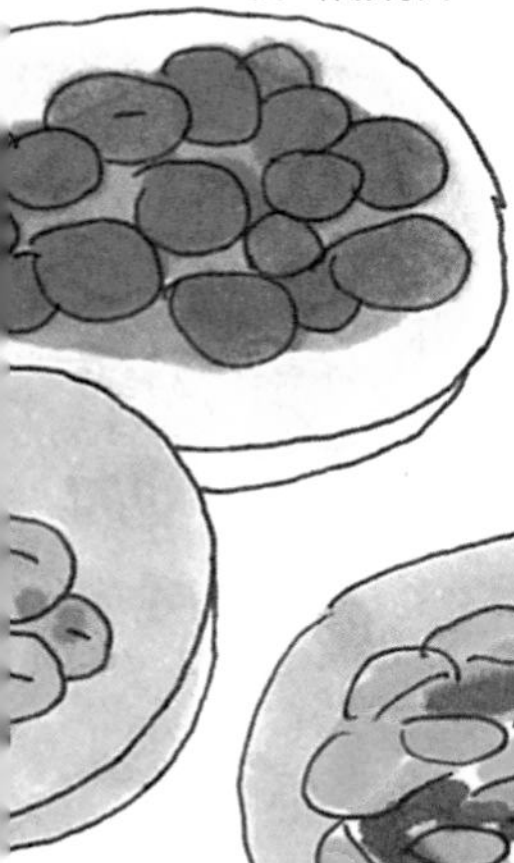

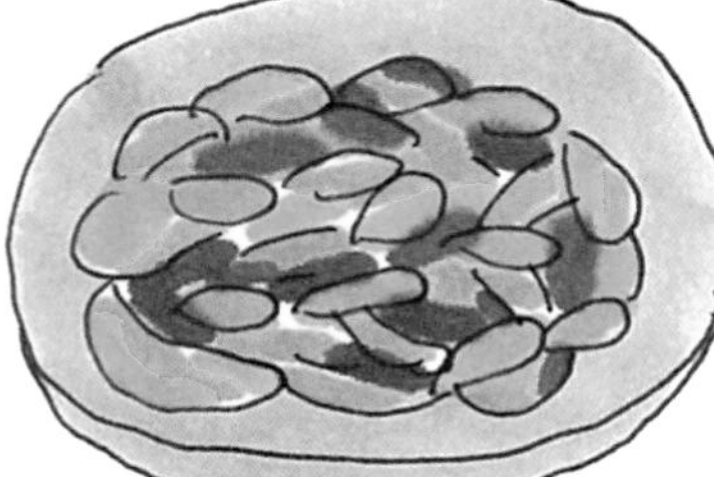

蕎麦湯がお茶代わり　福井県に来て驚いたのが、実に蕎麦が美味《おい》しいこと。中でも、大根おろしをのせて、出汁《だし》をぶっかけて食べる「おろしそば」が主流で、初めて食べるその「越前そば」に編集部は虜《とりこ》になった（特集『美味しいおろしそば』p.112）。店によっては、出汁が蕎麦猪口《ちょこ》で提供されることも多いが、福井の人はみんな結局蕎麦にぶっかけて食べる。逆に、ぶっかけない人は、ほとんどが県外の人。そんなこともあって、蕎麦湯は、湯呑《ゆの》み茶碗で提供され、注文前のお茶代わりに出す店もあるくらい。

冬にこたつで水羊羹《ようかん》　福井県では、冬になるとこたつで水羊羹を食べるのが当たり前。水羊羹というと、みずみずしくつるっとした喉ごしの良さから、全国的には、夏の風物詩として親しまれている。江戸時代、福井県では、京都などに働きに出る「丁稚《でっち》奉公」が盛んで、昭和初期までは続いていたという。働きに出た子どもたちは、正月に練り羊羹（もしくは小豆や砂糖）を土産に里帰りし、その羊羹を材料にして作り直したのが「丁稚羊羹」といわれる。そのため、年末から正月の寒くなる頃、水羊羹を食べるようになったのだ。

カフェより、外食チェーンが好き　県民の共働き率に比例していて、のんびりするカフェより、外食チェーンが多く、〝お惣菜《そうざい》文化〟が根づく福井県。「やきとりの名門 秋吉」をはじめ、回転寿司

continued till early Showa period. The hardworking children would bring *yokan* paste (or red beans or sugar) as a souvenir when they return home during the New Year, which would then be turned into *decchi-yokan*. This is the reason why Fukui folks started to eat *mizuyokan* during the colder months between the end of the year and the New Year.

I prefer restaurant chains to cafes.
Fukui is known for its ready-to-eat side dishes culture, with more restaurant chains than relaxing cafés in line with the proportion of its dual-income couples. Of noteworthy mention is "Orange Box," Japan's first dining convenience store. They have a buffet offering up to 30 kinds of food for eat-in or take-out, and is popular with men and women of all ages.

On even (odd) months, you can park on the road.
In some areas of Fukui, there are roads where parking is only allowed during even-numbered months (2, 4, 6, 8, 10, and 12), and vice versa (for odd-numbered months). This is a "normal sign in Fukui" that may make one do a double-take.

「海鮮アトム」、中華料理「ピリケン」、蕎麦「めん房つるつる」、ピザ「テキサスハンズ」、とんこつラーメン「岩本屋」、喫茶「ビリオン珈琲」……「8番らーめん」に至っては、発祥の石川県の人よりもファンが多いとか。極め付きは、日本初のダイニングコンビニ「オレンジＢＯＸ（オレボ）」。常時30種類近くあるバイキングは、イートインもテイクアウトもできて、老若男女に人気。

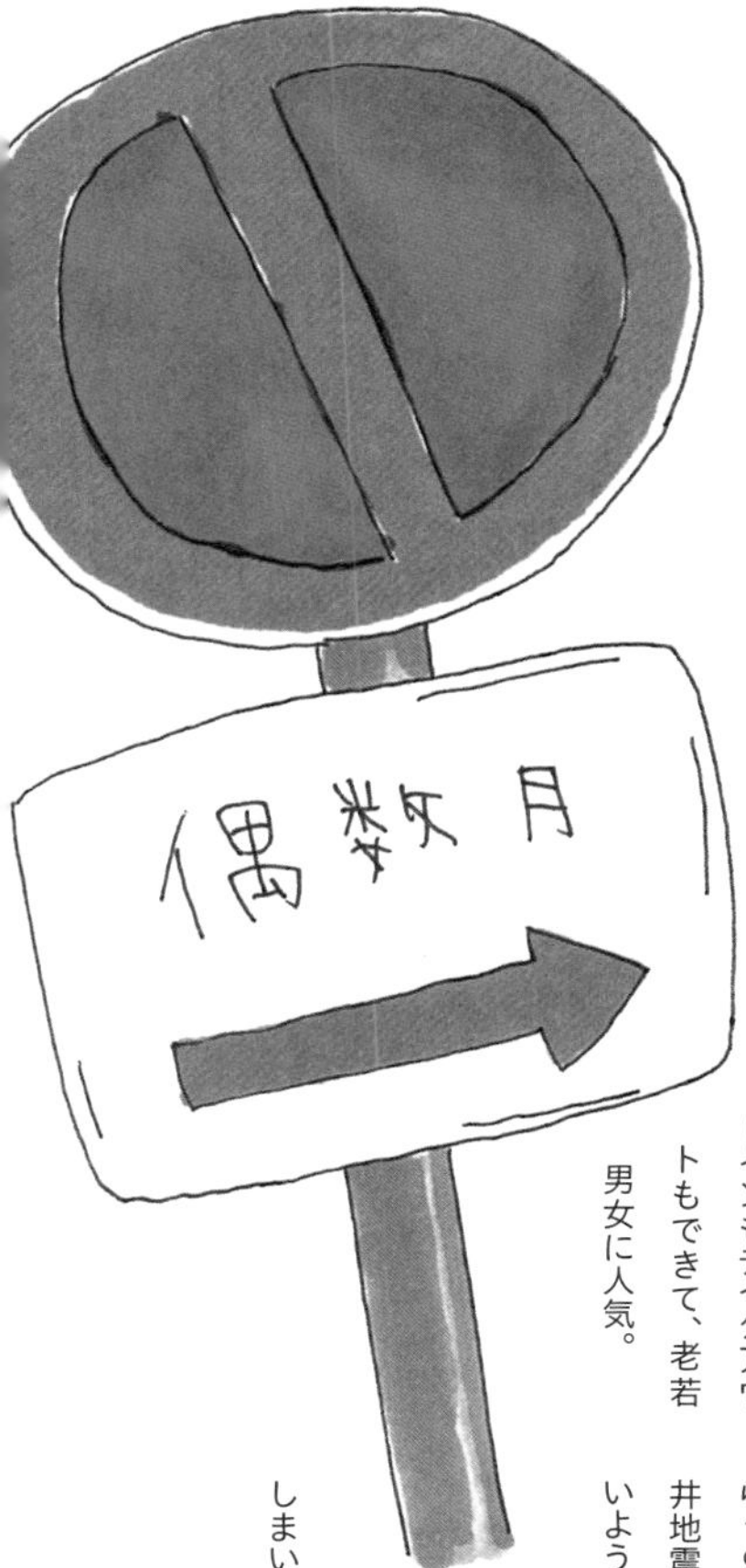

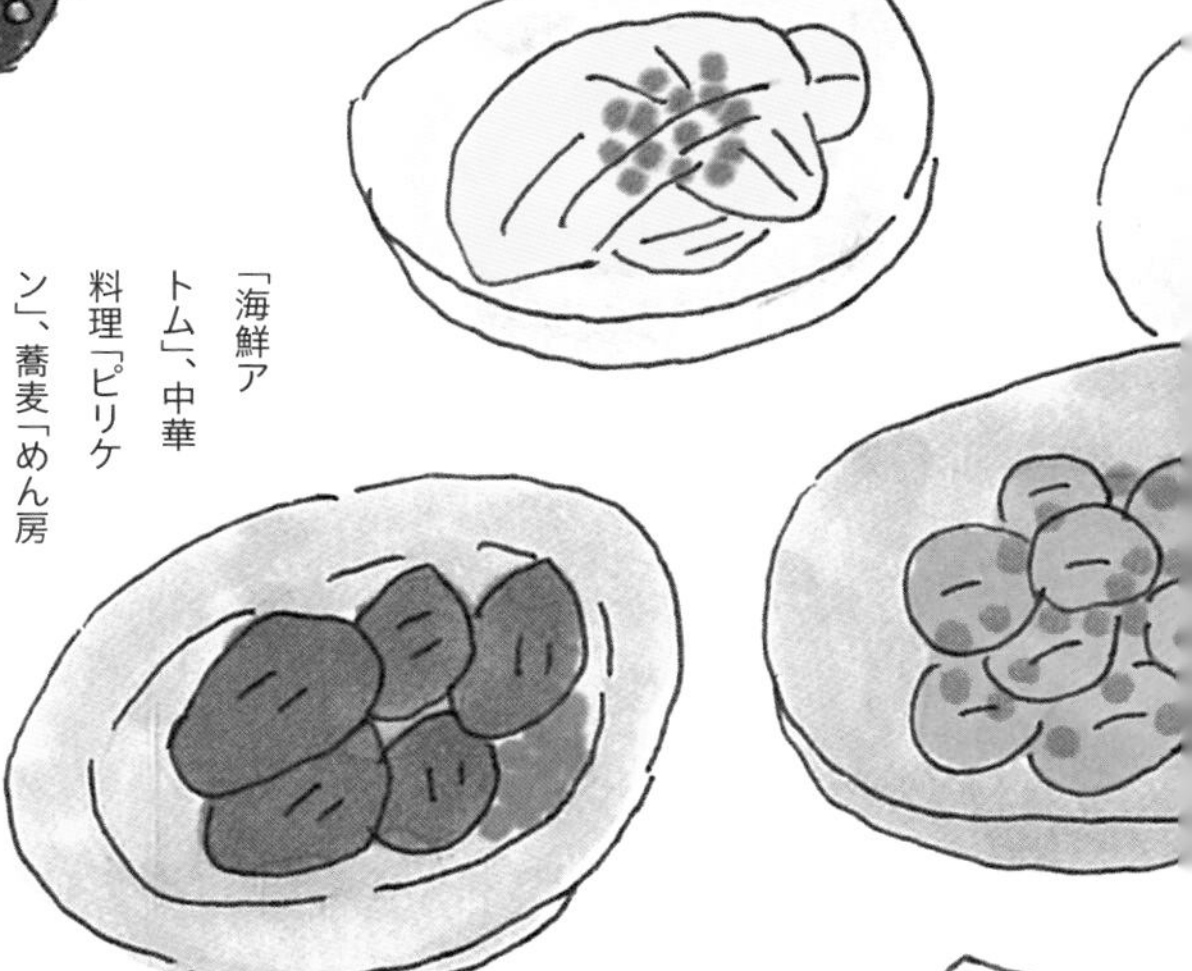

偶数（奇数）月は、路駐ＯＫ　車で全国を旅していると、地域ごとでさまざまな暗黙の交通ルールがあって、その都度戸惑ってきた編集部。福井では、いくつかの地域で、偶数（2・4・6・8・10・12）月は、路駐が許される道路があり、その逆（奇数月が許される道路）もある。どうやら１９４８年に嶺北《れいほく》エリアを襲った「福井地震」がきっかけ。緊急車両が通りやすいようにと、その後、道路幅の拡大に取り組んできたそうだが、予想以上に自家用車の普及と観光客の増加により駐車場が足りなくなってしまったとか。思わず二度見してしまいそうな〝福井のふつうの標識〟。

Normal for FUKUI
Ordinary Sights in FUKUI Found by d design travel

Text by Hideto Shindo
Illustration by Kifumi Tsujii

Soba-yu **instead of tea**
When I visited Fukui, I was surprised that their *soba* was really delicious. Depending on the restaurant, *dashi* is often served in *soba choko* (shot glass-like cup), but most Fukui folks just pour it over their *soba* and eat it together. This is partly why instead of tea, *soba-yu* (water used to boil *soba*) is sometimes served in tea cups for patrons before they place their orders.

Eating mizuyokan under a kotatsu in winter
Come winter, folks in Fukui Prefecture get into a kotatsu and snack on mizuyokan (red bean jelly). In the Edo period, many children used to head for big cities such as Kyoto from Fukui for "*decchi boko*" (apprenticeship), and this trend

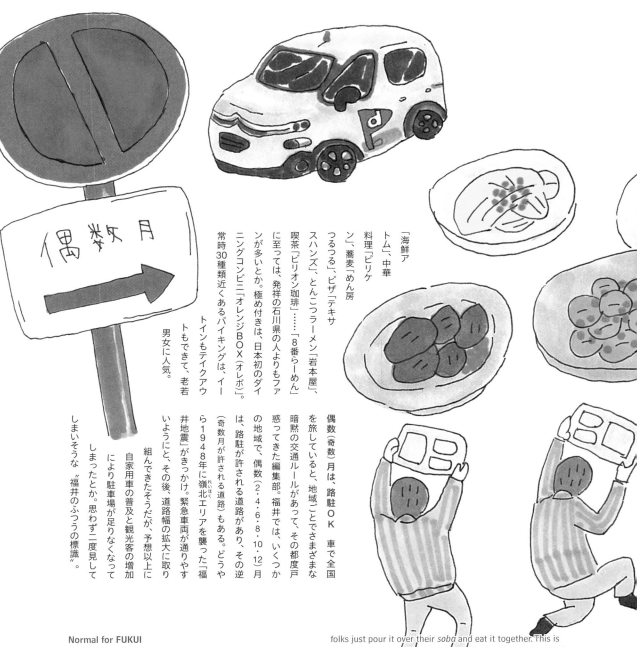

EIGHT RIBBON
RENOVATION CENTER
— factory tour —
eightribbon.jp
— shop & cafe —
@ribbonscafe

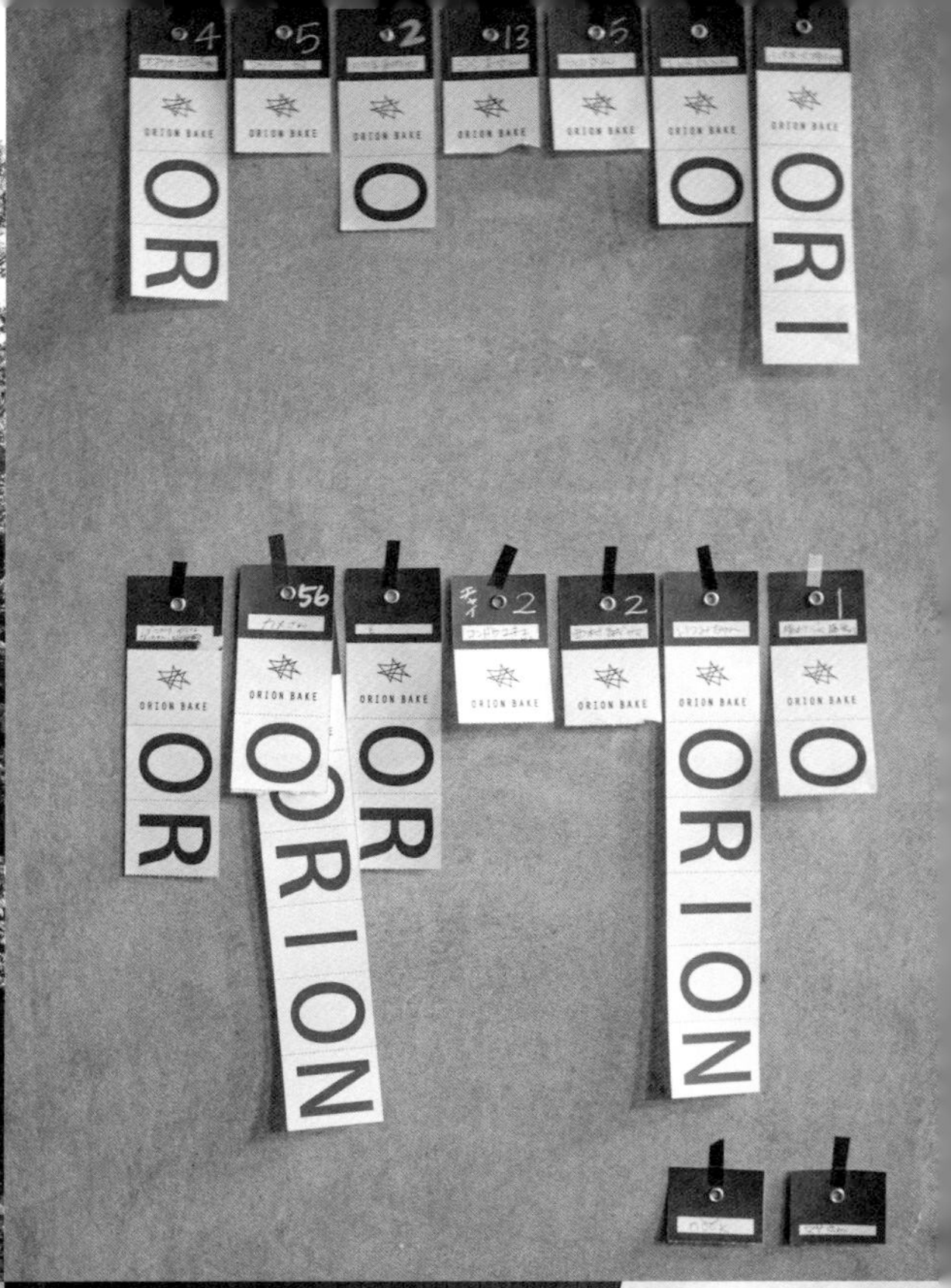
ORION BAKE
OR
O
ORI
ORION

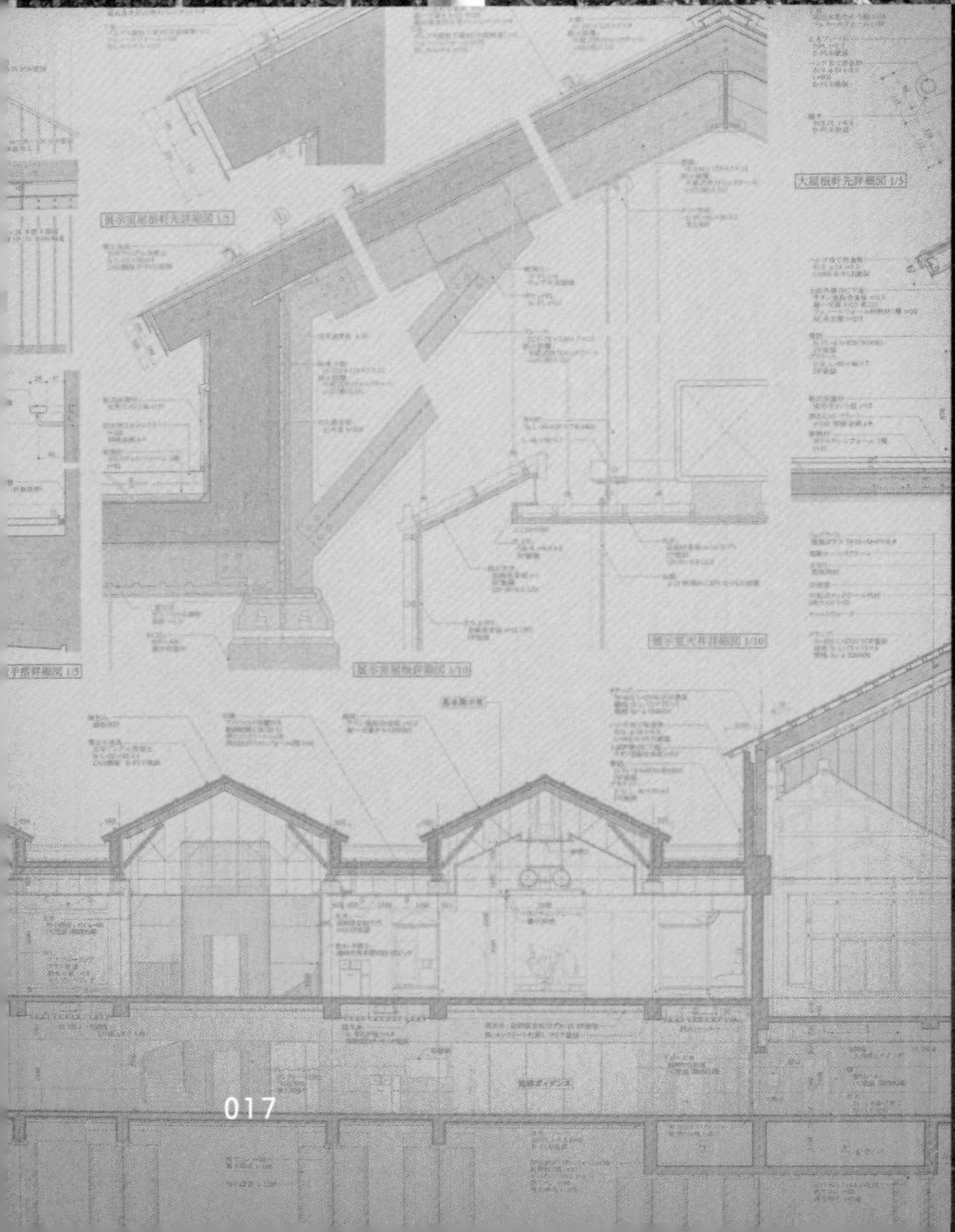

d design travel FUKUI
TRAVEL MAP

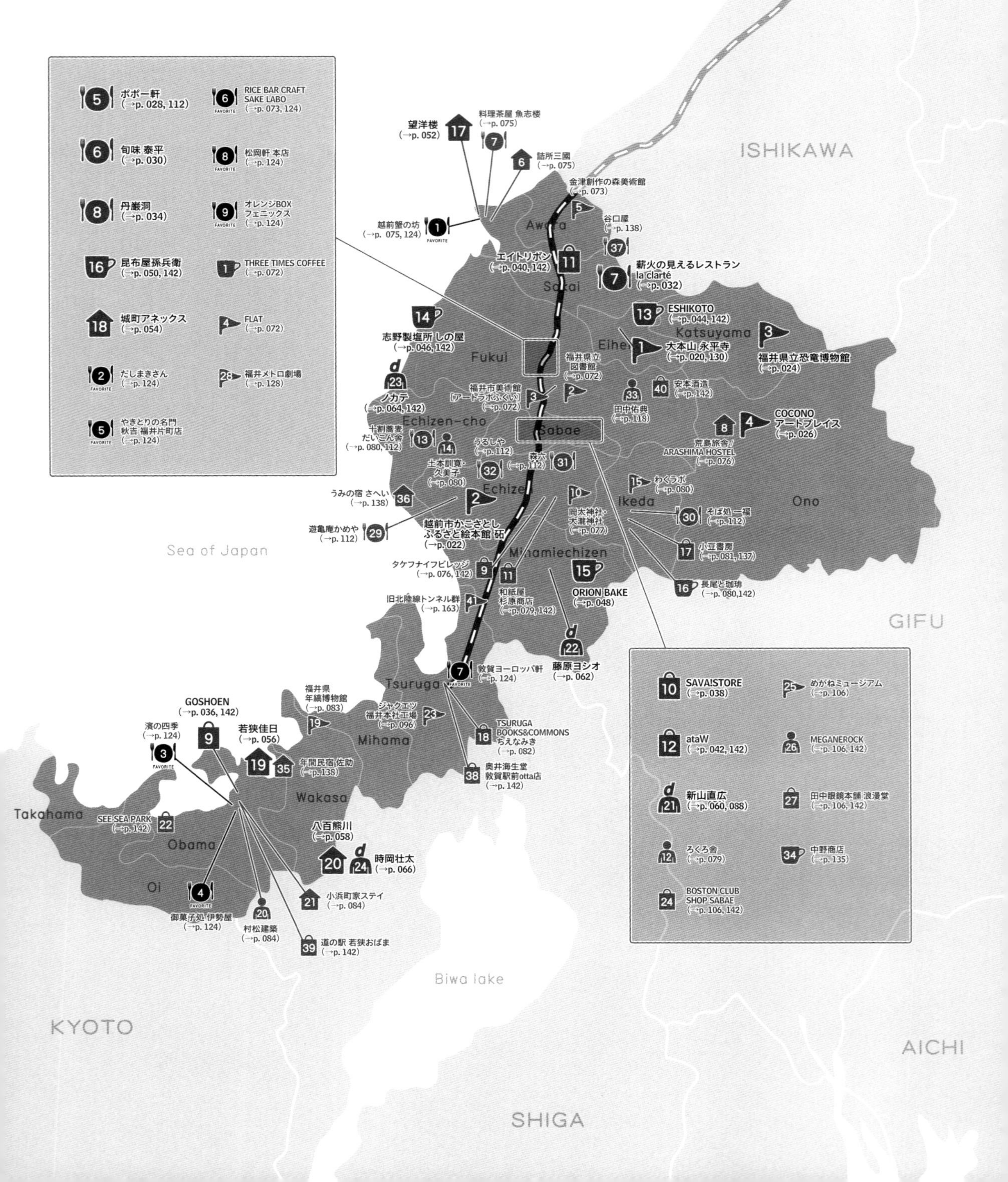

5 ポポー軒 (→p. 028, 112)
6 旬味 泰平 (→p. 030)
8 丹巌洞 (→p. 034)
16 昆布屋孫兵衛 (→p. 050, 142)
18 城町アネックス (→p. 054)
2 FAVORITE だしまきさん (→p. 124)
5 FAVORITE やきとりの名門 秋吉 福井片町店 (→p. 124)
6 FAVORITE RICE BAR CRAFT SAKE LABO (→p. 073, 124)
8 FAVORITE 松岡軒 本店 (→p. 124)
9 FAVORITE オレンジBOX フェニックス (→p. 124)
1 THREE TIMES COFFEE (→p. 072)
4 FLAT (→p. 072)
28 福井メトロ劇場 (→p. 128)
17 望洋楼 (→p. 052)
7 料理茶屋 魚志楼 (→p. 075)
6 詰所三國 (→p. 075)
1 FAVORITE 越前蟹の坊 (→p. 075, 124)
5 金津創作の森美術館 (→p. 073)
37 谷口屋 (→p. 138)
11 エイトリボン (→p. 040, 142)
7 薪火の見えるレストラン la clarté (→p. 032)
14 志野製塩所 しの屋 (→p. 046, 142)
13 ESHIKOTO (→p. 044, 142)
1 大本山 永平寺 (→p. 020, 130)
3 福井県立恐竜博物館 (→p. 024)
2 福井県立図書館 (→p. 072)
3 福井市美術館 [アートラボふくい] (→p. 072)
23 ノカテ (→p. 064, 142)
33 田中佑典 (→p. 118)
40 安本酒造 (→p. 142)
4 COCONO アートプレイス (→p. 026)
8 荒島旅舎/ ARASHIMA HOSTEL (→p. 076)
13 十割蕎麦 だいこん舎 (→p. 080, 112)
14 うるしや (→p. 112)
32 土本訓寛・久美子 (→p. 080)
31 森六 (→p. 112)
15 わくラボ (→p. 080)
36 うみの宿 さへい (→p. 138)
2 越前市かこさとし ふるさと絵本館 砳 (→p. 022)
29 遊亀庵かめや (→p. 112)
10 岡太神社・大瀧神社 (→p. 077)
30 そば処 一福 (→p. 112)
17 小豆書房 (→p. 081, 137)
16 長尾と珈琲 (→p. 080,142)
9 タケフナイフビレッジ (→p. 076, 142)
11 和紙屋 杉原商店 (→p. 079, 142)
15 ORION BAKE (→p. 048)
41 旧北陸線トンネル群 (→p. 163)
22 藤原ヨシオ (→p. 062)
7 FAVORITE 敦賀ヨーロッパ軒 (→p. 124)
19 福井県 年縞博物館 (→p. 083)
23 ジャクエツ 福井本社工場 (→p. 096)
18 TSURUGA BOOKS&COMMONS ちえなみき (→p. 082)
38 奥井海生堂 敦賀駅前otta店 (→p. 142)
9 GOSHOEN (→p. 036, 142)
3 FAVORITE 濱の四季 (→p. 124)
19 若狭佳日 (→p. 056)
35 年間民宿 佐助 (→p. 138)
22 SEE SEA PARK (→p. 142)
20 八百熊川 (→p. 058)
24 時岡壮太 (→p. 066)
4 FAVORITE 御菓子処 伊勢屋 (→p. 124)
20 村松建築 (→p. 084)
21 小浜町家ステイ (→p. 084)
39 道の駅 若狭おばま (→p. 142)
10 SAVA!STORE (→p. 038)
12 ataW (→p. 042, 142)
21 新山直広 (→p. 060, 088)
12 ろくろ舎 (→p. 079)
24 BOSTON CLUB SHOP SABAE (→p. 106, 142)
25 めがねミュージアム (→p. 106)
26 MEGANEROCK (→p. 106, 142)
27 田中眼鏡本舗 浪漫堂 (→p. 106, 142)
34 中野商店 (→p. 135)
ISHIKAWA
GIFU
AICHI
SHIGA
KYOTO
Sea of Japan
Biwa lake
Awara
Sakai
Fukui
Eiheiji
Katsuyama
Echizen-cho
Sabae
Echizen
Ikeda
Ono
Minamiechizen
Tsuruga
Mihama
Wakasa
Takahama
Obama
Oi

d MARK REVIEW FUKUI

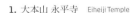

1

大本山 永平寺

福井県吉田郡永平《えいへい》寺町《じちょう》志《し》比《ひ》 5-15

Tel: 0776-63-3102

8時30分〜16時30分（季節により変更あり）年中無休

daihonzan-eiheiji.com

永平寺参道ICから車で約10分

1. 1244年開創。日本の「曹洞宗」第一道場。

「禅」の修行僧たちから学ぶ、“本当の自分らしさ”。
70を超えるお堂のうち、19の建物が国の重要文化財。

2. 山の美しい自然に溶け込む「七堂伽藍《しちどうがらん》」。

大勢の僧侶が集まり法要などを行なう「法堂」をはじめ、
坐禅や食事、就寝をする「僧堂」や、食事を作る「庫院」など、
山の斜面に沿うように建てられた崇高な建築群。

3. 現代版宿坊「親禅《しんぜん》の宿 柏樹關《はくじゅかん》」を中心とした参道の復元活動。

永平寺の敷地内から切り出した「永平寺杉」を使用したモダンな建築。
朝のおつとめや坐禅体験、精進料理まで永平寺認定の
「禅コンシェルジュ」が案内。

自分自身に喝！　生活の根幹「永平寺」で坐禅——普通そう聞くと、どんな過酷な〝修業〟が待っているのか、そう思うかもしれない。滝に打たれたり、火の上を歩いたり……ところが、「禅」は、日常の生活を、自分自身を活かす〝修行〟と捉え、感謝と喜びの心で、「一日一日を丁寧に生きること」を大切にしている。福井県が、『地味にすごい』といわれる理由には、間違いなく日常の生活の清らかさにある、と僕は思う。永平寺は、永平寺町にある曹洞宗の大本山で、山号を吉祥山といい、１２４４年に道元禅師によって創建されたお寺。「威儀即仏法、作法是宗旨」に従い、日常のあらゆる場面で、厳格な作法が決められているという。「雲水」と呼ばれる修行僧たちは、夏でも真っ暗な早朝に、「振鈴《しんれい》」とともに起きる。観光客も雲水に混じって「朝課」という朝のおつとめにも参加できるのだが、それが極めて感動的。総勢１２０人の雲水たちが一場に集い、一心にお唱えする荘厳な雰囲気に、寝ぼけ眼の観光客もみんな〝禅の境地〟に引き込まれる。今では、福井県の有数の観光地として知られる永平寺で、崇高な建築群にも魅了されることは間違いないが、さりげなく参拝客をもてなす雲水たちの「行ない」も、この道場の真髄である。禅とは、物事の真実の姿、あり方を見極めて、これに正しく対応していく〝心のはたらき〟を整えること。日々アップデートされる世の中にとって、最も必要な「暮らしのデザイン」の根幹がある。（神藤秀人）

Eiheiji Temple

1. **Founded in 1244, one of the two head temples of Soto sect of Buddhism.**
2. **The "*Shichido Garan*" (The Seven-Hall Temple) blends into the beautiful mountains of Eiheiji-cho.**
3. **Activities to restore the temple road and the modern pilgrims' lodging: "Hakujukan, the Zen lodge."**

Zen is a way of thinking of everyday life as a form of "self-discipline," and places importance on living each day carefully with a heart of gratitude and joy. Founded by Dogen Zenji in 1244, Eiheiji Temple is the head temple of the Soto sect of Buddhism in Eiheiji-cho. Tourists can also mingle with the monks and participate in the morning service, which is extremely moving. A total of 120 monks come together and chant wholeheartedly, creating a solemn atmosphere that draws the drowsy tourists into the realm of *Zen* . With its lofty and unmistakeably charming architecture, Eiheiji Temple is now one of Fukui's leading tourist destinations. But the conduct of the monks who casually receive visitors is also the soul of this temple. In a world that is changing every day, what we need most is a foundation of "design for living." (Hideto Shindo)

2

越前市かこさとし ふるさと絵本館 砳

福井県越前市高瀬 1-14-7
Tel: 0778-21-2019
10時～18時　火曜休、祝日の翌日休、年末年始休
www.city.echizen.lg.jp/office/090/060/kakosatosi/index.html
武生駅から車で約10分

1. 越前市出身の絵本作家・かこさとしのミュージアム。

「だるまちゃん」や『からすのパンやさん』シリーズをはじめ、原画（複製）の展示や、歴代の絵本が自由に観覧できる。

2. 旧武生市図書館分館の重厚な石倉建築。

「越前指物」の職人さんによる家具類や、「越前和紙」が使われる時計など、かこさとしの故郷・越前市を感じる工夫。『まさかりどんがさあたいへん』のキャラクターは、「越前打《うち》刃《は》物《もの》」。

3. かこさとしのエピソードを添えて越前市を紹介。

「衣食住遊」や「大集合」など、通年テーマを設けて年3回展示。著作の中には、ふるさと福井を感じる作品もあり、大人も子どもも一緒に楽しめる場所。

全ての人のための絵本館　幼い頃、「だるまちゃん」や『からすのパンやさん』など、かこさとし（故）さんの絵本を読んで育ったという人は多いだろう。僕の妻もその一人で、『にんじんばたけのパピプペポ』がお気に入りで、にんじんを食べることで、心も体も元気になっていく子豚たちのお話。この作品は、「対症療法」に基づいて描かれたそうで、化学の研究者でもあるかこさんならでは。大人になった今、改めて彼の作品を読むと、はっとするような〝学びの体験〟がある。「越前市かこさとし ふるさと絵本館 砳《らく》」は、およそ５０００冊の児童書が読め、小さいお子さんから、お年寄りの方まで、幅広い層に愛されている。元々図書館の分館だった場所を、２０１３年に「加古総合研究所」公認のかこさとし専門のミュージアムへとリニューアル。館内には、かこさんが幼い頃に暮らしていた出生地・越前市の紹介をはじめ、所々に越前市の〝ものづくり〟もちりばめられている。僕が訪れた際に開催していた「かこさとしさん大集合」展では、かこさんが登場するさまざまな絵本の原画（レプリカ）を展示していて、『まさかりどんがさあたいへん』は、登場キャラクターを「越前打刃物」で再現するなどユニークだった。５００冊以上ある著書の中でも、『地球』や『うつくしい絵』など、実用的な絵本に加え、『しんかんせんでもどんかんせんでも』や『出発進行！里山トロッコ列車』など、旅に出たくなる絵本もお薦め。（神藤秀人）

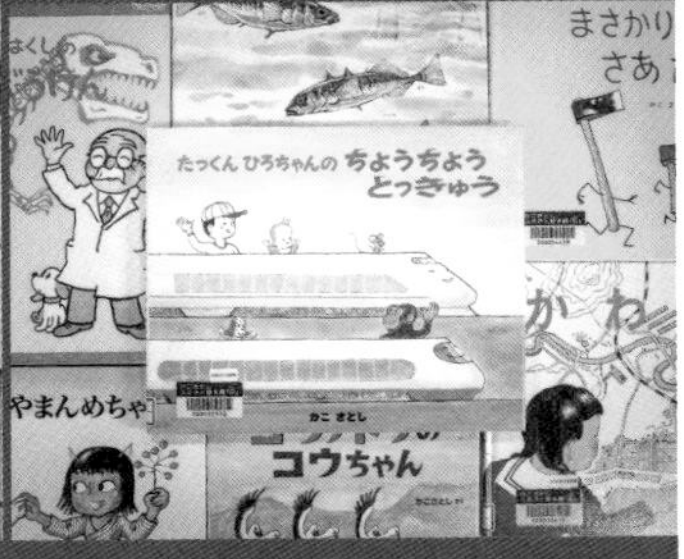

Kako Satoshi Hometown Picture Book Museum RAKU

1. A museum dedicated to Satoshi Kako, a picture book author from Echizen City.
2. Housed in the stately stone warehouse of the former Takefu City Library Annex.
3. Introducing Echizen City with stories about Satoshi Kako.

Many Japanese probably grew up reading picture books like "*Daruma-chan*" and "*The Crows' Bakery*" by Satoshi Kako. Rereading his works now as an adult made me realize that it was an amazing learning experience. The Kako Satoshi Hometown Picture Book Museum RAKU offers about 5,000 children's books that are widely loved, from small children to the elderly. Originally an annex of the library, it was renovated into a museum dedicated to Kako Satoshi, with the permission of Kako Research Institute in 2013. The museum introduces Kako's birthplace, Echizen, where he lived as a child; references to the city's craftsmanship were also found everywhere. At the "Large Collection of Kako Satoshi Works" exhibition that was being held when I visited, replicas of the original illustrations in various picture books in which Kako appeared were on display. (Hideto Shindo)

3

福井県立恐竜博物館

福井県勝山市村岡町《むろこちょう》寺尾 51-11
Tel: 0779-88-0001
9時～17時（予約制／入館は16時30分まで）
第2・4水曜休（祝日の場合は翌日休）、
年末年始休、他臨時休館あり（夏季繁忙期は要確認）
www.dinosaur.pref.fukui.jp
勝山ICから車で約10分

1. 国の天然記念物を擁する日本随一の恐竜ミュージアム。

世界三大恐竜博物館の一つ。
化石発掘現場に行ける、超リアル「野外恐竜博物館」。

2. 九頭竜川の上流、自然豊かな山間《やまあい》に映える唯一無二の建築。

建築家・黒川紀章によって山に沿うように設計された“銀の卵”。
新館の屋上庭園からは、勝山市の街並みが広がる。

3.「フクイベナートル」をはじめ、6種の福井ならではの恐竜。

1989年以来発掘されてきた恐竜化石のうち、
学名が付いた恐竜は6種。調査は、現在も進行中。

壮大な恐竜博物館　青い空の下、九頭竜川に沿って勝山市にある「福井県立恐竜博物館」を車で目指すと、峡谷の先に、ギラギラと見え隠れする〝銀の卵〟。まるで宇宙船が、森の中に着陸したようなその景色は、今でも目に焼き付いていて、建物に近づくにつれ、ワクワクもした。建築家・黒川紀章設計の本館は、2000年に完成。山の地形に沿うようにデザインされた空間は、まず入館して一気に地上3階から地下1階までエスカレーターで下りる設計。展示は、「恐竜の世界」「地球の科学」「生命の歴史」の3つのゾーン。特に必見なのは、〝福井らしい恐竜〟たち。事実、この博物館のある地域で、恐竜の化石が発見されている。学名が付いたのは、「フクイベナートル」や「フクイサウルス」などの6種類で、それらの恐竜の化石（レプリカも含む）に、パネル展示、3面ダイノシアターなど、子どもも大人も興味津々。過去、僕は、都心にある恐竜をテーマにした博物館に行ったことがあるが、このような自然豊かな土地にある施設は思いもしなかった。ましてや、その化石と発掘現場こそ、「勝山恐竜化石群及び産地」として、一部は国の天然記念物に指定されてもいて、これから先、そのエリアは拡大していく可能性だってある。勝山市一帯を〝巨大なミュージアム〟として想像してみてほしい。2023年に増設した新館の屋上は、360度の眺望。福井のリアルを超える、唯一無二のロングライフデザインが広がっている。（神藤秀人）

Fukui Prefectural Dinosaur Museum

1. Japan's best museum that has "dinosaur fossil groups and production area," a national natural monument.
2. A unique building set in the mountains surrounded by nature, upstream of the Kuzuryugawa River.
3. There are six types of dinosaurs unique to Fukui, including "Fukuivenator."

A dazzling silver egg slipped in and out of my views on my drive to the Fukui Prefectural Dinosaur Museum in Katsuyama. The space is designed by architect Kisho Kurokawa in line with the terrain of the mountain so that visitors can take the escalator from 3F to B1 when they enter the building. The exhibition hall is divided into three zones: Dinosaur World, Earth Sciences, and History of Life. Particularly worth seeing are the "Fukui dinosaurs." Dinosaur fossils were actually discovered in the area where this museum is located. The fossils and the excavation site have been designated as a national natural monument, and there is a possibility that the area will be expanded in the future. Imagine the whole Katsuyama region as a giant museum. A one-of-a-kind, growing Long-Life Design that goes beyond the reality of Fukui. (Hideto Shindo)

4

COCONO アートプレイス

福井県大野市元町 12-2
Tel: 0779-64-4848
9時〜17時　月曜休（祝日の場合は営業）、祝日の翌日休、年末年始休（臨時休館あり）
www.cocono-art.jp
越前大野駅から徒歩約10分

1. 大野市に根づく「小コレクター運動」を伝えるアートギャラリー。

絵画をはじめ、住民のコレクターたちが収集した作品を常時展示。
その他、住民のコレクションは、大野市の町中にも点在。

2. 福井県内で活動する新進気鋭のアーティストたちを紹介。

版画家・図案家の「ウィギーカンパニー」の版画展
『DAPPI（脱皮）』など、福井県を拠点にする
さまざまなアーティストの企画展。

3. 築約120年の商家を改築したコミュニティースペース。

「土絵具」「スクラッチ」「アルコール」「ビ・キャンパス」……
誰もが気軽に参加できるワークショップなどを開催。

小さくても大きなアート活動

アートギャラリー「COCONOアートプレイス」の展示作品は、ギャラリー所有ではなく、大野市民から借り受けたもので、しかも一人の熱心な愛好家ではなく、多くの市民が所有するものだと知り、私は驚いた。大野市は、1950年頃に始まった「小コレクター運動」が根づいた場所。「小コレクター運動」とは、美術に対する市民の理解を深めるのと同時に、才能がありながら不遇な位置にいる作家を支援する運動のこと。裕福な個人がパトロンになる旧来の手段ではなく、多くの人が少しずつ支援をして作家を支える仕組みで、1人3点以上の作品を所有すれば、立派なコレクターと呼ばれる。市民が収集した作品は、少なく見積もっても1万点を超えるともいわれる。そうした運動が、靉嘔《あいおう》やキムラリサブローといったアーティストを世界に送り出していった。ギャラリーを出て、風情ある町並みを歩けば、そこかしこにCOCONOで出会った作家たちの作品が飾られている。そこからは、アートに対する惜しみない情熱、コツコツと支援を続けてきた市民と、その想いに真摯《しんし》に応えた作家たち、そんな人々の健やかな関係が感じられ、ここにしかない風景をつくっていた。そして今、この文化を発信し、次の世代に伝えていく場としてCOCONOが生まれ、福井で活躍するアーティストたちが表現に挑戦する。大野に深く根づいた文化は、新たな場所を得て、さらに進化し続けていこうとしている。（進藤仁美）

COCONO Art Place

1. **An art gallery that tells the story of the "Small Collector's Movement" that originated from Ono City.**
2. **Introducing up-and-coming artists active in Fukui Prefecture.**
3. **A community space located in a remodeled mercantile built approximately 120 years ago.**

At first glance, art gallery "COCONO Art Place" looks like any regular art museum. However, the works on display are not owned by the museum, but loaned by many Ono citizens, and not just one avid enthusiast. The "Small Collector's Movement" started in the 1950s in Ono City, with the goal of deepening the public's understanding of art and supporting talented but underrepresented artists. Many people supported the artists by acquiring their works bit by bit; one was deemed a worthy collector if they acquired three or more works. An estimate of over 10,000 works have been collected by citizens. This movement launched artists such as Ay-O and Risaburo Kimura into the world. Works of the artists seen in COCONO are hung everywhere on the streets. The culture deeply-rooted in Ono has found a new home and will continue to evolve. (Hitomi Shindo)

5

ポポー軒

福井県福井市順化《じゅんか》 1-6-3
Tel: 0776-97-6906
昼 12時～14時　夜 19時～22時　月曜休
福井駅から徒歩約15分

1. 独自のセンスを持つ“新しい越前そば”の店。

「あらびき」「ちゅるちゅる」「ぴろぴろ」、昼も夜も、
手挽き石臼製粉の手打ち蕎麦。「おろし蕎麦」はもちろん、塩出汁《だし》、
蕎麦がき（要相談）、ガレット（時々）など、自由気ままの越前そば。

2. 地酒も進む、福井県ならではの“蕎麦前”。

おでんや油揚げ、「田舎のおばあちゃんが作るようなつまみ」が美味。
安本酒造の「白岳仙」などの地酒や、蕎麦焼酎の蕎麦湯割りも最高。

3. まるでアート作品のような店舗デザイン。

『popopo……』と書かれた店内の装飾にただならぬ感性を感じる。
越前そばの概念を覆す店主・河合浩介さんの独創性。
印象的な大きなメガネは、もちろん鯖江《さばえ》製。

ロックなポップヌードル　繁華街・片町に、「変わったお蕎麦屋がある」と薦められ「ポポー軒」に行った。電飾がピカピカした外観は、福井県でこれまで出会った蕎麦店とは一線を画していて、入店することをためらったくらい。勇気を振り絞って扉を開けると、坊主頭に大きなべっ甲風の眼鏡をかけた店主・ポポーさんこと河合浩介さんが、ミラーボールの下で威勢よく迎えてくれた。ポポーさんのキャラクターもさることながら、店内のグラフィティアートにまず目が行く。壁に、popo……テーブルにも、popopopo……エアコンやスピーカー、そして神棚まで、popopopopopopo……福井市出身のポポーさんは、手に職をつけようと蕎麦の世界に入った。修行を経て、ついに2016年、片町に自店をオープン。友人がデザインしたというロゴを自分で型抜きして作った電光看板がどこか誇らしげ。蕎麦は、毎日昼と夜の分を分けて、石臼で手挽き製粉し、「あらびき」「ちゅるちゅる」「ぴろぴろ」の3種類。味の定番は、もちろん「しょうゆおろし」だが、「塩おろし」という福井ならではの変化球もぜひ試してほしい。また、「蕎麦前（酒の肴《さかな》）」も楽しみの一つで、僕が行った時には、「今日は、ガレットを焼きました」と言って、自家製のへしこをのせて出してくれた。福井県の蕎麦粉を原料にした「そば焼酎のそば湯割」は、昼に茹《ゆ》でた蕎麦の量によってトロトロさ加減が変わるというから面白い。唯一無二、超斬新な越前そばの店。（神藤秀人）

Popo-ken

1. A new Echizen ***soba*** **(buckwheat noodles) restaurant with a unique flair.**
2. **Unique to Fukui Prefecture, "*soba-mae*" also goes well with local *sakes.***
3. **The restaurant's design is like a work of art.**

The brightly-lit exterior is vastly different from other *soba* restaurants I saw in Fukui Prefecture. When I mustered up the courage to open the door, owner Kosuke Kawai, also known as "Popo," with a buzz cut and large tortoiseshell glasses, cheerfully greeted me under a disco ball. Aside from Popo's personality, the first thing that caught my eye was the graffiti art inside the restaurant. Every day, he hand-mills *soba* with a stone mill for lunch and dinner into three kinds: "Arabiki," "Churuchuru," and "Piropiro." The standard base is, of course, "soy sauce *oroshi*", but do try their "salt *oroshi*" that can only be found in Fukui too. They also offer "*soba-mae*" (bar snacks). When I visited the restaurant, Popo told me that he baked a galette and served it to me with homemade *heshiko* (salted mackerel in rice-bran paste). (Hideto Shindo)

6

旬味 泰平

福井県福井市中央 3-14-11
Tel: 0776-25-4686
ランチ 11時30分〜13時30分 夜 18時〜21時
福井駅から徒歩約10分

1. 浜町にある町家を改築した割烹《かつぽう》料理店。

1953年築の足羽《あすわ》川沿いの繊維問屋の建物を利用。
いちょうの木のカウンターや、陶板の壁、油団《ゆとん》（和紙の敷物）など、
随所に見られるデザインの工夫。

2. 大将・杉田泰英さんを中心とした調理場の活気。

板場をはじめ、それぞれの持ち場で一心不乱に仕事をする料理人。
3名以上でも予約可能なカウンターにぜひ座りたい。

3.「小鯛《こだい》の笹《ささ》漬け」や「越前そば」などの郷土料理。

常連も旅人も惚《ほ》れ惚れする、大将直筆の“お品書き”。
「越前がに」をはじめ、足羽川の天然鮎《あゆ》や、
伝統野菜「吉川茄子《なす》」など、福井の旬を一度に味わえる。

福井のとっておき もし僕が（福井の人で）、福井に来る客人をもてなすとしたら、夕食は、間違いなく浜町の「旬味 泰平」にご招待しよう。足羽川のほとりにひっそりとある趣ある建物で、格子付きの窓と扉からは、品のよい灯りが漏れている。18時の開店と同時に入店し、カウンター席に座る。大将の杉田泰英さんの落ち着いた佇《たたず》まいと、それぞれの調理場を任せられる料理人の活気、二部式着物に身を包んだ仲居さんの安堵感。それらを特等席で眺めながら、とりあえずビールを注文する。大将直筆のメニュー表は、毎日書き換えられ、「汁」「刺身」「煮もの」「焼もの」「揚もの」「酢のもの」「食事」まで、その数、100種類以上。正直、どれを注文したらよいか迷うが、そういう場合は、会席料理（6000円〜）も選択できる。杉田さんは、大阪の「㐂川 昇六」で11年間修業し、1995年、福井市の料亭街・浜町に割烹料理店「泰平」を開業。2002年には、その2軒隣りにあった繊維問屋の建物を改築して移転。玄関入ってすぐの空間は、壁に陶板を配し、いちょうの木のカウンター席にし、応接間は、越前和紙の油団を敷き（夏季限定）、漆塗りのテーブル席にした。僕が必ず頼む「盛り合せ刺身」は、越前焼の器に盛り付けてもくれる（2人前以上）。どの料理も絶品だが、自家製小鯛の笹漬けを使った「小鯛ずし」や、「へしこ氷茶漬け」（夏季限定）などの郷土料理もたまらない。〝間違いない福井〟を味わえる確かな店。（神藤秀人）

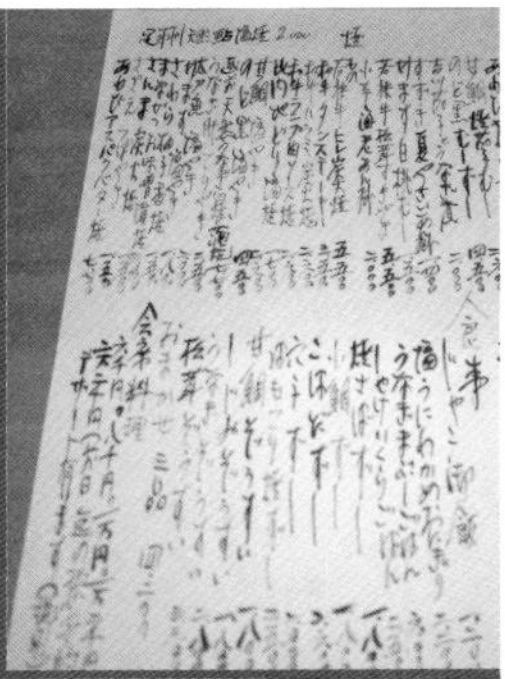

Shunmi Taihei

1. A ***Kappo*** cuisine eatery located in a renovated ***machiya*** (traditional wooden townhouse) in Hama-machi.

2. A bustling kitchen led by Yasuhide Sugita, their head chef.

3. Local cuisine, Sea bream ***sasazuke*** (pickled bamboo-leaf-shaped fillet) and Echizen ***soba*** (buckwheat noodles).

It's best to arrive as soon as it opens at 6 pm, make a reservation, and secure a seat at the counter to watch the calm head chef, Yasuhide Sugita, the bustling chefs in the kitchen, and the relieved waitresses dressed in two-piece kimonos, with a beer in hand. Sugita updates the over 100-item handwritten menu every day, including soups, *sashimi*, simmered, grilled, and pickled dishes, fried foods, as well as main courses. And if you're at a loss on what to order, there's the option of *kaiseki* course (from ¥6,000). Sugita trained for 11 years before opening "Taihei" in Hama-machi in 1995. In 2002, he moved the eatery to a remodeled wholesaler's premise two doors away. Everything is exquisite, but the local cuisine like sushi of sea bream *sasazuke* are irresistible. This is a place where you can indisputably "savor" Fukui. (Hideto Shindo)

7

薪火の見えるレストラン

la clarté

福井県坂井市丸岡町山口 64-31
Tel: 0776-43-0027
11時30分～16時　水・日曜休
www.la-clarte.jp
丸岡 IC・福井北 IC から車で約15分

1. 福井県内の間伐材を使った薪火料理の店。

自家製ソーセージや生ハム、地元の野菜が盛られる「PLATEAU」。
若狭牛のハンバーグや、北陸健康鶏のグリルなど、
グレードアップできる美味《おい》しいランチ。

2. 丸岡町にある元竹田保育園をリノベーション。

オーナーシェフの松下ひかりさんと、林業を営む夫・明弘さんのお店。
年に1度、生ハムの原木を作るワークショップを開催。

3. 竹田地区の欅《けやき》材のプレートなど、林業繋《つな》がりの“福井の食器”。

鯖江《さばえ》市の河和田《かわだ》地区の「ろくろ舎」による桜のパン皿や、
栃《とち》の木のまり椀など、オリジナルの器たち。
肉料理には、越前打刃物《うちはもの》の「龍泉刃物」を使用。

限界集落を灯す、薪オーブン　茅葺《かやぶ》き屋根の坪川家住宅や、加賀の赤瓦の文化の影響を受けた独特な集落景観が残る竹田地区。「la clarté」は、元竹田保育園を改築したレストラン。福井県内の間伐材を使い、２台の薪オーブンで調理される美味しい料理たち。まず、「PLATEAU」というベーシックなメニューを選び、そこからパンとスープのセットやパスタ、肉料理を組み合わせて豪華な内容にグレードアップすることができる。「PÂTES」に付くパスタは、勝山産牛ベーコンを使ったもので、「STEAK HACHÉ」には、若狭牛のハンバーグステーキが付く。「VIANDES」と「SPÉCIALE」の肉料理は、越前市の「龍泉刃物」のナイフを使えるのも、さりげない贅沢《ぜいたく》感。オーナーシェフの松下ひかりさんは、地元出身。一度は竹田を離れるも、結婚と出産を機に帰郷。夫の明弘さんが林業を営む傍ら、彼女は、飲食に携わりたいと思い、地元のフレンチレストランで経験を積んだ。そして、自店開業に募る思いと、元保育園の利活用のタイミングが重なり、２０１７年、la clartéをオープン。明弘さんの林業も相まって、県産の薪木を使用した薪火料理をメインとした。使用する器も、地元の欅プレートに、鯖江市河和田地区の「ろくろ舎」による桜の木のパン皿や栃の木のまり椀。保育園の面影が残る店内には、地元の人も、県外の人も、スタッフも皆、笑顔が絶えない。雪深くなる冬にこそ、わざわざでも行きたい、温もりあるレストラン。（神藤秀人）

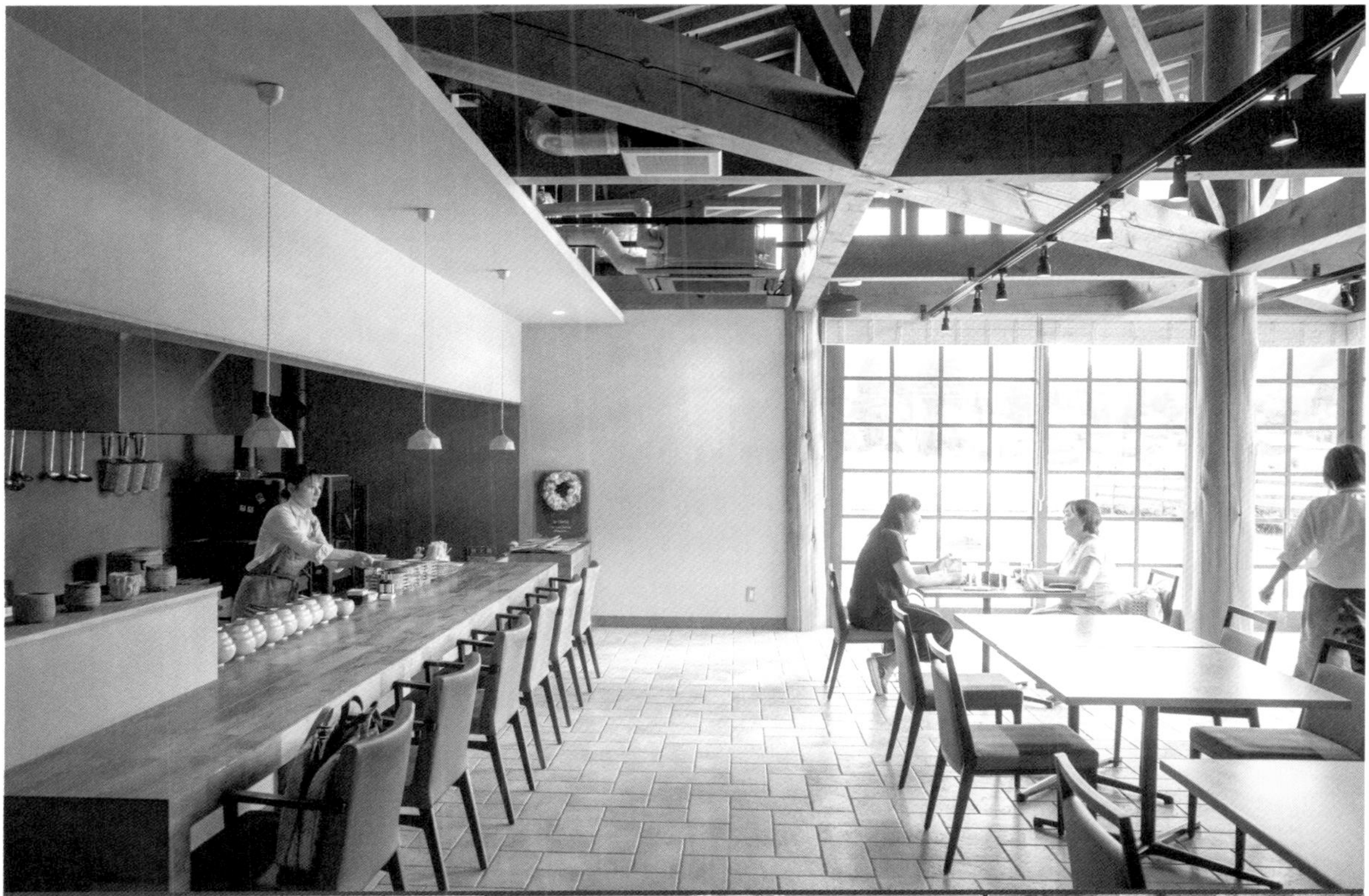

Woodfired Restaurant
la clarté

1. A woodfired restaurant that uses wood from forest thinning in Fukui Prefecture.

2. Remodeled from the former Takeda Daycare in the mountains of Maruoka-cho.

3. Forestry-linked "Fukui tableware," such as ***keyaki*** (Japanese elm tree) plates from the Takeda area.

Remodeled from the former Takeda Daycare, "la clarté" is a restaurant serving delicious dishes prepared in two woodfired ovens using wood from forest thinning in Fukui Prefecture. They have a basic set lunch, "Plateau" that can be upgraded to a luxurious one by adding a bread and soup set, pasta, and meat dishes. They serve pasta with pâtes topped up with Katsuyama beef bacon, while their steak haché comes with a patty made with Wakasa beef. Their meat dishes, "Viandes" and "Spéciale," are served with knives made by Ryusen Hamono in Echizen, lending an air of unaffected extravagance. Still retaining the vestiges of the daycare, the warm restaurant is filled with smiles on everyone, from the locals, out-of-towners, to staff. This welcoming restaurant is the place you'll trek out even in winter when the snow gets deep. (Hideto Shindo)

8

丹巌洞

福井県福井市加茂河原《かもがわら》 1-5-12
Tel: 0776-36-2668（要予約）
不定休　※見学のみも可（要事前相談）
福井駅から車で約10分

1.「笏谷石《しやくだにいし》」の採掘場跡にある料亭。

福井市の市街地に聳《そび》える足羽山《あすわやま》の麓、石の町・旧笏谷村にある。
笏谷石の石切り場を含む、美しい庭園。

2. 食事とセットで見学できる“笏谷石づくし”の庭園。

笏谷石の瓦が葺《ふ》かれた門から入り、敷石や橋、
建物にも使われる笏谷石。幕末の志士たちも集った草庵「丹巌洞《たんがんどう》」も
見学可能で、当時の風刺絵から、この土地の歴史を知る。

3. 箸置きやコースター、お猪口なども笏谷石。

毎月変わる福井県を感じる懐石料理。
蕎麦の実の越前そばや、きのこの漬け汁なども登場。
リクエストすれば（状況に応じて）、笏谷石を使ってくれる。

福井の産業を味わう　ホテルの窓からいつも見ていた「福井城」は、僕にとって福井を代表する風景の一つで、その石垣は「笏谷石（越前青石）」でできていて、雨の日にこそ青色に濃く染まり、印象的な〝もよう〟を作っていた。神社仏閣だけでなく、商業施設や旅館など、県内の重要な〝デザイン建築〟にも採用される笏谷石。そんな貴重な石は、福井市の市街地に忽然《こつぜん》と現れる「足羽山」周辺が産地であり、現在は、採石こそしてはいないが、保存地域になっている場所もある。「丹巌洞」は、その笏谷石の採石場跡にある珍しい日本料理店。鬱蒼《うつそう》とした森を背にした店構えは、どこか神聖な場所に踏み入るかのよう。まず驚くのが、入り口に構える立派な門。屋根の瓦も、地面の敷石も、支柱の石も全て笏谷石でできている。敷地内は、庭園のように整備されていて、笏谷石が敷かれた小道を歩いて、自由に散策もできる。店名の由来になった草庵「丹巌洞」も現存し、さらに奥へと進むと、池に囲まれた祠《ほこら》がある。そここそ笏谷石の採石場だ。かつて〝石の町〟ともいわれ、笏谷石によって繁栄を築いた旧笏谷村。採石された石は、北前船によって北海道まで運ばれたという。ここは、もともと正真正銘の石材店で、食事は、当時来客をもてなしたという茶室や応接室、風呂場跡などで、庭を望む座敷でいただける。毎月変わる旬のメニューはどれもが絶品で、笏谷石製の器を使ったりもしてくれる。福井が誇る〝産業遺産的料理店〟。（神藤秀人）

Tangando

1. A ***ryotei*** (traditional Japanese restaurant) located on a former quarry of ***shakudani*** stone (green tuff).

2. A garden full of ***shakudani*** stones that you can tour together with dine-in as a set.

3. Chopstick rests, coasters, and ***Ochoko*** (sake cups) are also made of ***shakudani*** stone.

Shakudani stone is used not only in shrines and temples, but also important design architecture in Fukui. Tangando is a rare Japanese restaurant located on a former quarry of *shakudani* stone. Set against the backdrop of a dense forest, it looks like a sacred place. What first surprised me was the magnificent gate at the entrance. The roof tiles, paving stones, and pillars are all made of *shakudani* stones. Laid out like a garden, visitors can freely stroll along the *shakudani* stone-paved paths in the premises. Deeper in the garden lies a small wayside shrine surrounded by a pond. This is the quarry of *shakudani* stone. Tangando was originally a genuine stonemason store, where patrons were served meals in *tatami* rooms overlooking the garden in those days. An industrial heritage-esque restaurant – truly the pride of Fukui. (Hideto Shindo)

9

GOSHOEN

福井県小浜市北塩屋 17-4-1
Tel: 0770-64-5403
10時～17時　水・木曜休
goshoen1815.com
小浜ICから車で約10分

1. 福井県の有形文化財「護松園」を利用したコミュニティースペース。

1922年創業の箸メーカー「マツ勘」が運営。コーヒースタンドやコワーキングスペースなど、地域の“みんな”の憩いの場。

2. 若狭塗箸の老舗「箸蔵まつかん本店」が入居。

伝統的な若狭塗箸から、海洋プラスチックゴミをリサイクルした“新しい若狭塗箸”、箸作りの端材（ぺっちん）を使ったテーブルゲームなどもある。

3. 若狭塗と古河屋を紹介する「みんなのミュージアム」。

改装した蔵では、小浜で活躍した北前船商人「古河屋」と、伝統的工芸品「若狭塗」の歴史をわかりやすく学べる。

若狭の箸が繋いだ迎賓館　嶺南《れいなん》地域の「GOSHOEN」へ。趣ある門をくぐり、堂々とした玄関から上がると、まず最初の部屋が、老舗《しにせ》箸メーカー「マツ勘」の直営ショップ。さまざまな種類の箸が並ぶが、私は、選べそうもなかったので、奥にある蔵を改装した「みんなのミュージアム」に進んだ。そこで初めて、ここ小浜市は、江戸時代から北前船の寄港地として栄えた地であり、「若狭塗」という伝統工芸が根づき、塗箸の全国シェア80パーセントを誇る一大産地だと知った。今度は、「ene COFFEE STAND」で珈琲を注文し、大広間のソファに腰かけ、庭園を眺めながら一息ついた。帰りがけに再びショップに立ち寄ると、さすが日本一の塗箸産地の品揃え。見るだけでも楽しいが、店員さんから聞く箸の話もさすが産地の説得力。元は「護松園」と呼ばれたこの建物は、北前船で財を築いた古河屋が建てた迎賓館だった。小浜の人々が誇りにしてきた場所だったが、長く活用されずにいたものを、マツ勘が「GOSHOEN」として再生。旅人にとって嬉《うれ》しい場所だが、ここの心地よさの正体は、実は地元の人が憩う雰囲気にあると思う。くつろぐおじさん、談笑する学生たち……その気配は、地元特有の閉鎖的な感じがなく、観光地にありがちなよそよそしい雰囲気を中和して、全ての人に心地よい空気をつくっている。そして、その間に誇らしげに並ぶ若狭の箸。箸が、過去と今、内と外を繋ぐ、まさに〝かけはし〟の場所。（進藤仁美）

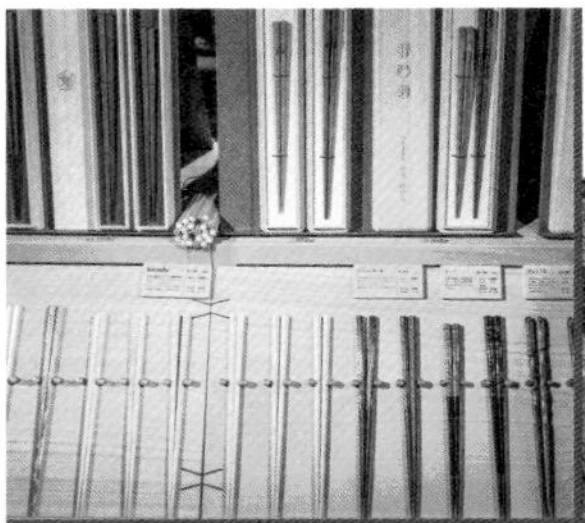

GOSHOEN

1. A community space utilizing " 護松園 " ("Goshoen") – A tangible cultural property of Fukui Prefecture.

2. Houses "Hashikura Matsukan Direct Shop" that sells Wakasa lacquered chopsticks.

3. "Everyone's Museum" – Introducing Wakasa lacquerware and Furukawaya.

GOSHOEN is a must-visit in the Reinan area. As you pass through the quaint gate and cross the imposing entrance, the first room you'll see is the direct retail outlet of the long-established chopsticks manufacturer, Matsukan. Many different types of chopsticks laid before my eyes but I couldn't make up my mind so I headed for "Everyone's Museum." It was there I first learnt that Obama is a major production area for Wakasa lacquerware. I ordered coffee and took a break at "ene COFFEE STAND". On my way back, I stopped by the shop again and realized they indeed have an impressive selection of lacquered chopsticks in Japan. Originally called "護松園," it was once a guesthouse built by Furukawaya, a maritime merchant that made its fortune on the *kitamaebune* route. Long underutilized, Matsukan injected new life into it as GOSHOEN. (Hitomi Shindo)

10

SAVA!STORE

福井県鯖江《さばえ》市河和田《かわだ》町 19-8
Tel: 0778-25-0388
平日　12時〜18時
土・日曜・祝日　11時〜18時
火・水曜休（祝日の場合は営業）、年末年始休
savastore.jp
鯖江駅から車で約20分

1. 鯖江、そして福井で、“ちゃんと作られたモノ”が買える店。

伝統工芸からファッションアイテムまで、
若々しく現代に合わせてアップデートされた商品が並ぶ。

2. 福井の“インタウン”デザインチーム「TSUGI」の拠点。

「錦古里《きんこり》漆器店」の中にあり、デザイン事務所を併設。
売り場と工房がシームレスに繋《つな》がった産地を実感する店内。
自分たちがデザインしたものを、自分たちで売る店。

3. モノを通して産地と外を繋ぐ発着地。

ここに来れば福井のものづくりが一目でわかる。
スタッフによる説明や、フリーペーパーなど、産地を知り、訪れる仕組み。

鯖江らしい店　鯖江市河和田地区にあるデザイン事務所「TSUGI」へ。アポもないのに気軽に来られたのは、同じ建物内に店があるからだ。車を停めると、気配に気づいたのか、中から代表の新山直広さんが出迎えてくれた。「SAVA!STORE」は、デザイン事務所が併設している〝福井で作られたモノ〟を販売するショップ。中に入ると、和紙に眼鏡、刃物に箸など、鯖江を中心に福井のものづくりがずらりと並ぶ。中でもユニークなのが、福井の7つの伝統的工芸品を現代のライフスタイルに合わせてアップデートしていく「F-TRAD」シリーズ。鯖や恐竜をモチーフにしたTシャツなどのグッズも、洒落《しゃれ》が効いていて思わず笑顔になった。奥に進むと漆器コーナーがあり、商品と並んで漆器作りの工程が展示され、さらに「錦古里漆器店」の工房が併設されている。驚いたことに、そこでは本物の職人さんが仕事をしていて、ものづくりの町に来た、という実感が強く湧いてきた。「売ることは、デザインすることと同じくらい大事」と、新山さん。自分たちが作ったものを、自分たちの手で売る。買う人が見えるから、その人に向けて作ろうと思う。買った人は作り手の想いや苦労が見えるから、大事に使おうと思う。店の中にそういう自然なサイクルが感じられ、いい店だな、そして、店っていいなと思った。２０２３年、SAVA!STOREは、リニューアルオープンした。売り場を拡大し、さらにちゃんと売る店に進化している。（進藤仁美）

SAVA!STORE

1. A store where you can buy "well-made things" in Sabae and Fukui.
2. The base of "TSUGI" – Fukui's in-town design team.
3. A commerce hub that connects the production center with the outside world through goods.

Attached to its design office, SAVA!STORE is a shop that sells things made in Fukui. Once inside, you'll find a wide assortment of locally-made crafts, mainly from Sabae, such as *washi* and knives. One of their unique product lineups is the "F-TRAD" – a series of seven local traditional crafts that are updated to fit modern lifestyles. As you move towards the back, there is a lacquerware corner where the process of making lacquerware is displayed alongside the products, with the adjoining workshop. I was surprised to see real artisans working there. "Selling is as important as designing," says Naohiro Niiyama, the company's representative. They sell what they make themselves, and they make the products with the customers in mind. And because the customers can see the creator's thoughts and labor, they will use it with care. (Hitomi Shindo)

11

エイトリボン

福井県坂井市丸岡町堀水13-8
Tel: 0776-66-3550
10時〜17時　不定休（要確認）
www.eightribbon.jp
丸岡ICから車で約10分

1. 細幅織物の一大産地・福井のリボン工場の新しい形。

1961年発足の「丸岡エイトリボン協業組合」（2015年廃業）を復活。
工場見学をはじめ、ワークショップやカフェ事業も行なう。

2. 国内最大級のシャトル織機（旧式）工場の見学。

スタッフによる丁寧な解説付きのファクトリーツアー。
工場で織られたリボンを使った、オリジナルワークショップもある。

3. 工場併設の元託児所を改築した「リボンズカフェ」。

リボン作り機械の廃材を使ってリノベーションした空間。
さまざまなアーティストたちとも作る「レピヤンリボン」は、福井土産にも◎。

町にとってのリボン　福井県は、古くから国内有数の絹織物の産地。中でも「越前織」とも呼ばれる「細幅織物」の分野では一大産地を形成していて、日頃、僕たちも目にする「織ネーム」や「リボンテープ」においては、全国一のシェアを誇っているという。丸岡町にある「エイトリボン」は、国内最大のシャトル織機を使った、チロルリボン工場。ファクトリーツアー（要予約）に参加すると、スタッフの案内の下、ほとんどの工程を見て回れる。ツアー中は、イヤホンを付けるので、「ガッチャンガッチャン」という織物工場特有の臨場感を味わいながら、産地の歴史から細幅織物の技術のことまで詳しく学べる。エイトリボンの前身となる「丸岡エイトリボン協業組合」は、1961年に8社のリボン工場によって発足した国内最大のジャガードリボン工場だったが、2015年に廃業。しかし、世界に誇れる日本の技術を残そうと、同じ町内の細幅織物メーカー「松川レピヤン」が引き継ぎ、工場の立て直しとブランディングを行なった。工場そののリノベーションは、福井県の出《で》水《みず》建《けん》大《だい》氏で、細部には機械の廃材をアップサイクル。元託児所だった建物は、ものづくりのコミュニティーとして「リボンズカフェ」にしていて、オリジナルのリボンの購入はもちろん、定期的にワークショップも開催（自家製スイーツも美《お》味《い》しい）。いわゆる工場という概念を外しながらも、伝統を守り、〝次世代の越前織の在り方〟を研究している。（神藤秀人）

Eight Ribbon

1. **Taking the new form of ribbon factory in Fukui, a major producer of narrow fabrics.**

2. **You can tour one of the largest (old-style) shuttle loom factories in Japan.**

3. **The former daycare center attached to the factory is remodeled into "Ribbon's Café."**

Located in Maruoka-cho, Eight Ribbon is a Tyrolean ribbon factory that uses the largest shuttle looms in Japan. If you take a tour of the factory (reservation required), you can see most of the process under the guidance of the staff. You'll be asked to wear earphones and hear the characteristic rhythmic, clicking sounds while learning more about history of the production area and the techniques used to make narrow fabric. The predecessor of Eight Ribbon, the Maruoka Eight Ribbon Cooperative Association, was Japan's largest jacquard ribbon factory but closed down in 2015. To preserve Japan's world-class techniques, Rapyarn, a narrow fabric manufacturer, took over and rebuilt the factory. The former daycare center is now Ribbon's Café – a community for craftsmanship that regularly holds workshops and sells original ribbons. (Hideto Shindo)

12

ataW

福井県越前市赤坂町 3-22-3
Tel: 0778-43-0009
11時〜18時　水・木曜休（祝日の場合は営業）、年末年始休
ata-w.jp
鯖江《さばえ》駅から車で約10分

1. 創業1701年の漆器メーカー「セキサカ」のモダンな直営店。

田園風景に囲まれた老舗《しにせ》の漆器店をリノベーション。
自社ブランドの「SEKISAKA」の、使いたいと思える“新しい漆器”。

2. 日本のものづくりをリデザインする「SARO」。

福井県の越前漆器や越前打刃物《うちはもの》をはじめ、新潟県の金属カトラリー、
広島県の杓子《しゃくし》など、日本の手仕事や産業を再考するプロダクト。

3. 眼鏡や服、書籍も取り揃えるセレクトショップ。

鯖江の眼鏡ブランド「MEGANEROCK」が買える店。
木工作家の西本良太氏や、クラフトブランド「Pull Push Products.」など、
センスのいい物が集まる場所。

伝統の〝センス〟　福井県には、伝統工芸をはじめ、日本有数のものづくりが根づいているが、その理由の一つに、地理的要因が挙げられる。昔から北前船や鯖街道によって「外」との繋《つな》がりが濃く、比較的何でも手に入りやすい土地柄だった。特に京都とのゆかりが強い「越前漆器」は、長い歴史もある中で、今では通常の木製漆器だけでなく、旅館などで使用する「業務用漆器」としての産地も築き上げていたことには驚いた。「ataW」は、300年を超える歴史ある漆器メーカー「旧関坂漆器」を源流に持つライフスタイルショップ。そもそも漆器が少ない空間には、〝越前漆器の技術を踏襲したプロダクト〟「SEKISAKA」を筆頭にモダンな商品が並ぶ。例えば、「PLACE」は、機内食用のトレーを長年手がけてきたことから生まれたトレー。色とりどりのドリッピング柄は、上に載せたものが滑りづらいノンスリップ効果がある。また、日々変わる日本の暮らしに合わせて生まれた「SARO」。若狭の箸や、武生《たけふ》の刃物、燕三条《つばめさんじょう》のスプーン、宮島の杓文《しゃも》字《じ》など、独自に再構築したフラットウェアコレクション。大阪のアパレルブランドの商品も充実する中、鯖江の「MEGANEROCK」の品揃えも県内随一。それらは、全て12代目の関坂達弘さんのブランディングによるもので、「外」と繋がってきたからこそ育まれた〝福井らしさ〟を体現しているよう。持ち前のセンスで、伝統の進むべき道をきちんと見定め、デザインしている店。（神藤秀人）

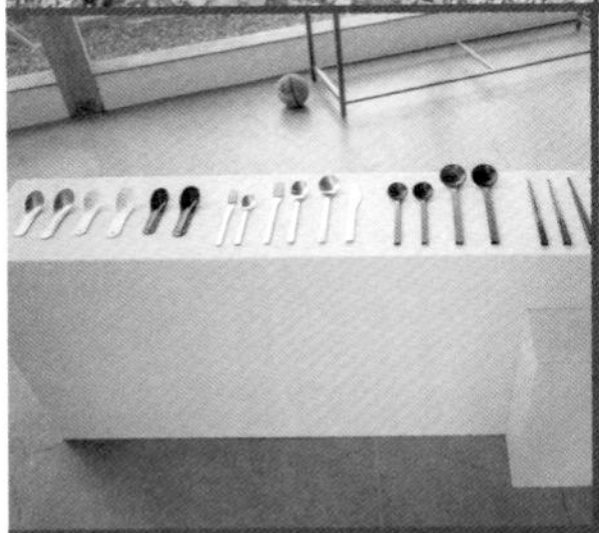

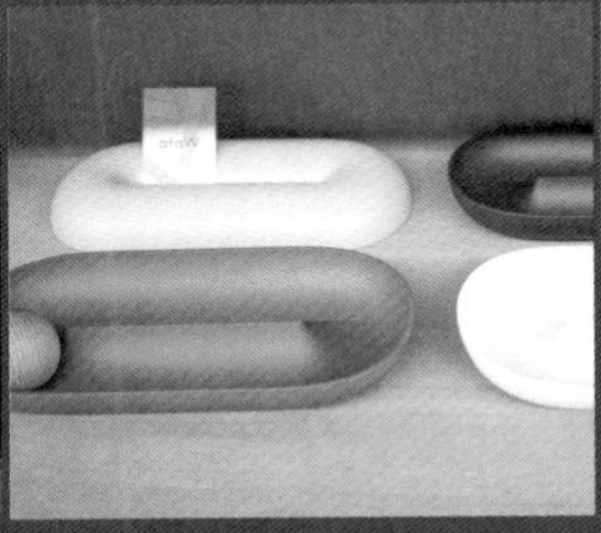

ataW

1. A retail store directly run by "SEKISAKA," a lacquerware manufacturer founded in 1701.
2. "SARO" is a series of Japanese manufacturing, uniquely redesigned.
3. One of the best specialty shops in the prefecture, offering glasses, clothes, and books.

Fukui Prefecture is home to some of the best manufacturing in Japan, including traditional crafts, and one of the reasons for this its geographical factor. I was surprised to learn that Fukui is now also a production area for the regular wooden, Echizen lacquerware and lacquerware for commercial use. ataW is a lifestyle shop that has its roots in a lacquerware manufacturer with a history of over 300 years. Its modern product lineup includes the original "SEKISAKA," a product that uses the techniques of Echizen lacquerware. "PLACE" is a tray series that was born from their long history of making trays for in-flight meals; the colorful dripping pattern has a non-slip effect that prevents things placed on it from slipping. ataW is a shop that relies on its innate sense to design and determine the path forward in tradition. (Hideto Shindo)

13

ESHIKOTO

福井県吉田郡永平寺町《えいへいじちょう》下浄法寺《しもじょほうじ》12-17
営業時間は、各店舗に準ずる　※20歳未満入場不可
水曜休、第1・3・5火曜休　eshikoto.com
永平寺参道ICから車で約10分

1. 九頭竜川のリバーサイドに広がる複合施設。

永平寺町の山や川を望む絶景スポット。
越前和紙や笏谷石《しやくだにいし》を建材に使った「酒樂棟《しゆらくとう》」。
ESHIKOTO限定酒を含む、黒龍酒造の直営店「石田屋」などを併設。

2.「禅・食・酒」の永平寺町ならではの体験がある「acoya」。

黒龍酒造の酒粕やけんぞう蕎麦の蕎麦粉を使った絶品スイーツ。
福井県の食材をふんだんに使った料理には、黒龍酒造の地酒をペアリング。

3. 宿泊施設も生まれる、嶺北《れいほく》エリアの新拠点。

佐藤卓氏や深澤直人氏をはじめ、福井の「TSUGI」など、デザインも豪華。
建築家サイモン・コンドル氏設計の日本酒貯蔵庫「臥龍棟《がりゅうとう》」(要予約)も必見。

永平寺町の理想郷　美しい山々に三方を囲まれる永平寺町。2022年、禅の「大本山 永平寺」のお膝元に誕生した「ESHIKOTO」。現在は、酒や食を楽しむ「酒樂棟」と、貯蔵セラーやイベントスペースを備えた「臥龍棟」から成り、特に、酒樂棟のテラスから望む「九頭竜川(旧名・黒龍川)」は、真夏の取材でへとへとだった僕にとって嶺北地域で一番の癒しだった。「Pâtisserie acoya」でテイクアウトした「大吟醸ソフトクリーム」も、言うまでもなく、火照った身体に染み渡った。代表は、「黒龍酒造」社長の水野直人さん。海外で見た〝テロワール〟を地元で体現することを試みて、福井県を中心とした北陸の食や文化を伝えようと、10年の構想の末、ESHIKOTOをつくった。「Apéro acoya」は、ランチだけでなく、モーニング(要予約)もお薦めで、「大野阿難祖《あどそ》のコシヒカリ」や「へしこのガルビュール」など、朝日とともに目覚めて、太陽が沈むまでを、「禅・食・酒」という3つのテーマに沿って表現している。使用する食材や器、インテリアの設えも、〝その土地らしさ〟があり、本来あるべき人と自然の調和をモダンにまとめつつも、改めて福井のポテンシャルの高さを感じさせる。黒龍酒造の直営店「石田屋」では、県産の「黄金の梅」を使った「ESHIKOTO梅酒25佐藤卓」など、ここにしかない地酒も手土産にできる。2024年にはオーベルジュも完成し、福井が世界に誇る〝永遠の理想郷〟として、さらに進化する。(神藤秀人)

ESHIKOTO

1. A complex located on the banks of Kuzuryugawa River.
2. "acoya" offers experiences unique to Eiheiji-cho: *Zen*, food, and drinks.
3. A new hub in the Reihoku area to offer accommodations as well.

Established in 2022, ESHIKOTO is located in Eiheiji-cho that is encircled by beautiful mountains on. At present, it comprises Shurakuto that serves food and drinks, and Garyuto that comes with a storage cellar and event space. The views of the Kuzuryugawa River from the terrace of Shurakuto was the ultimate relaxation for me especially after a tiring day in midsummer. Enter Naoto Mizuno, President of Kokuryu Sake Brewing Corporation. He founded ESHIKOTO after a decade of planning to embody the terroir he had seen overseas in his hometown to convey the food and culture of Hokuriku, especially Fukui Prefecture. At Ishidaya, their own retail outlet, you can also pick up local *sakes* that can only be found here. In 2024, their auberge will be completed and transformed into an eternal utopia that Fukui can take pride in. (Hideto Shindo)

14

志野製塩所

しの屋

福井県福井市鮎川町《あゆかわちょう》 133-1-1
Tel: 070-3630-1920
3月〜11月　11時〜17時　12月〜2月　11時〜16時
土・日曜・祝日のみ営業
shinoya004.stores.jp
福井駅から車で約50分

1. 越前海岸の岸壁に立つ、元製材倉庫を利用した製塩所。

目の前の海から汲《く》み上げた海水で作る「百笑の塩」。
流木や古民家の廃材を活用するクラフト感溢《あふ》れる店舗デザイン。

2. 自家製の「百笑の塩」を使ったカフェメニュー。

「豆乳塩チャイ」や「塩レモネード」など、製塩所ならではのメニュー。
毎週土曜日は、「てんてん」によるおむすびランチ日。

3. 塩作り、米作り、場づくり、関係性づくり……何でもこなす百姓・志野佑介さん。

塩による、県内各地のさまざまなコラボレーション。
県内のデザイナーと一緒に作った「塩とストーリー」などの商品開発。

越前海岸の百姓　福井市の市街地から車で西へ。丹生《にゅう》山地を越え、越前海岸へと出る。さらに、海岸線を北へと進み、辿《たど》り着いた先は、「志野製塩所」で、目前に日本海が広がる絶好のロケーション。製材倉庫だった建物を利活用した工房から、「こんにちは!」と、志野佑介さんが、汗を拭いながら元気に出迎えてくれた。真夏にもかかわらず、グツグツと塩を煮詰める釜場の横に併設された商店「しの屋」では、志野さん自らが焙煎《ばいせん》した「浜の珈琲」ももちろん美味《おい》しいが、せっかくならば自家製の「百笑の塩」を使った、「豆乳塩チャイ」「うめぇー塩ソーダ」「塩レモネード」をいただきたい。冷蔵庫の中には、坂井市の「西勘堂」による「塩ぷりん」「ショコラサンド」「塩レモンケーキ」などが入っていて、それらも全て志野さんの塩を使ったオリジナルのスイーツ。ゴツゴツした岸壁に、時折、ザッパーンと波がぶつかる。工房の塩は、この海の水を汲み上げて作られる純正の天然塩。偶然にもこの海岸は、雨が降って山から流れ出る「淡水」が「海水」と混ざり合う珍しい場所で、その水を使って作った塩は、ミネラルが豊富で、癖もなく、何にでも合うという。県内にとどまらず、さまざまな飲食店や菓子店などにも使われている「百笑の塩」。毎週土曜日は、おむすびランチ日で、妻の映里さんが育てた野菜をはじめ、米も卵も、可能な限り自給自足という。流木や廃材を使って店舗デザインまでこなす、越前海岸のクラフトマンの店。（神藤秀人）

Echizen Shino Craft Salt
Shinoya

1. A saltworks revamped from a former sawmill located on the quay on the Echizen Coast.

2. Café menu uses their homemade "Hyakusho no Shio" (literally "Hundred-smiles salt")

3. Refining salt, growing rice, creating places, building connections: Yusuke Shino, a farmer who does it all.

Echizen Shino Craft Salt is perfectly located – right in front of the Japan Sea. From his workshop, which was once a sawmill, Yusuke Shino greeted us cheerfully as he wiped the sweat off his face. Despite the fact that it was the peak of summer, the "Hamano Coffee" roasted by him at Shinoya was delicious. But, if possible, do try their "Salted Chai with Soymilk," "Yummy Salted Soda," or "Salted Lemonade" that uses their homemade "Hyakusho no Shio." The salt at his workshop is genuine natural sea salt. Coincidentally, this beach is a rare place where the fresh water that flows from the mountains when it rains mixes with sea water. The salt made from this water is rich in minerals, does not smell strange, and goes with everything. "Hyakusho no Shio" is used not only in Fukui, but also in various restaurants and sweet shops. (Hideto Shindo)

15

ORION BAKE

福井県南条郡南越前町古木《ふるき》49-3-1
Tel: 080-5857-4605
11時30分～17時（L.O. 16時30分）水・木曜休
www.instagram.com/orionbake
今庄ICから車で約10分

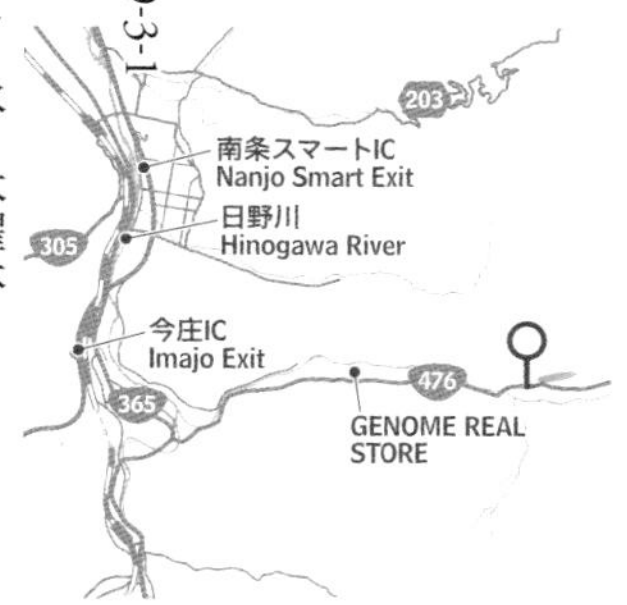

1. 南越前町の山奥の保育所の教室を、リノベーションしたカフェ。

保育所の椅子や備品、古民家の廃材や中古家具などを利活用し、
地域の人でリノベーションした手づくりの店。

2. 図書館や古道具倉庫もある「たくらCANVAS」内に入居。

「GENOME REAL STORE」や、福井大学の有志が主催する
『たくらCANVASマーケット』（毎年11月）に参画。

3. 自然豊かな屋外に持っていけるピクニックセット。

季節のスイーツや地元の食材を使ったランチも美味《おい》しい。
旅人も地域の人も自由に利用できる新しいサロン。

南越前町の田舎のサロン　人里離れた「GENOME REAL STORE」で、中古家具を物色していると、店主の藤原ヨシオさんが、この先に「ゲノム古道具部」があるからと、田倉川に沿うように山の方へ車で約5分。鬱蒼《うっそう》とした自然に囲まれる旧宅良保育所は、藤原さんが代表の地域の交流を深める活動団体「たくらCANVAS」の拠点。教室や庭を利用してさまざまなイベントを行なっていて、古道具部があるのは、その一室「たんぽぽ組」。そして、その隣「すみれ組」には、近所のおじさんや若者がくつろぐカフェ「ORION BAKE」がある。ガラッと、教室の扉を開ければ、そこはお洒落《しゃれ》な空間。窓の外には緑々と茂った草木が広がり、窓側の席では、子どもが何やら双眼鏡を覗《のぞ》き込んでいる。この店は、もともと教室の利活用を目指して、たくらCANVASのメンバーがリノベーションしたもの。20年以上食に関する仕事に携わってきた店主の石田幸代さんは、仲間と一緒にプロジェクト立ち上げから関わり、2020年、自店としてORION BAKEをオープン。パフェやケーキ、焼き菓子、そのどれもが美味しいが、特別な味わいだそう。園庭で採れた栗を使ったモンブラン（秋限定）も、特別な味わいだそう。天気が良い日には、淹《い》れたての珈琲を水筒に入れ、好みのおやつを籠に詰めたピクニックセットもお薦めで、山の中へ小冒険に行くのもよい。夜空にオリオン座が見える「夜カフェ」は不定期でオープン。田舎の日常にキラリと光る、サロン。（神藤秀人）

ORION BAKE

1. A café remodeled from a daycare deep in the mountains of Minami-Echizen-cho.
2. Located inside "Takura Canvas," which also houses a library and a curios warehouse.
3. A picnic set that you can bring with you outdoors in nature.

Surrounded by lush nature, the former Takura Daycare is now Takura Canvas, an organization that promotes community interaction. They hold various events in the rooms and garden, while the Sumire Room houses ORION BAKE, a café where neighborhood elders and young people lounge about. A stylish space opens up before me as I push the door. Lush green foliage fills my vision from the windows, and a child is looking through binoculars in the window seat. The café was originally renovated by Takura Canvas' members to better utilize the rooms. On days when the weather is nice, you might want to pack your favorite snacks and coffee in their picnic set and set out for a small adventure in the mountains. While not regular, they sometimes open Night Café, where the Orion constellation is visible – truly a star-like presence in Fukui. (Hideto Shindo)

16

昆布屋孫兵衛

福井県福井市松本 2-2-6
Tel: 0776-22-0612
10時～17時　火・水曜休
www.instagram.com/kombuyamagobei/
福井駅から車で約5分

1. 北前船の廻船問屋から転身した和・洋菓子店。

創業1782年。時代とともに変わりながらも、伝統を残す
“町の和菓子屋”。どら焼きや最中《もなか》のテイクアウトと、
ケーキやアシェットデセールのイートインの融合。

2.「黄金の梅」や「黒龍酒造」の酒粕《さけかす》などを使った美味《おい》しいスイーツ。

「羽二重餅」をはじめ、池田町のクレソンや、福井県産豆入り番茶など、
福井ならではの創意あるお菓子。

3. 古民家建築から、デザイン建築へとアップデート。

雪国らしさを象徴した大きな庇《ひさし》のある外観。
鯖江《さばえ》市の「井上徳木工」の菓子箱をはじめ、随所に北陸を感じる工夫。
古民家時代の梁《はり》も、インテリアに活かす工夫がある。

廻船問屋の新しい船出　嶺北《れいほく》地域の取材の合間には、さまざまなカフェで時間を過ごしたが、中でもとりわけ居心地が良かったのが、「昆布屋孫兵衛」だ。大きな庇が際立つファサードは、初めて見る人は、いったい何の店なのか興味を持つだろう。実はここは、地元の人には馴染みのある老舗《しにせ》和菓子店。その歴史は、江戸時代まで遡《さかのぼ》り、店のルーツはなんと「北前船」の廻船問屋。日本海を中心に活躍した買積み廻船（船主自身が商品を買い付け、それを販売する船）で、例えば、福井からは米や笏谷石《しゃくだにいし》、漆器など運び出し、それらを青森や北海道で売り捌《さば》き、逆にニシンや昆布などを買って戻ってきたという。つまり、「昆布屋」という名前も、それに因《ちな》んで当時のお殿様が命名したもの。建物のデザインやその歴史もさることながら、この和菓子店が面白いのは、洋菓子もあるということ。17代目の昆布智成さんは、東京や海外で活躍した名のあるパティシエ。２０２３年に故郷に戻り、ここでしかできない自分の役割があるのではないか、と一念発起。昔ながらの趣ある店舗を思い切って建て替えた。心地よい光りが差し込むモダンな店内には、イートインスペースをつくり、16代目が作るどら焼きや羽二重餅と一緒に、ケーキやアシェットデセールもいただける。食材や設えにも〝福井らしさ〟をちりばめ、従来の〝町の和菓子屋〟から、〝次世代の和菓子屋〟へとアップデート。北前船の歴史を感じる、老舗ながらも斬新な店。（神藤秀人）

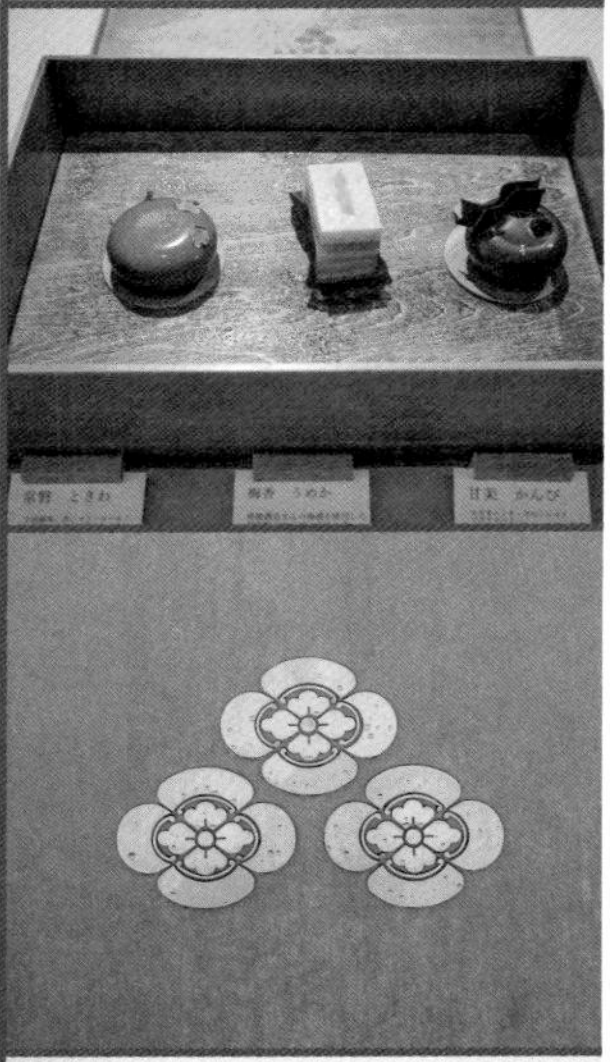

Kombuya Magobei

1. A Japanese-Western sweet shop that was formerly a maritime merchant on the ***kitamaebune*** shipping route.

2. Delectable sweets made with golden ***ume*** and ***sake*** lees from Kokuryu Sake Brewing Corporation

3. Remodeled from an old traditional Japanese house into a modern architecture.

Its distinctive facade with huge eaves is bound to pique curiosity in first-time visitors about its identity – a long-established Japanese sweet shop familiar to locals. It dates back as far as the Edo period when it was first a maritime merchant on the *kitamaebune* shipping route, shipping goods like rice and lacquerware from Fukui to other provinces, and returned with goods like herring and *kombu* (kelp). And that was how its name came about: "Kombuya." Other than its interesting design and history, they also offer Western sweets. Tomonari Kombu, the 17th-generation owner, is a pâtissier famous in Tokyo and overseas. In 2023, he returned to his hometown, took the plunge and rebuilt the quaint, old-fashioned shop into a modern, well-lit one. Patrons now can dine in and enjoy cakes along with *dorayaki* and *habutae mochi.* (Hideto Shindo)

17

望洋楼

福井県坂井市三国町米ケ脇《こめがわき》4-3-38
Tel: 0776-82-0067
1泊2食付き1名 80,000円～（2名利用時、時期により異なる）
www.bouyourou.jp
三国港駅から車で約5分

1. 三国町の岸壁に立つ、日本海を望むデザイン宿。

全7室、全ての部屋の窓からは、美しい日本海の眺め。東尋坊や雄島《おしま》、三國湊も近く、観光の拠点にもよい立地。日本コンクリート工学会賞作品賞受賞の、塩害に負けない“海の建築”。

2.「越前がに」で知られる明治から続く料理旅館。

甘エビや若狭牛、越前そばなど、“福井の山海の幸”をふんだんに使った料理は、越前漆器や越前焼などの伝統的工芸品に盛られる。

3. 越前和紙や笏谷石《しやくだにいし》など、福井県産の素材を使用したインテリア。

環境に配慮したアメニティー類。タオルは、「IKEUCHI ORGANIC」。

三国町の誇り　福井口駅から、「えちぜん鉄道（三国芦原《あわら》線）」に乗って、終点・三国港駅に着く。古くからこの辺りは、九頭竜川を使った水運による物流の拠点で、江戸時代には、「北前船」の廻船問屋をはじめ、さまざまな商店が軒を並べ、大きく発展した場所。そんな三国町の岸壁に建つ「望洋楼」は、明治時代から続く料理旅館。まるで要塞のような佇《たたず》まいのコンクリート建築は、一歩中に入れば、温もりある栗の木の廊下が迎えてくれる。「越前打刃物《うちはもの》」や「越前焼」などのプレート7300枚以上からなるチェックインカウンターや、越前和紙を挟み込んだガラス戸、笏谷石を積み上げたダイニングなど、建物内は〝福井らしさ〟で満ち溢《あふ》れている。僕が案内された「橋かけ島の部屋」は、海に浮かぶ島のように、くつろぎのエリアと寝室を分け、その間を橋のように繋《つな》いだ部屋。さりげなくデザイナーズ家具も置かれるが、とにかく壁一面のガラス窓から広がる日本海が圧巻。水平線から繋がるように設計されたお風呂も、源泉掛け流しの「東尋坊三国温泉」。鉄道が開通し、自動車も普及し、物流の中心が移っていくにつれ、時代とともに斜陽化は否めなかった三国町。それでも望洋楼は、越前がにを代表とする〝福井の山海の幸〟を誠意を込めて提供することで、地域の歴史と文化を守ろうとしている。生産者との絆を大切にする料理は、夏でも大満足だった。かつての三国町の輝きを取り戻すためにも、この宿の存在は大きい。（神藤秀人）

Bouyourou

1. A design accommodation perched on the breakwaters in Mikuni-cho overlooking the Sea of Japan.
2. A gourmet *ryokan* (traditional Japanese inn) since the Meiji era that serves Echizen crabs.
3. Interior design uses materials from Fukui Prefecture, such as Echizen *washi* and *shakudani* stones.

Perched on the breakwaters in Mikuni-cho, Bouyourou is a gourmet *ryokan* that has been around since the Meiji era. Once you step inside the fort-like concrete building, you are greeted by a warm hallway. The inside of the ryokan screams "Fukui-ness": a check-in counter made up of over 7,300 plates of Echizen knives and Echizen ware; glass doors with Echizen *washi* inserts; and a dining room made of piled up *shakudani* stones. The "Hashikakejima Room" that I was shown resembled an island in the sea. The relaxing area and bedroom are separated, with a bridge connecting the two. Designer furniture casually dot the room, but the highlight was the view of the Sea of Japan that stretched out from the glass wall. The bath that is designed to appear in line with the horizon, is filled with hot spring water from Tojinbo Mikuni Onsen. (Hideto Shindo)

18

城町アネックス

福井県福井市大手 2-18-1
Tel: 0776-23-2003
1泊素泊まり1名 8,000円〜
shiromachi-anx.com
福井駅から徒歩約5分

1. 福井城のお堀のほとりに建つ、プチホテル。

1948年創業。1984年築の煉瓦《れんが》造りのシンボル的ホテル。
四季折々の福井城の風景を楽しめる、必ず泊まりたい西側の客室。

2. 全国のホテルの手本にしたい“積年の美”。

友人宅に招かれたような居心地と清潔感、
オーナーのホテルへの愛情がある。カリモクや天童木工などの
家具類、ユニットバスやオーディオまで、
徹底して管理が行き届いた快適な部屋。

3. 地域住民も御用達の美味《おい》しい「二ノ丸グリル」。

宿泊者以外も利用できる洋食レストランを併設。
オーナーは、二の丸エリアを活性化させる活動団体「NIEN」の一員。
2021年、グッドデザイン賞受賞の1階オープンテラス。

プチホテルの極み　福井県内で活躍するクリエイターにお薦めの宿を尋ねると、海の見える料理旅館でもなく、古民家のリノベーションホテルでもなく、皆が、「城町《しろまち》アネックス」と答える。今回の旅の中で嶺北《れいほく》地域を巡った際、僕がいつもお世話になったのがこのプチホテル。絵に描いたような三角屋根の煉瓦造りの建物があるのは、福井城のお堀のほとりという特筆すべきロケーション。チェックインカウンターの奥が住居になっていて、いつもオーナーの新海康介・樹味さん夫妻がひょこっと出てきて挨拶してくれる。西側のお堀の見える客室からは、現在、福井県庁舎が建っている「本丸」をも望む。毎朝、お城に登庁する人たちを眺めるのも、どこか福井ならではの光景で、雨の日には、青緑に染まる笏谷石《しやくだにいし》の石垣も風情がある。部屋のタイプはごく普通の洋室が大半を占めるが、机や椅子、キャビネットなどの家具は、1984年の竣工当時のものを大事に修理しながら使用し、ソファやローテーブルには「カリモク60」を採用。机の引き出しには、オーナー直筆のホテル周辺のお薦めガイドマップも入っていて、地域への愛情も感じ取れる。そして、隅々まで行き届いた清掃管理は、宿泊者にとっては、何ものにも代え難い〝ホスピタリティーの極み〟とも言える。地元の人に人気の洋食店「二ノ丸グリル」を併設し、忙しい朝でもモーニングは外せない。日常と非日常を併せ持つ、〝ちょうどいい〟デザインの街のホテル。（神藤秀人）

Shiromachi Annex

1. A small hotel located on the banks of the moat of Fukui Castle.

2. "Longstanding beauty" that should serve as a model for hotels across the country.

3. "Ninomaru Grill" – a delicious favorite among local residents.

The picturesque brick building is located in a remarkable location on the banks of the moat of Fukui Castle. Behind the check-in counter is the residence of the husband-and-wife owners, who would pop out to say hello. The rooms with a view of the moat on the west side also overlook the Fukui Prefectural Government office. Most of the rooms are ordinary Western-style ones, but the furniture is carefully restored from the same ones from when the building was completed in 1984. In the desk drawer is a recommended sightseeing map of the area around the hotel, handwritten by the owners in a profession of their love for the area. The meticulous cleaning that reaches every nook and cranny of the hotel is the ultimate in hospitality. Combining the ordinary with the extraordinary, this is "just the right" design hotel in the city. (Hideto Shindo)

19

若狭佳日

福井県小浜市阿納《あの》 10-4
Tel: 0770-54-3010
1泊2食付き1名 28,100円～（2名利用時）
wakasa-kajitsu.com
小浜ICから車で約10分

1. 若狭湾の浜辺に面した次世代の“集落旅館”。

漁村・阿納集落の元旅館を改築したモダンなホテル。
集落の住人が、共同のオーナー。

2. 若狭ならではの文化を継承する3つの宿泊棟。

浜辺に面した風格ある「本館」に、元大浴場のあった「離れ」、
集落の瓦屋根に囲まれた「別館」。ディレクションは、
新潟の自遊人・岩佐十良氏に、設計は、京都の建築家・魚谷繁礼氏。

3. 御食国《みけつくに》・若狭の食文化を堪能できる。

「若狭ぐじ」（4～10月頃）や、「若狭ふぐ」（10～4月頃）を
はじめとする季節の食材。「小浜よっぱらいサバ」など、
若狭湾で水揚げされ、一汐《ひとしお》された海の幸。

内外海《うちとみ》の救世主的宿　若狭湾の小さな入江ごとに漁村集落が残る「内外海地区」。1960年代頃から、その美しい海と、新鮮な魚介料理を求めて多くの海水浴客がこの地に訪れたという。最盛期には、集落の9割以上が自宅を開放して「民宿」を営んでいたそうだが、やがてブームは過ぎ去り、宿をやめる家が1軒、また1軒と増えていった。集落を歩けば、迷路のような路地には、軒を争うように家が建ち並び、当時の賑《にぎ》わいをも彷彿《ほうふつ》とさせる。そんな内外海の中でも「阿納」は、18軒あるうち14軒もの家が現在も民宿を営む集落。江戸時代には庄屋だったという風格ある旅館が廃業したのを機に、集落が一致団結。これまで道の駅や古民家再生を行なってきた「まちづくり小浜」とともに改修して、2023年、ホテル「若狭佳日」を誕生させた。蔵を改築した「ラウンジ凪」でチェックインを済ませると、各客室に案内される。僕が泊まった部屋は、もともと大浴場があった「離れ」の棟の最上階。湯船の面影を残すユニークな部屋で、窓越しに浜辺が広がる絶景グランスイート。食事は「本館」の1階、海の景色を遮るものは、シンボルツリーの松の木だけの開放的なダイニングで、「若狭ぐじ」や「若狭ふぐ」をはじめとする新鮮な魚介料理がいただける。集落の新しい顔として、〝民宿文化〟の再生の鍵を握る若狭佳日。日の出とともに目を覚ますことや、朝食前に、海水浴場でひと泳ぎできるのも内外海ならではの体験。（神藤秀人）

Wakasa Kajitsu

1. A next-generation village ***ryokan*** (traditional Japanese inn) facing the beach of Wakasa Bay.
2. Three accommodation buildings that inherit the unique culture of Wakasa.
3. Enjoy the food culture of Wakasa, a ***Miketsukuni*** area (that supplied Imperial family with local food).

In Uchitomi, fishing villages remain in each of the small inlets of Wakasa Bay. Together with "Machizukuri Obama," which worked on restoring rest stops and old traditional Japanese houses, Wakasa Kajitsu hotel was renovated and completed in 2023. After checking in at Lounge Nagi, a remodeled warehouse, you will be guided to each guest room. The room I stayed in was on the top floor of "Hanare," which originally housed a large public bath. The Grand Suite is a unique guest room that retains the vestiges of a bathtub, with a spectacular view of the beach. Meals are served on the first floor of the Main Building in an open dining room with a view of the ocean, where you can enjoy fresh seafood dishes. As the new face of the village, Wakasa Kajitsu holds the key to the revitalization of the "culture of bed and breakfasts." (Hideto Shindo)

20

八百熊川

福井県三方上中郡《みかたかみなか》若狭町熊川《くまがわ》30-6-1
1泊素泊まり1名 19,000円～
yao-kumagawa.com
若狭上中ICから車で約15分

1. 鯖《さば》街道「熊川宿」の古民家リノベーション宿。

一軒家の「ほたる」に、長屋の「つぐみ」「ひばり」、そして、土蔵を改築した「やまね」。鯖街道文化を感じさせる古民家ホテル。

2. 独自開発、地元のお母さんによる“おもてなし膳”。

へしこをはじめ、現代風に味を調えた鯖街道ならではの郷土の味。地域飲食店と開発したオリジナル料理の仕出しも選べる。

3. 街道シェアオフィス＆スペース「菱屋」でチェックイン。

文化資源を活かした事業に取り組む「DEKITA」の拠点。若狭の箸やアロマスプレー、粒マスタード、葛の葉茶など、オリジナル商品の開発と製造。

鯖街道の宿　朝廷に食料を献上する御食国《みけつくに》・若狭。日本海の海の幸が、福井の小浜から、京都の大原を結ぶ「若狭街道」を通って運ばれ、特に18世紀後半からは、多くの「鯖」が運ばれたことから「鯖街道」とも呼ばれている。そんな鯖街道の福井県内最後の宿場町「熊川宿」。現在は、国の重要伝統的建造物群保存地区に選定され、「八百熊川」は、築100年を超えた古民家を再生した宿シリーズ。チェックインは、シェアオフィス&スペースでもある「菱屋」で、鯖街道の交易を支えた宿場町の歴史を代弁する重要な歴史遺産。2023年現在、宿泊できる客室は、全部で4つ。一軒家の「ほたる」に、長屋の「つぐみ」と「ひばり」、そして、土蔵を改築した「やまね」。アメニティーやサービスは、必要最低限だが、LINEアプリを使えば、困ったことがあればいつでも応えてくれる。インテリアのデザインも、奇を衒《てら》わず〝田舎的〟で親しみやすい。夕食は、鯖街道ならではの複数ある仕出しの中から選べ、例えば、熊川のお母さんによる「熊川のおもてなし膳」は、鯖のへしこや鯖の醤油干し、熊川の歴史に由来する郷土料理・長操汁《ちようそうじる》など、出来たてが運ばれてくる。朝食は、自炊でお粥を作り、熊川の名産「熊川葛」のあんかけをかけていただく素敵な仕組み。食だけでなく、さまざまな物資や人、文化を運んだ交流の道・鯖街道。八百熊川は、古代から現代へ、往来の歴史と人々の営みを感じさせる、福井ならではの宿。（神藤秀人）

Yao-Kumagawa

1. **Inns remodeled from over century-old old traditional Japanese houses in Kumagawa-juku, Saba Kaido.**
2. **Offering "Hospitality Meal" room service serving unique dishes developed by local women.**
3. **Check in at a shared office & space, "Hishiya" located at a *kaido* ("route" in English).**

Local seafood used to be transported from Fukui to Kyoto via Saba Kaido due to the large amount of *saba* (mackerel) transported. Kumagawa-juku is a post town on Saba Kaido, and has been designated as an important Preservation District for Groups of Traditional Buildings. As of 2023, Yao-Kumagawa is a series of four inns that were remodeled from century-old old traditional Japanese houses. Check-ins are at Hishiya, a vital historical heritage site on Saba Kaido. For dinner, you can choose from a variety of catered meals, one of them being "Kumagawa's Hospitality Meal", which is freshly prepared and brought to you by locals. But Saba Kaido goes beyond food – it is a route where various goods, people, and culture were exchanged. At Yao-Kumagawa, you can sense the history of comings and goings from the olden days till now. (Hideto Shindo)

TSUGI

新山直広

福井県鯖江《さばえ》市河和田《かわだ》町 19-8
Tel: 0778-65-0048
10時〜19時　土・日曜・祝日休
tsugilab.com
鯖江駅から車で約20分

1. クリエイティブカンパニー「TSUGI」代表。

鯖江市の事務所は、「錦古里《きんこり》漆器店」内に入居し、
福井のものづくりを販売する「SAVA!STORE」を併設。
商品化したものは、自ら販売し、開発への想いを伝え続けている。

2. 産業観光イベント『RENEW』の立ち上げを主導。

伝統的工芸品をはじめ、多くの作り手の意識を変え、
次世代のものづくりの担い手を福井に呼ぶきっかけをつくった。
一般社団法人「SOE」副理事。

3. 伝統的工芸品を“アップデート”していく「F-TRAD」プロジェクト。

越前和紙の「清水紙工」や、若狭めのう細工の「宗助工房」などと、
デザイナーをマッチングさせ、新しいプロダクトを開発。

産地の革命児　２０１４年に「d47 MUSEUM」で開催された『P to P STORE』展に出展した、クリエイティブカンパニー「TSUGI」のアクセサリーブランド「Sur」。「地域問題から生まれた製品」という副題が示したように、鯖江を拠点とする彼らは、眼鏡の製造過程で廃棄になる端材を活用し、新たな価値を見いだしていた。TSUGIの代表、新山直広さんは、大阪府出身。２００８年、京都の美大に在学中、豪雨災害の復興支援をテーマにしたアートプロジェクト参加のために初めて鯖江に来て、漆器や眼鏡の産地と知った。そんな中、リーマンショックが起き、日本中でリノベーションやコミュニティーデザインといった、新たなムーブメントが生まれ、これからは「地域」の時代だと意を決して鯖江に移住。ある時、市からの委託事業で、市内の漆器関連会社に意識調査を行なった新山さん。すると、「もう『越前漆器』は終わった」と9割以上の職人が疲弊するのを目の当たりにする。さらに、都会の百貨店やインテリアショップを巡ると、そこには越前漆器の姿がほとんどない……他の産地と比べ、技術は負けていないのにどうしてなのか。新山さんは、デザインの必要性を肌で感じ、職人の身になり凝り固まった産地の課題に目を向け、流通まで手伝えるデザイナーになろうと決心した。鯖江市役所の商工政策課でのデザイン業務を経て独立。２０１３年、仲間と共にTSUGIを結成。彼の挑戦は、現在も続く（特集『RENEW』P.088）。（神藤秀人）

TSUGI
Naohiro Niiyama

1. **Representative of TSUGI, a creative company in Sabae City.**
2. **Spearheaded the launch of the industrial tourism event, "RENEW."**
3. **"F-TRAD" – A project that puts a modern spin on traditional handicrafts.**

Naohiro Niiyama of TSUGI is from Osaka. He first visited Sabae for an art project in 2008 and learned that it was a production center for lacquerware. He decided to move to Sabae because he believed that it would be the era of local regions. Niiyama once helped Sabae City to conduct an awareness survey of local lacquerware-related companies. He saw with his own eyes that over 90% of the craftsman were worn out and believed that Echizen lacquerware was over. He hardly saw any Echizen lacquerware in the stores and wondered why since the local techniques were not inferior to other areas. Understanding the need for design, he decided to become a craftsman-cum-designer and work on the issues and distribution. He went independent after working in design projects at the Sabae City Hall. In 2013, he formed TSUGI with his friends. (Hideto Shindo) d22

GENOME REAL STORE／たくらCANVAS

藤原ヨシオ

福井県南条郡南越前町長沢 25-2
Tel: 0778-45-1836
10時30分〜18時　月・水・土・日曜・祝日営業
www.instagram.com/genome_realstore
今庄ICから車で約7分

1. ロングライフデザイン、スタンダード、福井らしさ、そして、アートまでをクロスオーバーさせる「GENOME REAL STORE」オーナー。

南越前町の山の中に佇《たたず》む3棟の店を営む、生粋の"福井人"。

2. 南越前町の地域交流活動団体「たくらCANVAS」代表。

旧宅良保育所を利活用し、古本図書館やカフェなどをつくった。
毎年11月、地域住民を巻き込んだ『たくらCANVASマーケット』を開催。

3. 独学で身に付けた造園やインテリアのデザインセンス。

穏やかで勤勉、独立独歩。県内唯一の「カリモク60」取扱店にして、
鯖江《さばえ》のバー「中野商店」など、店舗のデザインも手がけるオールラウンダー。

旧今庄町に生きる男の理想　本誌発行人のナガオカケンメイが提唱する〝ロングライフデザイン〟の精神を、福井県南越前町の山の中で、独立独歩、何事にも左右されずに邁進《まいしん》してきた人がいる。旧今庄町出身の藤原ヨシオさんは、35歳までの17年間、町の役場に勤めていたが、2005年の町村合併に伴い、2008年に役場を退職。実家の畑だった土地に「GENOME REAL STORE」をつくった。もともと雑貨や家具が好きだった藤原さんは、ある時「カリモク60」に出会い、一目惚《ぼ》れ。今では県内唯一の取引先にもなっていて、築100年の蔵を改装した「分室」をショールームにしている。また、自宅に隣接するように建つ「本館」には、県内で集めてきた古道具が所狭しと陳列され、細幅織物で有名な福井ならではの「チロルリボン」も並ぶ。さらに、農機具小屋を改築した「分舎」には、「design labo chica」のファブリックや、「koto」のドライフラワー、「plume」のジェスモナイト雑貨などの作家もののもセレクトされる。彼は、福井大学の学生たちも参加する地域交流活動団体「たくらCANVAS」の代表も務め、旧宅良保育所を利活用し、カフェや古本図書館、古道具店他、さまざまなイベントなど、地域のコミュニティーづくりにも勤しむ。「都会では、さまざまなモノが氾濫する今、心研ぎ澄まされる自然の中でモノを見つめてほしい」と、藤原さん。彼の〝新しい提案〟は、今、福井で〝スタンダード〟になっている。(神藤秀人)

GENOME REAL STORE/ Takura CANVAS
Yoshio Fujiwara

1. Owner of GENOME REAL STORE, which crosses Long-Life Designs, standards, Fukui-ness, and even art.
2. Representative of Takura CANVAS, a community exchange activity group in Minami-Echizen-cho.
3. A self-taught sense of landscaping and interior design.

In the mountains of Minami-Echizen-cho, Fukui, is a person who has been working independently and unaffected by anything to live up to the spirit of "Long-Life Design" advocated by this magazine. Yoshio Fujiwara, a native of the former Imajo-cho, worked at the town hall for 17 years but retired in 2008 due to the municipal merger in 2005. He then founded GENOME REAL STORE on land that his parents used to farm on. Also the representative of Takura CANVAS, a community exchange activity group, he turned the former Takura Daycare into a café, a used book library, a curios shop, and works hard to build the local community by hosting various events. "City folks are now inundated with all kinds of things; I want people to look at things in nature to sharpen their minds," says Fujiwara. His new motion is now the standard in Fukui. (Hideto Shindo) d 23

ノカテ

福井県福井市居倉町《いくらちょう》 38-2（点景／イクララボ）
nokate.theshop.jp
福井駅から車で約50分

1. 日本水仙が咲く「景色」を繋《つな》ぐプロジェクトチーム。

越前海岸の水仙産地を拠点に活動。
デザインや建築、企画・編集など、異なるスキルを持つ6名で構成。
福井市の『XSCHOOL』をきっかけに誕生。

2. 日本水仙の新たな魅力を届ける「SUISEN Bouquet」。

毎年、ブーケで届けられる日本水仙の新しい形。
オリジナルグッズは、売上の一部を水仙産地の景観維持・管理費に寄付。
水仙農家の暮らしを追った小冊子『ノカテ03』などを発行。

3. 居倉町の古民家を拠点に、さらに拡大する“その土地らしい活動”。

宿泊やインターンにも取り組む「点景／イクララボ」を開設。トークイベント『ノカテのおいしいトーク』など、地域を巻き込む活動も順次開催。

未来の日本水仙の糧　日本有数の水仙産地・越前海岸は、平地が少なく、斜面や棚田に水仙畑が広がり、その光景はとても美しく、県内初の国の重要文化的景観にも選定された地域。また、日本海の強い潮風を受けて育った水仙は、香りが強く、甘く爽やかな香りが広がるという。「ノカテ」は、そんな日本水仙が咲く「景色」を、次世代へ繋ぐプロジェクトチーム。現在のメンバーは6名。僕は、代表の髙橋要さんと、メンバーで建築家の髙野麻美さんに産地を案内していただいた。同メンバーであるデザイナーの吉鶴かのこさんによる「案内サイン看板」は秀逸で、いつ訪れても水仙畑の営みが伝わるカレンダーや、地域の眺望スポットの掲載など、思わず周辺を歩きたくなる。水仙は、一般的には正月の鑑賞用や、生け花の〝1月の花〟としても使われる花で、越前海岸で咲くものは「越前水仙」というブランドで知られる高級花。評価が高ければ高いほど規格が厳しい。そこで、ノカテは、従来の規格にこだわらない「SUISEN Bouquet」を発案。ECサイトを通じて、日本水仙のブーケが届く画期的なサービス。生業として形にすることで、産地に新しい人の流れを生む計画だ。「新しい関わり合いを楽しみながら、地域の可能性が開かれる未来をつくる」を存在意義としているノカテ。現在は、自分たちの畑も耕し始め、さらに事業を拡大予定。彼らの活動は、日本中で課題を抱える地域にとって、歩むべき未来の〝糧〟になるはず。（神藤秀人）

Nokate

1. **A project team to pass on the "floral scenery" of Japanese daffodils blooming.**

2. **"SUISEN Bouquet" – Bringing you the new charm of Japanese daffodils.**

3. **Working out from an old traditional Japanese house in Ikura-cho to further develop local-esque activities.**

Echizen Coast, Japan's leading daffodil producing region. Nokate is a six-member project team to pass on the floral scenery of Japanese daffodils to the next generation. The members gave me a tour of their production area. The calendar that shows the activity in the daffodil fields and information on scenic spots in the area – makes you want to take a walk around the area. The daffodils that bloom on the Echizen Coast are known as Echizen daffodils, a brand name for this premium flower, which has strict standards apparently. Not wanting to adhere to conventional standards, the team came up with "SUISEN Bouquet." Nokate's aim is to "revel in new connections and create a future that unlocks local potential." Their activities are surely a beacon of light for the future of local regions that are struggling in Japan. (Hideto Shindo) d 24

DEKITA

時岡壮太

福井県三《み》方《かた》上中《かみなか》郡若狭町熊川《くまがわ》 30-6-1
Tel: 0770-62-1777
www.dekita-tokyo.com
若狭上中 IC から車で約15分

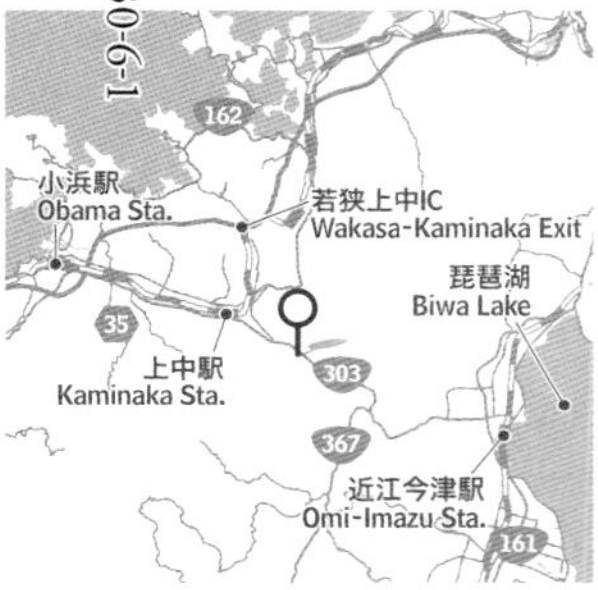

1. 鯖《さば》街道の宿場町「熊川宿」の再生を図る人。

熊川宿に点在する古民家を再利用し、デザイン宿「八百熊川」をつくった。
築140年になる炭問屋は、街道シェアオフィス&スペース「菱屋」に。

2. 仲間と一緒に生み出す、地域を活性化させる商品開発。

若狭塗の職人や、熊川葛《くず》振興会などと共同開発するお土産。
地域のお母さんなどと一緒に新しい郷土料理メニューも開発。

3.「熊川葛」の加工場やキャンプ場など、若狭町に雇用を作る活動。

ダム建設に伴いできた空き地を、複合アウトドア施設「山座《さんざ》熊川」に利活用。
東京の珈琲店「SOL'S COFFEE LABORATORY」を熊川宿に誘致。

現代の宿場町を考え、創る「熊川宿」は、若狭と京都を繋《つな》いだ「鯖街道」の宿場町。車の普及で活気が失われたが、大切に守られてきた伝統建築を利用して、今、次々に新しい店が開業している。この仕掛け人が「DEKITA」の時岡壮太さんだ。おおい町出身の時岡さんは、自立すべく上京し、美大に進んだが、違和感を感じて即退学。ホテルで働いた後、建築を学ぶため再度大学に入り直したというユニークな経歴を持つ。民間企業を経てから30歳で起業し、築地場外市場活性化に携わったが、そのきっかけが屋台でホタテを売る姿を中央区の担当者に見込まれたから、という話も面白い。築地の仕事は順調であったが、消費のスピードが早く話題性が物を言う東京の開発に違和感を感じ、地元に戻ることを決意。福井県人会の縁で熊川宿と出会うと、自らの会社を移転、宿を始めた。「熊川葛」の加工場や、裏山を楽しむ「熊川トレイル」、さらにはキャンプ場を新設するなど精力的に活動する。一見華々しく見えるが、実際は、地域の歴史に根づきながら、今ここにあるもので今必要なものを、地域の大きさに合わせてつくる仕事で、都会ではできない創造溢《あふ》れる仕事だ。昔と今、都会と地方などの視点を行き来する柔軟さには、新しい文化が混じり合い歴史を重ねてきた宿場町らしさがある気もする。交通の流れは変わっても、宿場町が育む文化は失われない。熊川宿は、これからも〝宿場町〟として日本中に文化を伝えていく。（進藤仁美）

DEKITA
Sota Tokioka

1. **A producer working to revitalize Kumagawa-juku, a post town on Saba Kaido (route).**
2. **Creating and developing products to revitalize the region together with friends.**
3. **Job-creation activities in Wakasa-cho, such as "Kumagawa-*kuzu*" processing plant and a campsite.**

Kumagawa-juku is a post town on Saba Kaido that connects Wakasa to Kyoto. It lost its vitality due to widespread car use but new stores are now popping up in the carefully preserved traditional architecture. The person behind this is Sota Tokioka from DEKITA. Tokioka moved to Tokyo and worked in the private sector before becoming an entrepreneur at 30. He worked on the revitalization of the Tsukiji Outer Market and it went well. But he had a hunch that development in Tokyo is different and decided to return to his hometown. When he came across Kumagawa-juku, he moved his company there and started the inns. He is actively engaged in diverse activities, such as a processing plant for Kumagawa-*kuzu* and a new campsite. It may look spectacular, but this is actually work that creates what is needed now with what is available. (Hitomi Shindo)

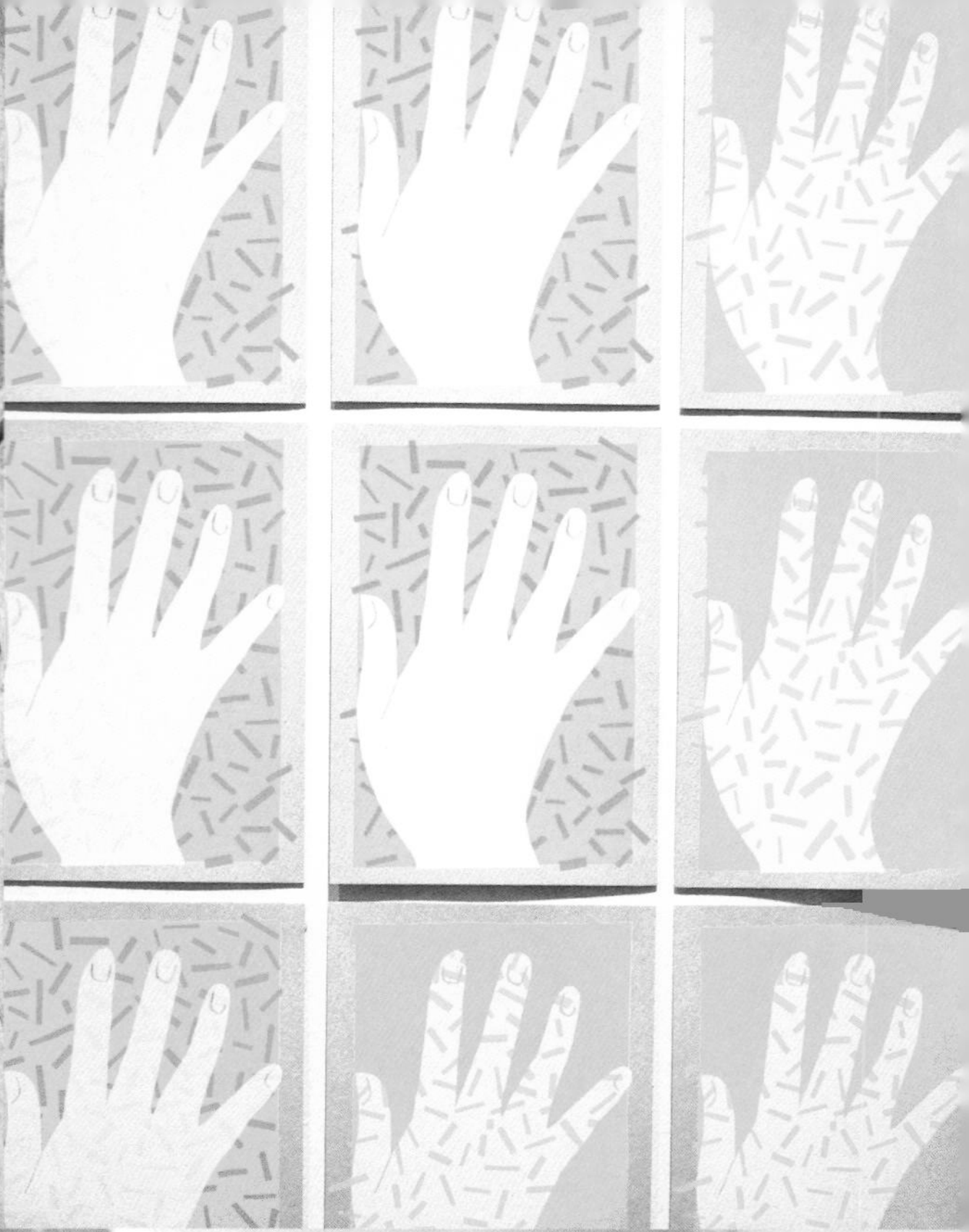

編集部が行く

編集部日記

神《しん》藤《どう》秀《ひで》人《と》

Editorial Diary: Editorial Team on the Go

By Hideto Shindo

北陸3県の一角

福井県は、日本海に面する北陸地方の一隅《いちぐう》。江戸時代には、北と南で「越前国」と「若狭国」とに分かれていたが、現在もそれほど変わらず木ノ芽峠を境に、「嶺北《れいほく》地方」と「嶺南《れいなん》地方」という2つの文化圏に大きく分けられる。

嶺北は、福井県の総面積の約3分の2を占め、東部に山々が連なり、そこから流れ出る九頭竜《くずりゅう》川、日野川、足羽《あすわ》川などの川によってつくられた平地に都市部が広がっている。現在、北陸新幹線の開業に伴い、駅ビルをはじめ、商業施設、道の駅、博物館など、観光客に向けた新しい建物が増え続けているが、少し離れれば広い空と田園風景が延々と続く自然豊かな土地だ。

嶺南は、若狭湾に面したギザギザしたリアス海岸が特徴で、小さな平地が細長く続いている。国際都市・敦賀を筆頭に、京都や近江に通じる「鯖街道」など、外との文化交流が盛んに行なわれてきた地域。神社仏閣をはじめ、見応えある建物も多く残っており、日本有数の「エネルギーのまち」としても知られている。

夏に来れば、「蟹《かに》が食べられなくて残念」と言われ、冬に来れば、「雪でどこにも行けませんね」と冗談も聞かされたが、そんなマイナス面も福井県の魅力で、どんなに〝新しい福井〟がつくられようが、根本は、先人から引き継がれてきた〝その土地らしさ〟にある。さて、今回の旅から小径自転車「BRUNO《ブルーノ》」に加え、フランスの自動車メーカー「CITROËN BERLINGO《シトロエンベルランゴ》」が仲間入り。約2か月間にわたる福井県の旅は、彼らと共に巡りました。

1 嶺北 福井エリア

2024年3月の北陸新幹線金沢——敦賀間の開業に向け、急速に都市開発が進む福井駅周辺。江戸時代、およそ270年もの間、福井藩主・越前松平家の居城だった福井城の跡地に県庁を建ててしまうほど、福井県は、思いきりがよい(県庁が建つ前は、なんと林檎《りんご》畑だった!?)。取材中は、いつもどこかで工事が行なわれていて、この旅の期間中には〝完成形〟を目にすることはできなかったが、おかげで全国でよく目にする工事用のバリケードが福井県の「八木熊」製のもので、高速道路で使われる「KYブロック」については、グッドデザイン・ロングライフデザイン賞を受賞していることを初めて知った。

1. Reihoku: Fukui Area

THREE TIMES COFFEE, located in the newly rebuilt main office of Fukui Bank and open weekdays from 8 am, serves as a haven from the hustle and bustle for bank employees and locals alike. Savoring a morning cup of coffee from a local Reihoku roastery.

The Fukui Prefectural Library was designed by architect Fumihiko Maki. With a collection of over 1 million works, it's one of the most-visited libraries in Japan. The people of Fukui are known for their studiousness, and you can feel it here. Nestled along the Asuwagawa River, it hosts a literature museum as well as a space dedicated to local historical documents and authors.

The Fukui City Art Museum (Art Labo Fukui) was designed by the late Kisho Kurokawa. It became the prototype of Tokyo's National Art Center. The museum's collection includes works by the late Fukui-born sculptor Hiroatsu Takata, and its natural light setting brings out the sculptures' innate beauty.

FLAT began in 2010 as an effort by three Fukui residents to renovate an old building in Gofukucho into (→p. 073)

また、編集部が定宿にした「城町《しろまち》アネックス」は、福井城址のお堀沿いに建つ煉瓦《れんが》造りの建物で、毎朝、県庁に登庁する人たちの姿を窓から眺めながら過ごしたものだ。

福井市の朝は、他県と比較してモーニング文化が根づいていないように思える。それは、共働き率ナンバーワンの県であるからかもしれないが、朝から喫茶店でのんびりする習慣をそれほど聞かない。そんな福井県で、2020年に新しく建て替えられた福井銀行本店の中に、「THREE TIMES COFFEE」が誕生した。平日の朝8時からオープンしていて、地元の人も、銀行員の人も、慌ただしい日常の中にゆとりを求めて利用している。僕も、市電が走る街並みを見下ろして珈琲をいただいた。嶺北エリアの自家焙煎《ばいせん》珈琲店の豆を特別に飲めるのも嬉《うれ》しい。

モーニングではないが、老舗《しにせ》和菓子店の「昆布屋孫兵衛」も、2023年に新装開店してイートインスペースを併設。福井の新しい文化を牽引《けんいん》する可能性を持った店。和菓子というと、福井県では、寒い冬に「水羊羹《ようかん》」を食べる風習があり、目を引くパッケージデザインや味のバリエーションも店によりさまざまある。なぜ冬に食べるかは、『福井のふつう』（p.014）を参照。

東京の「スパイラル」や「ヒルサイドテラス」で有名な建築家・槇文彦氏の設計による「福井県立図書館」へ。蔵書数100万冊以上、全国でも利用者が多い有数の図書館で、勤勉といわれる福井の県民性が表れた場所にも感じる。足羽川のリバーサイドという長閑《のどか》な自然の中に立地し、文学館・ふるさと文学館なども併設していて、郷土資料や福井ゆかりの文学資料の紹介、企画展なども開催している。

〝銀の卵〟で有名な「福井県立恐竜博物館」の設計者・黒川紀章（故）による「福井市美術館［アートラボふくい］」へ。外壁のほとんどがガラスで、曲線を多用したこの美術館は、東京の「国立新美術館」の原型だそうだ。福井市ゆかりの彫刻家・高田《たかた》博厚《ひろあつ》（故）の作品を収蔵・展示しており、彫刻ならではの自然光による作品鑑賞だけでなく、明るい雰囲気のアトリエでの創作活動など、「みる」と「つくる」が一体化した美術館。

2010年、福井県出身の公務員とデザイナーと建築家の3人を中心に、呉服町にある古いビルをワークショップにより再生するプロジェクト「FLAT」が始まった。1階は、「FLAT kitchen」というカフェバー、2階は、フリースペース、3階はシェアオフィス、屋上には庭園がある。僕

delectable snacks to accompany its local Fukui brews.

2. Reihoku: Sakai / Okuetsu Area

At Kanaz Forest of Creation in Awara, you'll find the art museum Art Core, along with a variety of artisan residences and workshops spread across 20 hectares of woodland. Founded on the idea that forests are the source of all art, the facility hosts an annual art document series as well as multiple exhibitions per year. The grounds also feature outdoor exhibits from various artists.

The seafood restaurant Echizen Kaninobou, run by Mikuni Onsen's Bouyourou Inn, is easy to spot thanks to the giant snow crab decorating the front. Its specialty, naturally, is Echizen crab. The full-course menu features a mouth-watering assortment of crab dishes. The port of Mikuni is also said to be the first place in Japan where sweet shrimp were caught, and even today it boasts the biggest catch in the prefecture. I had a delicious shrimp donburi rice bowl.

Mikuni flourished during the Edo and Meiji eras as a stop on the *kitamaebune* shipping route. Even today, (→p. 075)

がFLAT kitchenに行った夜には、お客さんのほとんどが顔見知りで、10年以上経った今も、地域のコミュニティーになっているようだった。過去に定期的に開催してきたスクーリングには、「IDÉE《イデー》」の創始者・黒崎輝男さんをはじめ、さまざまなゲストが招かれていて、お客さんも含め、このビルを拠点に地域の文化度が底上げされてきたのは間違いない。

シェアオフィス、コワーキングスペースなどの複合ビル「クラフトブリッジ」。ここも地域の活動家が集まる場所で、その1階に入る「RICE BAR CRAFT SAKE LABO」は、真っ白な空間で、越前市の「和紙屋 杉原商店」も手がける福井県出身の空間デザイナー・水谷壮市さんの空間。福井県の地酒と共にいただく、贅沢《ぜいたく》な「お通し」が絶品だった。

2　嶺北　坂井・奥越《おくえつ》エリア

あわら市の「金津創作の森美術館」へ行く。およそ20ヘクタールの里山に、美術館「アートコア」をはじめ、ガラス工房や創作工房などが点在し、創作家の住居とアトリエを構える文化複合施設。「森はすべての芸術の源である」という基本信念により、毎年アートドキュメントシリーズや、年数回の多彩なジャンルの企画展を開催

workshops. It consists of the café/bar FLAT Kitchen on the 1st floor, rental space on the 2nd floor, shared office space on the 3rd floor, and a roof garden. In the past, FLAT regularly hosted classes taught by such guests as IDÉE creator Teruo Kurosaki. No doubt these events helped improve cultural appreciation not only among FLAT's patrons, but in the surrounding community as a whole.

Craft Bridge, a mixed-use facility with shared office and coworking spaces, is yet another gathering spot for enterprising locals. The dazzling white interior of RICE BAR CRAFT SAKE LABO on the 1st floor was designed by Fukui native Soichi Mizutani. The shop offers

ARASHIMA
荒島
旅舎
HOSTEL

Silent Night Holy Night
dusty miller
OSAMU GOODS
Osamu Goods
osamu goods

していて、敷地内には、さまざまなアーティストの野外作品が点在している。僕が行った7月には『原田治 展』が開催されていたが、野外作品の散策に夢中になってしまい、閉館時間前ギリギリでアートコアに入ることができた（汗）。季節ごとの自然も楽しめる場所で、2022年には、渋谷の「d47 MUSEUM」で好評を博した『発酵ツーリズム にっぽん／ほくりく展』を開催。

三国温泉の料理旅館「望洋楼」の直営店である「越前 蟹の坊」。漁港のセリ市の目の前という立地に加えて、ズワイガニの巨大なオブジェが一際目立つ海鮮レストラン。名物はもちろん「越前がに」。一人からでも頼めるフルコースには、蟹刺しから蟹の甲羅焼き、茹《ゆ》で蟹、そして炊き込みご飯まで蟹を堪能できる。ちなみに、福井県では、ズワイガニの雄を「越前がに」、雌を「せいこがに」と呼ぶそうで、夏の取材では残念ながら食べられず……しかし、蟹と並んでこの地域で名物なのが「甘エビ」。正式名称は、「ホッコクアカエビ」で、水質の良い海底に生息している。三国港は、日本で初めて甘エビを水揚げしたといわれ、今でも県内一の水揚げ量を誇っているそうで、甘エビを贅沢に使用したどんぶりも美味《おい》しかった。インパクトある外観とは打って変わって店内はモダンで、「Made in ピエール・エルメ」による福井県産の「黄金の梅」を使用したソフトクリームスタンド「めがねばしロビー」も併設。気軽に立ち寄れる。

江戸時代から明治初期にかけて「北前船」で栄えた三國湊。今も、情緒ある町家や立派な商家など、古い町並みの中に歴史と往時の賑《にぎ》わいも感じる場所。しかし、「東尋坊」はよく知られているものの、三國湊を訪れる人は比較的少ないという。そんな三国で泊まったのが、町家ステイ「詰所三國」だ。プロデューサーは、日本全国の古民家再生の第一人者のアレックス・カー氏。江戸時代から続く「田中薬局」の町家を改修して、2組の宿泊施設にしている。「かぐら建て」と呼ばれる独特の建築様式は、風や光を通す坪庭や、風格のある蔵座敷があって、もちろん水回りもWi-Fiも快適。同じ町内にある町家をリノベーションした盆栽ショップ「みくに園三國湊店」でチェックイン。

夕食は外食で、徒歩で行ける老舗料理茶屋「魚志楼《うおしろう》」へ。主屋《おもや》は、国の有形文化財にも登録されていて、当時の面影がそのまま残る店内。座敷蔵のギャラリーでは、歴史ある台帳や器が飾られている。新鮮な魚介類づくしの懐石料理

the old townscape offers a glimpse at its long history and former liveliness. During my visit, I stayed at Tsumesho Mikuni, a converted townhouse produced by Alex Kerr, the leading figure in restoring traditional Japanese houses. The house's unique *kaguratate* architecture features a bright, airy courtyard and a tatami-floored storeroom.

Check-in is at a nearby bonsai shop, itself a converted townhouse. Guests are on their own for dinner, so I went to Uoshiro, a long-established tea house just a short walk away whose main building preserves the look and feel of a bygone age. The gallery in the storeroom displays record books and dishes from the tea house's past. The *kaiseki* course of fresh seafood dishes was excellent, as was the lively conversation with the owner, who knows everything about Mikuni.

In the Okuetsu area, I stayed at Arashima Hostel in Ono, a perfect base both for exploring the town and for climbing Arashimadake, the only peak in Fukui listed in "One Hundred Mountains of Japan." Newly opened in 2020, the hostel is for many travelers a gateway to the town, a place where they can meet and interact with locals.

(→p. 077)

は絶品で、三国のことなら何でも知っている女将《おかみ》さんとの会話も楽しみの一つ。冬には、越前がにのフルコースが最高だとか（食べたい！）。

三国が良質な魚介類の漁場になっている理由の一つに、九頭竜川などの大河の存在がある。その昔は、そうした川を使ってさまざまな物資が日本各地に運び出されたといい、今でも川を中心とした交通網や生活圏が広がっている。九頭竜川を遡《さかのぼ》り、奥越エリア大野市へ。「COCONOアートプレイス」では、日本でも珍しい「小コレクター運動」でさまざまな画家を支えてきた市民所有の絵画を鑑賞でき、福井県ゆかりのアーティストの作品にも出会うことができる。

「荒島旅舎／ARASHIMA HOSTEL」を拠点に町の散策もよく、県内唯一の日本百名山「荒島岳」への登山もよい。2020年に誕生したばかりのホステルだが、この場所が町の入り口となり、多くの旅人が集い、地元の人と交流が生まれている。

3 嶺北 丹南《たんなん》エリア

鯖江《さばえ》市・越前市・越前町がある「丹南エリア」は、「越前5産地」として知られ、「越前漆器」「越前和紙」「越前打刃物《うちはもの》」「越前箪笥《たんす》」「越前焼」といった伝統的工芸品に、「眼鏡」「繊維」を加えた7つの地場産業が、半径10キロメートル圏内に集中している日本でも珍しいエリア。各々が技術を継承しながら、時代に合わせたものづくりを続けており、最近では担い手の候補生として移住者が増え、新しい風が産地に吹いている。その中心にいるのが、デザイン事務所「TSUGI」の新山直広さん。彼の活動は、別途詳しくご紹介（dマーク p.038, 060、特集『「RENEW」という産地の挑戦』p.088）。

1970年代。日本は、高度経済成長期を経て、戦後最大の好景気「バブル」に向かいつつあった。この華やかな時代の中で、自分たちのものづくりの行く先を職人たちは憂いていたという。例えば、越前市の「越前打刃物」。ステンレスの普及、大量生産の安価な型抜き刃物の登場により、手打ちの刃物業界を取り巻く環境は厳しくなっていき、家族経営の工場は、次々と廃業を余儀なくされていった。そこで、若手の職人たちは、1973年、「武生《たけふ》刃物工業研究会」を結成。毎晩のように越前打刃物の打開策を話し合った。来る日も来る日も話し合い……そしてある日、彼らは、福井県出身の世界的なデザ

Although the artisans were perplexed at first by Kawasaki's innovative designs, in 1983 they held their first exhibition in Tokyo's Axis Building, followed by numerous others throughout Japan and even one in New York in 1986. They also created a joint workshop to fill the need for a collaborative space. 2020 saw the opening of the group's new building, featuring a retail shop, a demonstration workshop, a library, and the Kazuo Kawasaki Gallery.

Tannan is also home to Okamoto Otaki Shrine, the only shrine in Japan dedicated to the goddess of paper. Located in the *washi* paper mecca of Imadate in Echizen City, the sublime architecture of its main building is like no other in Japan.

Yoshinao Sugihara, proprietor of Sugihara Washipaper in Echizen City, styles himself as a "sommelier" of *washi*, bringing the history and culture of Echizen *washi* to the rest of Japan and the world. The company, founded in 1871, opened its first retail store in 2018 in a refurbished 100-year-old warehouse. It's only open the fourth Saturday of every month (by appointment) and offers a collection of (→p. 079)

イナー・川崎和男氏と出会う。川崎氏は、地元の越前市の工業試験場の紹介で職人たちの新商品開発に加わることになり、伝統的工芸品の越前打刃物に「インダストリアルデザイン」という概念を導入し、新ブランド「タケフナイフビレッジ」を立ち上げた。最初は、斬新な川崎氏のデザインに戸惑った職人たちだったが、試行錯誤を経て、1983年、ついに新商品17点が完成し、東京の「AXISビル」にて『タケフナイフビレッジ展』を開催。その後も精力的に各地で展示会を行ない、1986年には、ニューヨークにも進出。さらに、互いに協力し合える活動拠点が必要だと共同工房をつくった。2020年には、新館も誕生し、組合の13社の製品はもちろん、オリジナルブランドの商品を購入できるショップ、見学工房、資料館、そして、「川崎和男展示室」も併設。単独で生き残るのではなく、産地として伝統を守っていく気質は、この産地特有のものなのかもしれない。

日本で最も古い紙の神様を祀《まつ》る「岡太《おかもと》神社」と、神仏習合から始まった「大瀧《おおたき》神社」。和紙の聖地・越前市今立地区にある崇高な社殿建築（里宮）は、日本でも類を見ない。曹洞宗大本山「永平寺 勅使門」を手がけた棟梁《とうりょう》によるもので、入

3. Reihoku: Tannan Area

The Tannan area is home to a cluster of local industries all concentrated in a 10-km radius: the traditional Echizen crafts of lacquerware, *washi* paper, knives, chests of drawers, and pottery, as well as eyeglass and textile manufacturing. Each has preserved its own traditional techniques while updating its craftsmanship to meet modern demands.

The 1970s, an era of rapid economic growth for Japan, were a gloomy time for the artisans of Tannan, who worried about the future of their arts. For example, the hand-forged knives of Echizen City were hard-pressed to compete with the cheap, mass-produced stainless steel products hitting the market. One by one, the family-owned factories were forced to close. Then, in 1973, a group of young artisans formed the Takefu Knife Collegium to discuss the way forward for Echizen's knife industry. One day, they met Kazuo Kawasaki, a world-renowned designer from Fukui. Kawasaki began helping the artisans develop new products, bringing the concept of industrial design to their traditional craft. Together, they launched a new brand: Takefu Knife Village.

GENOME
REAL STORE

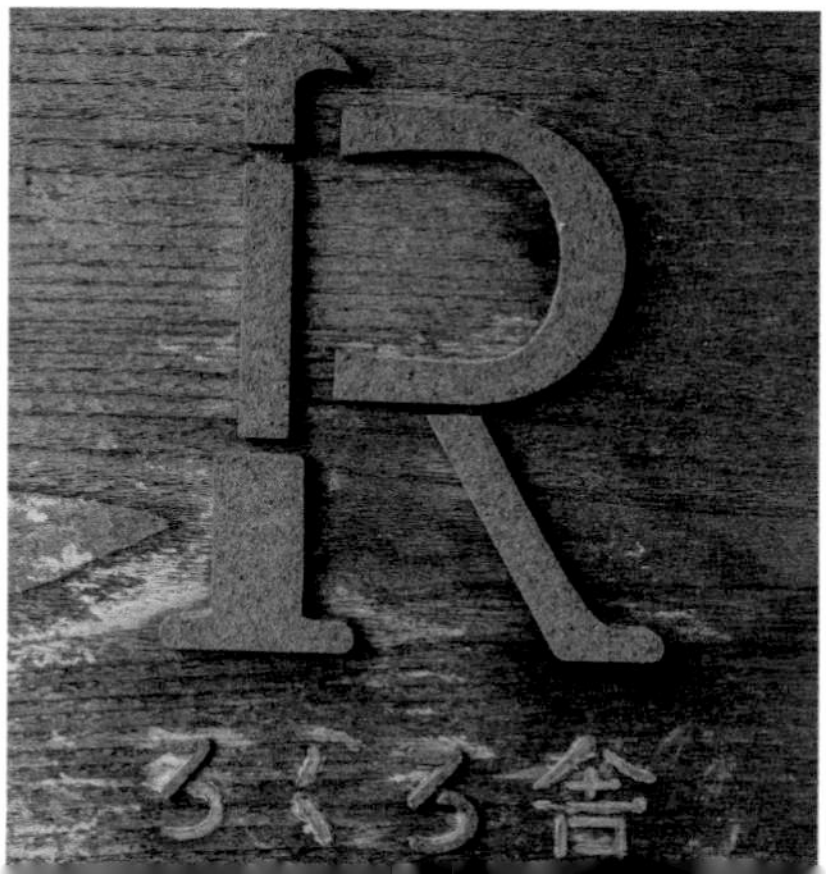
R
ろくろ舎

母屋造に千鳥破風に唐破風、そしてまた入母屋造に唐破風が重なっていく屋根は見応えがある。およそ1500年前に紙祖神・川上御前が、紙漉《す》きの技法を伝えたとされ、今もなおその製法で作られている越前和紙。日本で初めて「紙幣」を作ったのが福井県で、現在の紙幣に用いられている「黒透かし」の技術も、越前和紙職人が開発したものだという。

越前市で〝和紙ソムリエ〟として「越前和紙」の文化や歴史の魅力を国内外に発信し続けている「和紙屋 杉原商店」の杉原吉直さん。1871年創業の越前和紙の老舗問屋で、大正時代に建てられた築100年の蔵を改装し、2018年に実店舗をオープン。毎月第4土曜日のみの営業（予約制）で、海外のデザイナーなどと作ったオリジナル商品や、産地の和紙工房の商品などを一堂に集め、杉原さん自身が和紙の相談にも応じてくれる。さまざまな表情の越前和紙の見本帖セットも見応えあり、建築家やデザイナーに人気だ。ちなみに、僕が購入した「やなせ和紙」の「harukami cobble」は、河原に転がっているような丸石の形をした和紙の箱。サイズも色々あってただ積み重ねて置くだけでも素敵。そして、「五十嵐製紙」の「Food Paper」は、廃棄される野菜や果物から作られるユニークな和紙。持ち込みの食材も相談に乗っていただけ、過去には福井らしく蟹の甲羅も漉いたそう。

鯖江市の河和田《かわだ》地区は、「越前漆器」の産地。漆器というと、主に漆を採取する「漆掻き」と、漆を塗る「塗師《ぬし》」、そして器のベースをつくる「木地師《きじし》」とがいる。中でも、この地には古くからたくさんの漆掻きがいて、最盛期には、全国の漆掻きの半数を占め、徳川幕府が「日光東照宮」を建てる際、大量の漆の採取を越前に命じたほどであったともいわれている。さらに、9世紀には現在の滋賀県で最初の「木地師（轆轤《ろくろ》師）」が誕生したと伝えられ、越前においても山深い地に良材を求めて木地師集団が移住してきたそう。そこで、漆掻き技術と轆轤による加工技術とが結びつき、現在の漆器業が誕生したとか。今では、旅館やレストランで使用する「業務用漆器」の一大産地にもなり、他の産地で見ることができない特殊な塗装（漆を含む）も越前漆器ならではで、「ataW」や「漆琳堂」で見ることができる。

越前の漆器メーカーのほとんどが分業制だが、一人でデザインから営業まで行なう無類の木地師「ろくろ舎」の酒井義夫さん。その名の通り、

original products by international designers as well as products from local *washi* artisans. The sample books, which capture the diverse range of *washi* styles, are popular among designers and architects. I bought the “harukami cobble” from Yanase Washi, a *washi* box shaped like a round stone. They come in all sizes, and simply stacking them up is a delight. There’s also Food Paper by Igarashi Seishi, a unique *washi* made from discarded fruits and vegetables.

The Kawada district of Sabae is the home of Echizen lacquerware. Almost all Echizen lacquerware artisans specialize in one aspect of the craft, but the incomparable Yoshio Sakai of Rokurosha does it all himself, from design to sales. As the name implies, he uses a lathe (*rokuro*) to fashion his creations. Sharp-edged soup and rice bowls are his mainstay, but he makes bowls for Echizen *soba* noodles as well, among others. He also has a mobile workshop that travels around Japan, a select shop, a gallery, a tavern, a noodle factory...the list goes on. With so many endeavors that transcend the bounds of Echizen and lacquerware, one can only wonder what he’ll make next.

(→p. 081)

轆轤による木地加工を主に生み出されるモダンな漆器たち。エッジの効いた汁椀や飯椀が定番だが、越前そばを盛り付けるための「蕎麦鉢」なども作っている。持ち前の柔軟さもあって、店舗の家具など多様な仕事を依頼されることも多い酒井さん。さらに、移動式工房「ろくろ車」と共に、自分だけのお椀を作る漆器のセミオーダー会『オンリー椀』で全国各地を巡っていて、セレクトショップやギャラリー、居酒屋、素麺工場……などなど。産地を越え、漆器の枠を超え、これからどんなものを作っていくのか楽しみな人。

今回の旅で出会った「越前焼」といえば、そのほとんどが越前そばの器だった。大根おろしをのせて出汁《だし》をぶっかけて食べるスタイルは、福井県ならではで、蕎麦好きの僕も虜《とりこ》になったほど。そんな編集部お薦めの蕎麦は、『美味しいおろしそば』(p.112)でご紹介。中でも蕎麦と器とのバランスが絶妙だったのが、「越前陶芸村」にある「だいこん舎」で、使用する器は全て越前焼。訊《き》けば店主の南和孝さんは、つくり手の作家さんのことを詳しく教えてくれる。僕がいただいた「おしぼりおろし」は、土本訓寛《どもとみちひろ》さんの器で、焼き締めの表情が味わい深かった。

その土本さんは、妻の久美子さんと一緒に作陶されていて、夫婦合作の象嵌《ぞうがん》の器も美しい。薪窯を使い、独特の窯変(予期しない色の変化)が施されるのも越前焼本来の魅力。土本さんの器は、村内に併設する「福井県陶芸館」で購入も可能。ちなみに『福井定食』(p.138)でも彼らの器を採用しているので、提供期間中は、ぜひ「d47食堂」に食べに来てくださいね。

池田町にある小学校だった建物をリノベーションしたシェアオフィス「わくラボ」。例えば、101号室には、「さとやま子育てコミュニティ『いけだのそら』」が入り、建物内だけでなく、池田町の畑や森、集落などが活動の場という変わった保育施設。202号室には、建築設計事務所「ヒャッカ」が入り、地域活性化のための事業を幅広く展開している。ホールは、池田町産米などの地元食材と、安全・安心な調味料で作られた料理が楽しめる「wacca cafe」になっていて、子ども連れにも嬉しいスペースで、さまざまなイベントも開催している。自然豊かな地域で、新しい暮らし方を考える上で程よい場所。

「長尾と珈琲」は、普段は米農家なのだが、週末になると自家焙煎珈琲店を営むユニークな店。オーナーの長尾伸二さん真樹さん夫妻は、およ

cafe, where you can enjoy dishes made with Ikeda rice and other local ingredients. The interior is kid-friendly and plays host to a variety of events—the perfect place to contemplate a new lifestyle in a region full of natural beauty.

Nagao to Coffee is a unique kind of café: the owners, Shinji and Maki Nagao, are rice farmers during the week and coffee roasters on the weekends. They moved here from Osaka about 30 years ago looking to change the way they ate. and they've been devoted farmers ever since. Now that their kids are older, they've been able to achieve Shinji's dream of running a coffee house like he did back in Osaka. The café seemed a bit out of place in its rural setting, but to my surprise, it was buzzing with patrons enjoying a leisurely cup.

Until 2020, Ikeda lacked a bookstore. Then Obama native Chika Shibata opened Azuki Shobo. Located in a refurbished garage with an expansive view of the farming village, the store also serves a seasonal lunch menu with plenty of local rice and vegetables (and Wakasa lacquered chopsticks). You can get sweets made with Ikeda-grown adzuki beans, too.

(→p. 083)

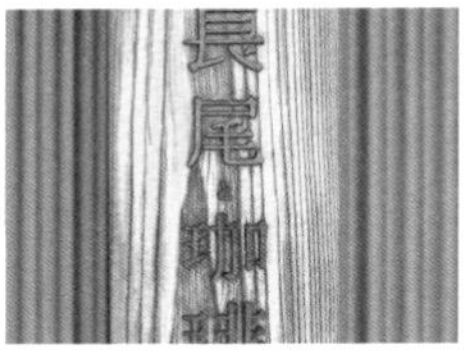

そ30年前、食生活の見直しと阪神・淡路大震災をきっかけに大阪から移住してきた。その後は農業一筋。子育てがひと段落した今、もともと大阪にいた時、珈琲専門店の店長だった伸二さんの夢も叶《かな》い、今では週末のみのカフェもスタート。「こんな田舎で？」という印象とは反対に、お客さんもたくさんいて、ゆっくり珈琲を楽しんでいる。お土産に、ドリップバッグと、オリジナルのお米「一俵懸命」を購入した。

2020年、本屋のなかった池田町に誕生した「小豆書房」。古いガレージを改装した店内からは、農村風景が広がっていて、小浜市出身の店主・柴田智加さんによる池田町産のお米と地元野菜をたっぷり使った季節のランチ（「若狭塗箸」使えます）と、町産小豆を使ったスイーツがいただける。ちなみに、本誌『福井県の本』（p.137）では、彼女にとっても、ゆかりある1冊をご紹介いただいた。

古くからの交通の難所とされてきた「木ノ芽峠」を越え、嶺南へ。せっかくならば近代化遺産、国の登録有形文化財の「旧北陸線トンネル群」（p.163）を通って行こう（自動車で通行可）。

At Daikonya, in Echizen Pottery Village, all the dishes are Echizen ware. The soba I ordered came in a bowl with a nuanced unglazed finish by Michihiro Domoto. Domoto is part of a two-person team with his wife Kumiko, and the inlay bowls they create together are simply gorgeous. Part of the charm of Echizen ware lies in its use of wood-fired kilns to create unique variations in color and shape.

Waku Labo is a shared office space in a renovated elementary school in Ikeda. Among its tenants is wacca

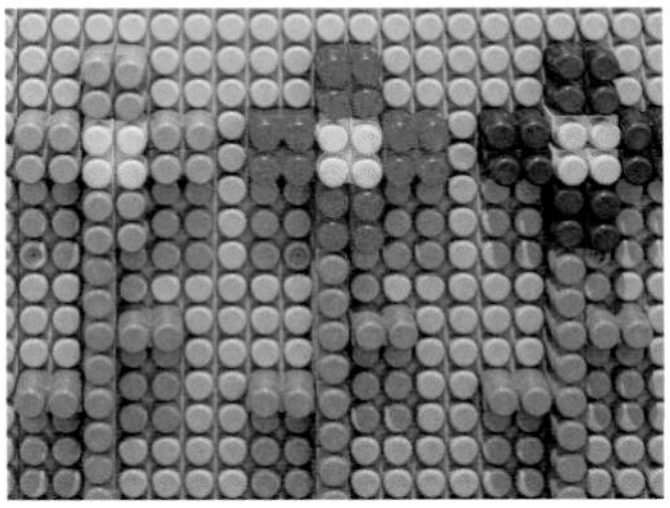

4 嶺南

仄《ほの》暗いトンネルに歴史を感じつつ、日本海の風光明媚《ふうこうめいび》な景色を横目に嶺南地方に入る。2024年には北陸新幹線の終点駅となる敦賀は、古くから北前船の寄港地としても栄えた陸・海共に交通の要衝。また、横浜と並び、世界と繋がる日本の玄関口としても重要な役割を担ってきた。「敦賀ムゼウム」や「敦賀赤レンガ倉庫」など、敦賀の歴史と遺産を味わう場所も少なくない。2022年、そんな敦賀に地域が抱えるさまざまなニーズや課題に対し、本をきっかけに「人」と「知」を繋ぐ新しい知育・啓発施設「TSURUGA BOOKS&COMMONS ちえなみき」が誕生。一見よくあるブックカフェのようだが、まちの持続的な発展と文化の形成を支えるというコンセプトを持った公設書店。敦賀駅前という立地は、本を探しに来るというより、お土産を買うついでにふらりと寄れてしまう気軽さがあり、そこから色々な〝学びの広がり〟を実感する。ビジネスマンや学生も利用できるワークスペースも併設していて、キッズスペースには地元の遊具メーカー「ジャクエツ」の玩具「Bブロック」が設置されるなど、さまざま

refers to annual layers of sediment that build up on lake beds. One of the Mikata Lakes, Lake Suigetsu, has 70,000 years' worth of varves stretching 45 meters long. Because not a single year is missing from the layers, the Suigetsu varves have made a huge contribution to global historical research as a benchmark for radiocarbon dating (IntCal). The contrast between the museum's modern architecture and the lake's ancient legacy is a sight worth seeing.

The western part of Obama's old city, known as Nishigumi, is designated as a Preservation District for Cultural Buildings. It consists of rows of townhouses, tea houses, and temples on either side of the old Tango Road. Many of them are National Treasures or Important Cultural Properties, earning Obama the nicknames "Little Kyoto" and "Nara on the Sea." But the architectural styles you see in those cities were originally imported from overseas by way of Obama and the old Saba Kaido. The buildings here may lack the flair and sophistication of Kyoto and Nara, but they do preserve the rich architectural history of Japan's traditional towns. Another thing that distinguishes Nishigumi is the large

(→p. 085)

なイベントを介して大人も含めた〝次世代人材〟を育む活動がある。日本茶カフェ「中道源蔵茶舗」の出店もあり、毎日通いたいと思った。
嶺南は、特に日本海の眺めが最高。「美浜テラス」に上ると、その日本海と、さらに水質や水深が異なるため全て違う色に見える「三方五湖《みかたごこ》」を一度に観ることができる。その三方五湖のほとりに建築家・内藤廣氏設計による「福井県年《ねん》縞《こう》博物館」がある。「年縞」とは、あまり聞き慣れない言葉かもしれないが、湖底に堆積した地層のことを指す。三方五湖の一つである「水月《すいげつ》湖」には、7万年分もの年縞が残っていて、その長さは45メートルにも及ぶ。1年の欠けもない完璧な年縞のため、歴史の年代決定のための国際標準の「ものさし」(IntCal《イントカル》)に採用され、世界の歴史研究に大きな貢献をしているという。奇跡とも言える古代から続く〝その土地らしいシマシマ〟を、近代的な建築と併せて楽しむのもいいだろう。
小浜市の旧市街西部に展開する重要伝統的建造物群保存地区、通称「西組」。丹後街道を中心に、商家、茶屋、寺町が広がるエリアだ。国宝や国指定の重要文化財も多く、「北陸の小京都」「海のある奈良」とも呼ばれる小浜。しかし元来、

4. Reinan Area

In 2024, Tsuruga will become the final stop on the Hokuriku Shinkansen. To meet the city's growing needs, Tsuruga Books & Commons—a new center of learning where books bring people and knowledge together—opened in 2022. At first glance, it looks like any old book café, but it's actually run by the city with the goal of supporting sustainable development and cultural growth. Its location across from Tsuruga Station is ideal for a quick visit to browse while looking for souvenirs. The store has workspaces for businesspeople and students and a kids' space with B blocks from local maker Jakuets (p. 000). It's also helping to cultivate Tsuruga's next generation of talent, both young and old, by hosting a variety of events. The tea cafe chain Nakamichi Genzo has a shop here, too.

Reinan is known for its spectacular views of the Sea of Japan. Climb up Mihama Terrace and you'll be treated to a view not only of the sea, but also the Mikata Lakes, each of which is a different color. On the lakeshore sits the Fukui Prefectural Varve Museum, designed by architect Hiroshi Naito. "Varve" is a word you might not hear every day; it

海から渡ってきた建築などの文化はここ小浜を経由して鯖街道を通じて都へと伝わり、華やかに洗練されたという。派手さはなく、素朴なのだが、日本の「町家建築」の歴史が今も残る場所。西組の特徴としては、町に数多くの職人さんが住んでいること。それも宮大工ではなく、数寄屋大工でもなく、〝町家大工〟がいる。その中の一社、1923年創業の「村松建築」の村松徹哉さんに町を案内していただき、「がったり」や「ばったり」のこと、西組ならではの町家建築の魅力を知った。鉋《かんな》とトンカチなどの大工道具片手に自転車で現場へと颯爽《さっそう》と向かう建具屋さん。今日もどこかで地元の職人さんが町を守っている。外部からデザインが入っていないからこそ、〝都にはない居心地の良さ〟が保たれているのだ。

そんな西組を中心とした町家に泊まれる「小浜町家ステイ」。料亭や酒屋、和菓子屋などだった現存する町家をリノベーションした一棟貸しで、もともとあった町家建築の良さを活かしつつ心地よい環境が整っている。中でも立派だったのは、村松建築で改修した「西津湊ふるかわ」。北前船船主古河屋の船頭をしていた古川屋惣兵衛の居宅で、当時の北前船の繁栄が感じられる重厚な造り。志摩と淡路に並び「御食国《みけつくに》」として奈良時代から朝廷に海産物を献上していた若狭小浜。夕食は、地元の鮮魚店などで食材を調達し、宿のキッチンで自炊することもお薦め。もちろん、老舗料亭のディナーや仕出しもある。宿泊するとカフェやサイクリングなどで使える「小浜まち歩きチケット」がもらえ、宿を拠点にまちに出るのも楽しい。

その古川屋の本家に当たる北前船の商人「古河屋」の5代目が、小浜藩のお殿様などの賓客をもてなすためにつくったという「護松園」。2021年からは、コミュニティースペース「GOSHOEN」として地域に開かれている。コーヒースタンドや箸メーカー「マツ勘」のショップ、若狭塗のミュージアムなども入り、現代の観光客にとっても迎賓館のように機能している。

戦後になると若狭湾に面した内外海《うちとみ》地区の集落では、民宿業が盛んになったという。当時は、住民の9割以上が民宿を営んでいたそうで、車を停め、迷路のような路地を歩けば、今でもその名残を感じ取れる。そんな民宿エリアに2023年、ホテル「若狭佳日」が誕生。若狭ふぐの養殖で有名な「阿納《あの》」にあったシンボル的旅館をリノベーション。スイート全室をはじ

The house's stately construction evokes the grandeur of those ships' heyday.

At the western edge of Fukui, in the Jakusei region, is the town of Oi. It's home to See Sea Park, a new commercial facility opened in 2022. Built in a modern style resembling stacks of blocks, the interior has the look and feel of an old Japanese house, kept cozy and warm in winter by geothermal heat and cool in summer by natural breezes. The facility comprises a tenant area with a café, a fashion shop, and other attractions, and an office area with local commerce and tourism bureaus as well as shared office space. Worth special mention is the Challenge Shop area, which hosts a variety of community-oriented activities, such as classes on Japan's energy system taught by Kansai Electric Power employees and support to entrepreneurs looking to set up businesses in the town. At the outdoor shop THE GATE WAKASA, you'll find an array of original products that capture the essence of Fukui, like hand-forged Echizen knives, Wakasa lacquered chopsticks, and sunglasses by the eyeglass artisans of Sabae.

め、ダイニングや大浴場からの若狭湾の眺めは唯一無二。内外海の顔として、これから重要な役割を担う場所になるだろう。

若西《じゃくせい》と呼ばれる福井県の西端、おおい町。2022年、ブロック状に積み重なった現代的建築の商業施設「SEE SEA PARK」が誕生。地熱や自然風を利用し、夏はひんやりと、冬は温かみが感じられる古き日本家屋のような内部空間を実現しているという。併設されるのは、カフェダイニングやファッションストアなどが入るテナントエリアに、商工会や観光協会、シェアオフィスなどが入るオフィスエリア。そして、特筆すべきは、チェレンジショップエリア。関西電力の職員を招いて、日本のエネルギー事情について学ぶスクールや、町内で新たに創業したい人を応援するチャレンジショップなど、土地に根ざした活動がある。アウトドアショップ「THE GATE WAKASA」では、「越前打刃物」のナイフや、若狭の箸、鯖江の眼鏡職人によるサングラスなど、〝福井らしさ〟のあるオリジナルグッズも開発していて、これからの展開が気になる施設。

numbers of townhouse builders that live there. One of them, Tetsuya Muramatsu of Muramatsu Kenchiku, served as my tour guide through the neighborhood. Through his eyes, I came to truly appreciate the unique allure of Nishigumi's townhouses.

And for those who'd like to spend the night in one of those townhouses, there's Obama Machiya Stay, which allows guests to have a whole renovated townhouse—with all its old charm plus modern comforts—to themselves. Especially impressive is Nishizu Minato Furukawa, the former home of Sobe Furukawaya, a ship captain on the *kitamaebune* shipping route.

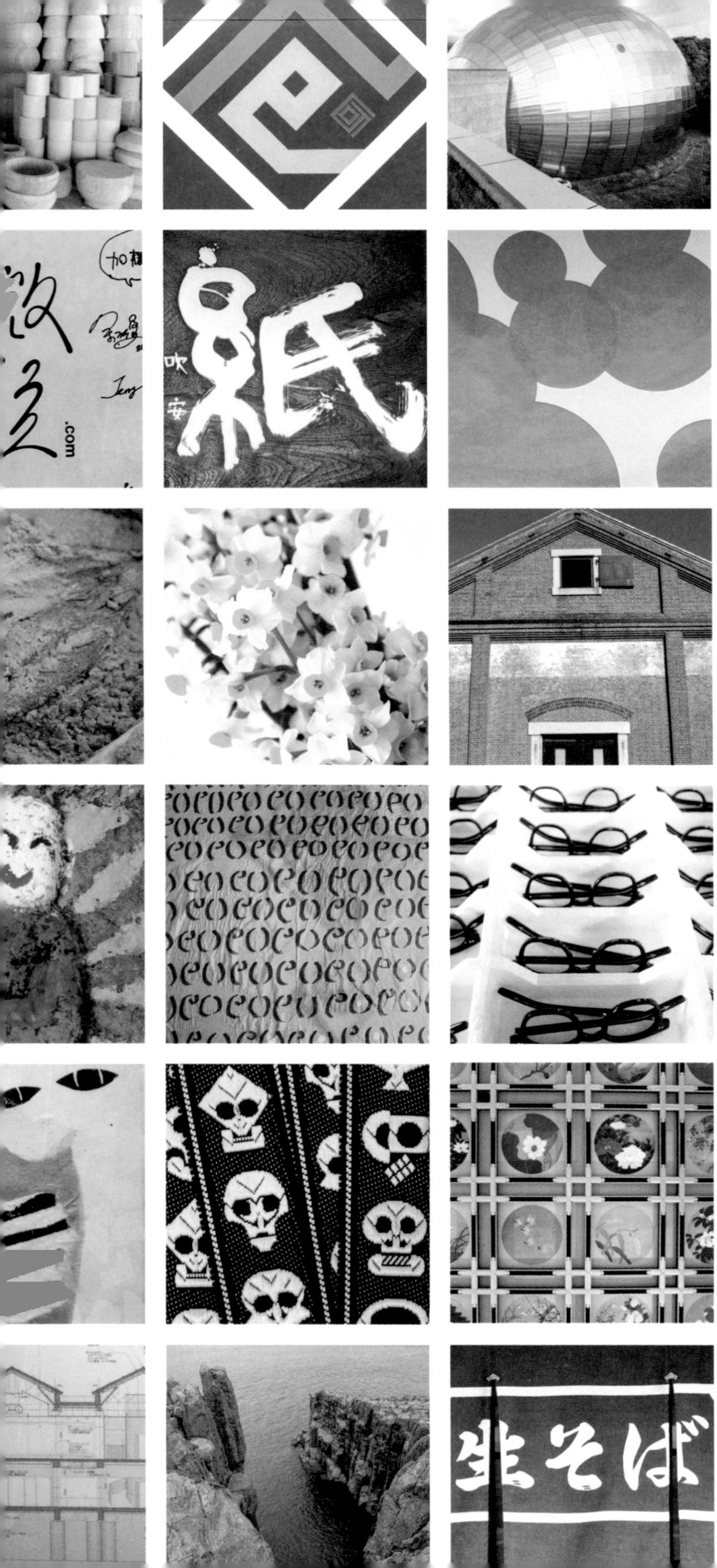

その土地のデザイン

福井もよう

日本じゅうを旅していると、その土地にしかない、〝その土地ならではのデザイン〟が落ちています。それは、紙、布、陶磁器、ガラス、金属、木工、絵画、文字、芸能、祭り、食、生き物、自然――さまざまな〝模様〟。もし、あなたが福井県でデザインの仕事をするならば、何をヒントにしますか？　そんな、福井県のデザインを探してみました。

Designs of the land

FUKUI patterns

As you travel around Japan, you will come across designs unique to the land that can only be found there. Patterns like paper, cloth, pottery, glass, metals, woodwork, paintings, calligraphy, performing arts, festivals, food, animals and nature. If you are a designer in Fukui, where can you get hints? We searched for Fukui designs that can serve as hints.

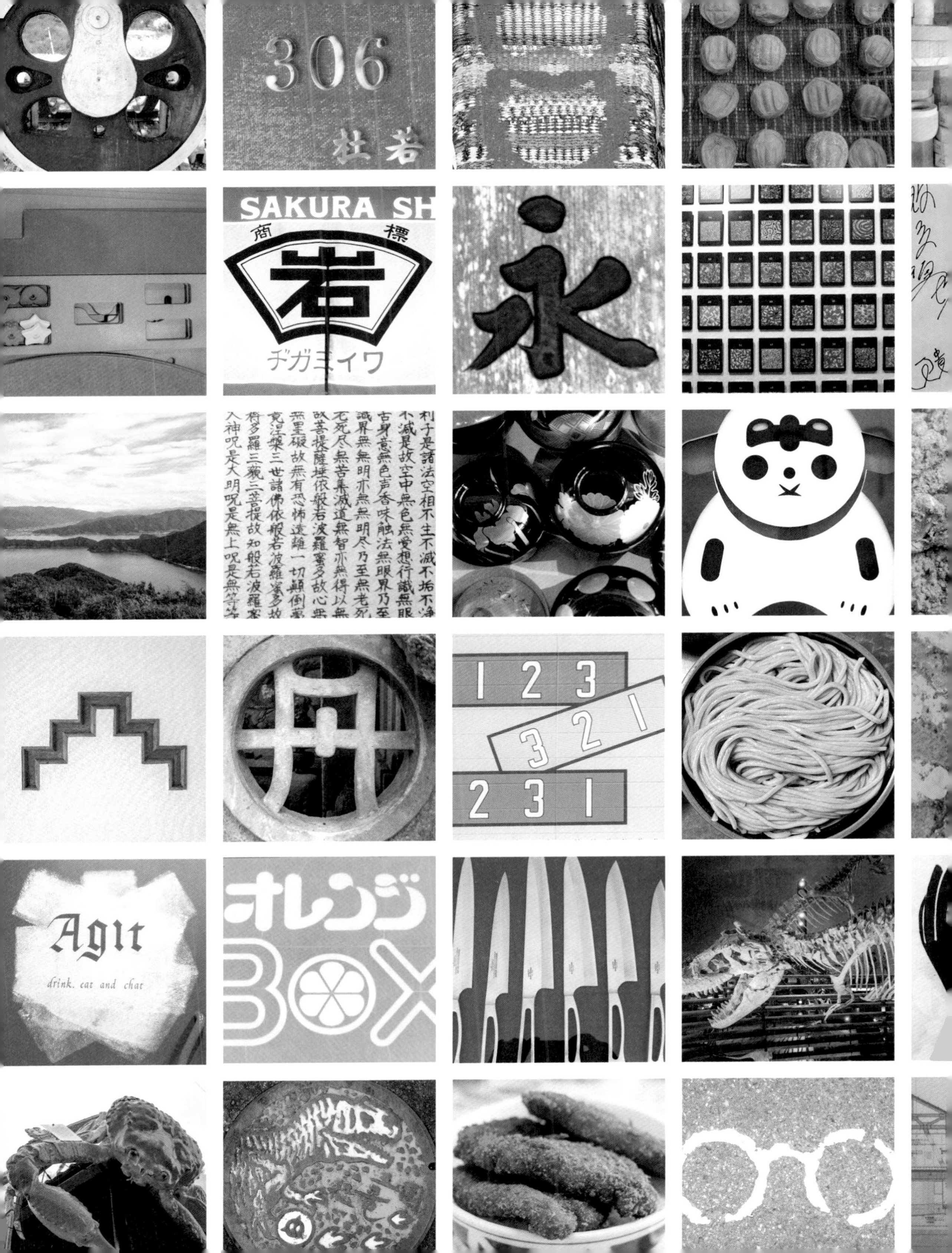
306
杜若
SAKURA SH
商標
若
永
利子是諸法空相不生不滅不垢不浄
不減是故空中無色無受想行識無眼
舌身意無色声香味触法無眼界乃至
識界無無明亦無無明尽乃至無老死
死尽無苦集滅道無智亦無得以無
故菩提薩埵依般若波羅蜜多故心無
罣礙無罣礙故無有恐怖遠離一切顛倒夢
究竟涅槃三世諸佛依般若波羅蜜多故
多羅三藐三菩提故知般若波羅蜜
大神呪是大明呪是無上呪是無等
123
321
231
Agit
drink, eat and chat
オレンジ
BOX

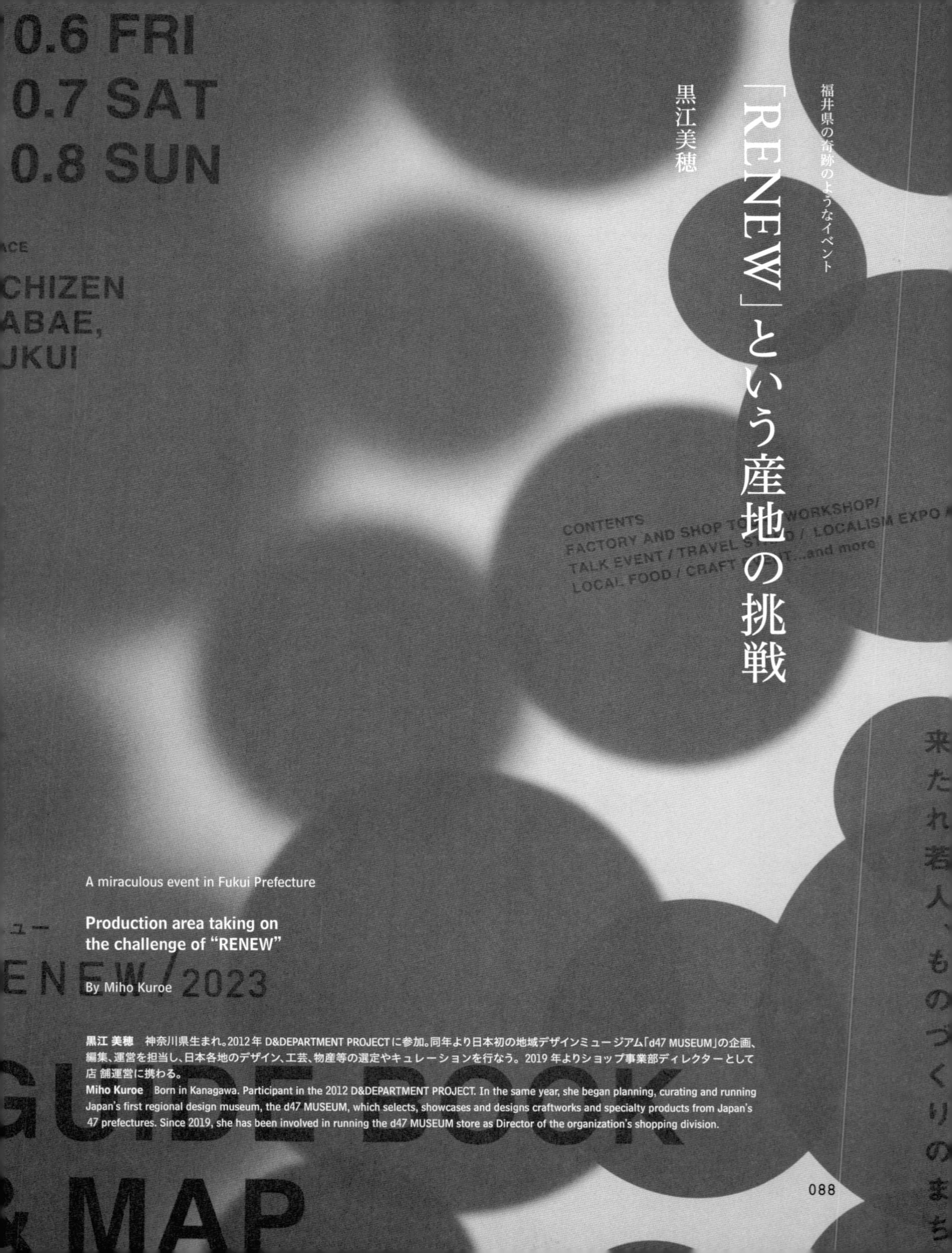

福井県の奇跡のようなイベント

「RENEW」という産地の挑戦

黒江美穂

A miraculous event in Fukui Prefecture

Production area taking on the challenge of "RENEW"

By Miho Kuroe

黒江 美穂　神奈川県生まれ。2012年 D&DEPARTMENT PROJECTに参加。同年より日本初の地域デザインミュージアム「d47 MUSEUM」の企画、編集、運営を担当し、日本各地のデザイン、工芸、物産等の選定やキュレーションを行なう。2019年よりショップ事業部ディレクターとして店 舗運営に携わる。
Miho Kuroe　Born in Kanagawa. Participant in the 2012 D&DEPARTMENT PROJECT. In the same year, she began planning, curating and running Japan's first regional design museum, the d47 MUSEUM, which selects, showcases and designs craftworks and specialty products from Japan's 47 prefectures. Since 2019, she has been involved in running the d47 MUSEUM store as Director of the organization's shopping division.

ものづくりの集積地

福井県の鯖江《さばえ》市・越前市・越前町がある越前鯖江エリアは、「越前5産地」として「越前和紙」「越前打刃物」「越前箪笥」「越前焼」「越前漆器」といった伝統的工芸品と、「眼鏡」や「繊維産業」が、半径10キロメートル圏内に集積する日本でも珍しい地域として知られている。越前鯖江エリアの「業務用漆器」の国内生産シェアは、8割以上、眼鏡は、9割以上を誇る〝ものづくりのまち〟だ。

日本三大和紙に数えられる「越前和紙」は、水に強く、薄くて丈夫で、透《す》かし技術も高いことから、明治新政府のお札にも使われた。現在も二人がかりで漉《す》く大判サイズから、日本酒のラベルや名刺用紙など、工房ごとの特徴を活かした技術で和紙が作られる。

約７００年の歴史を持つ「越前打刃物」は、鎌や包丁など、生活用品として製造が盛んになり、江戸時代には一大産地として成長。バブル時代に突入すると、安価な型抜き刃物やステンレスの普及から、危機感を持った若手が福井県出身のデザイナー・川崎和男氏と共に「タケフナイフビレッジ」を立ち上げ、現在は、13社の刃物会社の共同工房として、製作過程の見学や体験などが可能になっている。

江戸時代後期、旦那衆の家に出入りしていた指物師によって技術が確立された「越前箪笥」。現在も旧武生《たけふ》市内に現存する「タンス町通り」には、指物師や漆塗師などの職人が集まり、昭和に入ると婚礼家具として買い求める多くの客で賑《にぎ》わっていたという。

日本六古窯の一つ「越前焼」は、平安時代末期から始まり、水がめや、すり鉢といった日用雑器を生産し、北前船によって北海道から島根県まで広まったとされている。粘度のある鉄分の多い良質な陶土があった地域で、耐火性が強く、表面が赤黒・赤褐色の焼き上がりとなる。廃業が相次ぐ中で、１９７１年に「越前陶芸村」が若手の受け皿として誕生し、各地の陶芸家が集まることで、自由な発想の作品が生まれている。

約１５００年前に始まった「越前漆器」の漆掻き職人は、「越前衆」と呼ばれ、多くの樹液を得ることができる「殺し掻き」の方法や、その道具を広めるなど、他を圧倒する数の出稼ぎの職人たちが、日本各地の漆産地の発展にも寄与してきた。明治中頃になると椀物のみならず、お膳などの角物も手がけるようになり、製品が多

The Manufacturing Hub

The Echizen-Sabae area, which includes Sabae City, Echizen City, and Echizen Town in Fukui Prefecture, is famous for its production of five Echizen traditional handicrafts such as Echizen *washi* (traditional Japanese paper), Echizen knives, Echizen chests, Echizen ware and Echizen lacquerware. It's also known as a rare area in Japan due to the concentration of these as well as the glasses and textiles industries within a 10-kilometer radius. The Echizen-Sabae area is a manufacturing hub that boasts of a domestic production of 80% of commercial lacquerware and over 90% of glasses. evolution is required to meet changing demands and support the OEM production areas. But they are also affected by global economy and designers from cities, leading to the decline in pride of local artisans.

Role of designers – Thinking about what the area needs

The designer in this production area was someone who leveraged technology. Naohiro Niiyama, the first migrant to move to Sabae, thought that the city needed (→p. 090)

様化し、更に製品の量産体制として「業務用漆器」が誕生。旅館や飲食店で使うために、合成樹脂の生地に合成塗料を塗り、限りなく「漆器」に似せた器として産地の発展に繋《つな》がった。

業務用漆器から見える、産地の個性

他の漆器産地では、本漆の製品以外は、あくまでも「偽物」という認識が強いが、初めて鯖江を訪れた際に、地元の丸物木地《きじ》師である「ろくろ舎」の酒井義夫さんに業務用漆器について聞いてみると、「業務用漆器のおかげで、この産地は残っている」と話してくれた。見ただけでは、全く見分けがつかないほどに〝似せる技術〟が発展しているが、越前漆器協同組合が運営する「うるしの里会館」でも、素地や塗装、手法をわかりやすく表示する「うるしピクト」を採用するなど、売り場での共存も印象的だ。需要に応える〝たくましい進化〟こそが産地を支えてきたことに気づかされた。一方で、産地全体としては、「OEM産地」として世の中の景気に左右され、都市圏から来たデザイナーに翻弄されるなど、産地として消費されることに疲れ切った時代を経て、職人の誇りも低下していく。

デザイナーの役割

この産地にとって「デザイナー」とは、技術を利用される存在だった。鯖江の移住者一号である新山直広さんも当時、「この町には、流通や販売まで考える存在が必要」と考え、「デザイナーになる」と宣言した際には、周囲から強く非難されたという。新山さんはその後、鯖江市役所の職員として、産地に深く入り込む中で数多くの廃業情報にも触れ、現状を痛感することになる。そんな中、2013年に移住者同士のサークル活動として結成した「TSUGI」を、市役所退社後の2015年にデザイン事務所として法人化し、「RENEW」の運営にも取り組むことになる。

日本最大級の産業観光イベント「RENEW」

ものづくりの現場を見学・体験できる、年に一度の産業観光イベントとして2015年に始まった。当時、河和田《かわだ》地区の区長会長を務めていた、「谷口眼鏡」の代表取締役・谷口康彦さんは、いわば〝村長〟のような存在。地域活性化を目指していた谷口さんと新山さんが出会い、「持続可能な地域づくり」活動として動き出す。

someone to think about distribution and sales. When he wanted to become a designer, others were dead set against it. He became deeply aware of the ongoing situation after he worked for the city and witnessed many handicraft workshops going bust. He formed “TSUGI” with other migrants in 2013 and turned it into “RENEW,” an incorporated design office, in 2015 after he left the city hall.

RENEW: Japan’s largest industrial event

It started in 2015 as an annual industrial tourism event where one could see and try their hands on making things. Niiyama got to know Taniguchi, then the Chairman of Kawada district, and worked with him on driving sustainable community development activities to revitalize the region. For a start, Niiyama turned his eyes to the “Workshop Carnival” held in Niigata, which relied and ran solely on exhibition fees from participating companies and sponsorship funds without any government subsidies. “Even if we fail, let’s do it!” Taniguchi encouraged him.

Unlike the 37,000 visitors for the 2023 RENEW (→p. 093)

RENEW
RENEW
SPECIA
GOODS
STORE
ふるさと納税払い
チョイスPay
受付時間
10月6日(金) 10:00-19:00
10月7日(土) 10:00-19:00
10月8日(日) 10:00-17:00
お得な抽選会
実施中!

鯖江タクシー
SABAE TAXI

TUDOR-MAX

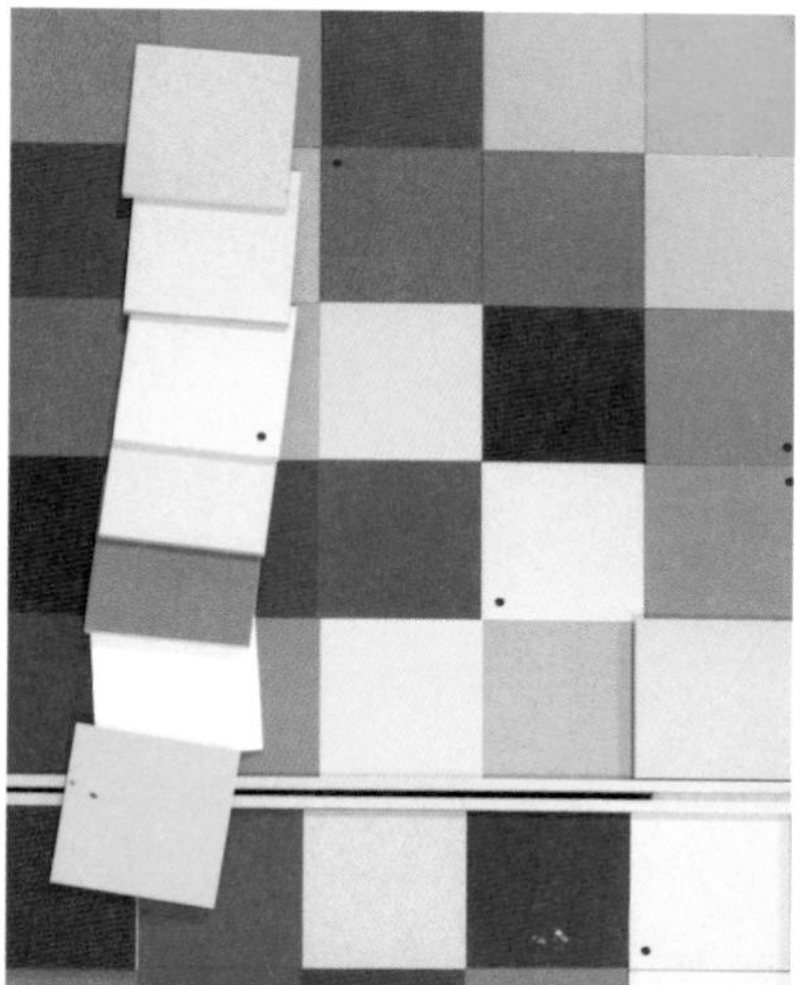

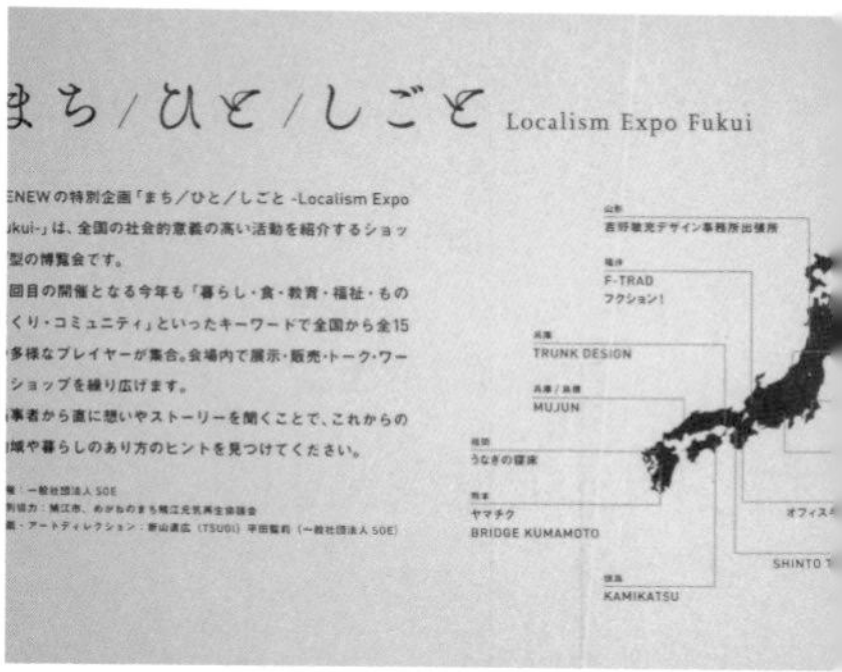
まち/ひと/しごと Localism Expo Fukui
ENEWの特別企画「まち/ひと/しごと -Localism Expo
ukui-」は、全国の社会的意義の高い活動を紹介するショッ
型の博覧会です。
回目の開催となる今年も「暮らし・食・教育・福祉・もの
くり・コミュニティ」といったキーワードで全国から全15
多様なプレイヤーが集合。会場内で展示・販売・トーク・ワー
ショップを繰り広げます。
事者から直に想いやストーリーを聞くことで、これからの
域や暮らしのあり方のヒントを見つけてください。
F-TRAD
TRUNK DESIGN
MUJUN
うなぎの寝床
ヤマチク
BRIDGE KUMAMOTO
KAMIKATSU

まち/ひと/しごと
Localism Expo Fukui

まず、新山さんがお手本にしたのは、新潟県燕《つばめ》三条《さんじょう》地域で行なわれていた「工場《こうば》の祭典」で、河和田の生産者と共に現地を訪れることから始まった。運営としても行政や補助金に頼らず、21社の参加企業に1社2万円の出展料を募り、協賛金と合わせて計76万円の予算でスタート。そこには、谷口さんの「失敗してもいいからやろう」という言葉があった。第1回の来場者数は、2日間で1200人、2023年の来場者数3万1000人と比較すれば少ないが、当時は「この町にこんなに人が来るのは奇跡」と、大きなインパクトをもたらした。消極的だった職人たちも、工房で何時間も熱心に見学する参加者と出会うなど、確かな手応えに繋がった。

2017年、生活雑貨を製造販売する「中川政七商店」との共同開催の際は、河和田から越前鯖江エリア全体に地域を拡大して開催。来場者数は、延べ4万2000人となった。勝負となったのはこの翌年、共同開催での大きな成果を背負いながら、大規模な運営を自走することが求められ、ここで改めてRENEWの長期的なビジョンの必要性が生まれることに。そこでキーワードとなった「雇用創出」「産地内教育」「通年での産業観光推進」の実現化を目指し、2022年には運営会社として「一般社団法人SOE」が立ち上がり、ノウハウを活かしたスクール事業、宿泊施設の運営などが動き出している。また、地域には30か所以上ものファクトリーショップがオープンするなどし、通年観光の産業化が着実に進んでいる。

多様性を持つ産地へ

RENEWには、現地の生産者をはじめ、各地の学生が集まるサポートチーム「あかまる隊」や、全国のクリエイターが出展する『まち／ひと／しごと』なども開催され、さまざまな立場から〝ものづくりの今〟を刺激し合う場となっている。さらに、『来たれ若人、ものづくりのまちへ』というRENEWのスローガンには、職人やデザイナーのみならず、小売店、飲食店、宿泊施設に関わる人や、そうでない人も含めたさまざまな役割を持つ人が集まり、多様性のある町へと成長することが「持続可能な地域づくり」に繋がるという思いが込められている。RENEWは、その未来に向けた〝みんなの仕組み〟として、これからも変化していくだろう。それは、変化を恐れず挑戦し続けてきた産地の姿勢そのものだ。

event, the first one only attracted 1,200 visitors. But it caused a huge ripple; even pessimistic artisans were met with a solid, enthusiastic response. In 2018, RENEW was held as a joint event with a sundries manufacturer. There were concerns but the joint event extended from Kawada to the entire Tannan area and attracted 42,000 visitors. The clincher came in 2019 when they had to run this large joint event that was expected to be successful – a long-term vision for RENEW was needed. They thus set up a state-owned enterprise in 2022 to run RENEW.

Towards a diverse production area

RENEW also holds "Town-People-Work" event, in which creators from all over Japan exhibit their products, providing a place where people with various perspectives can inspire each other about the current state of craftsmanship. RENEW believes that bringing together people in various roles, such as artisans and designers, will grow the town into a diverse community and drive sustainable community development. Going forward, RENEW will most likely morph into "a system for everyone".

CAFE 手の花
営業日
土・日
営業時間
11:00~17:00
冬期休業
営業中

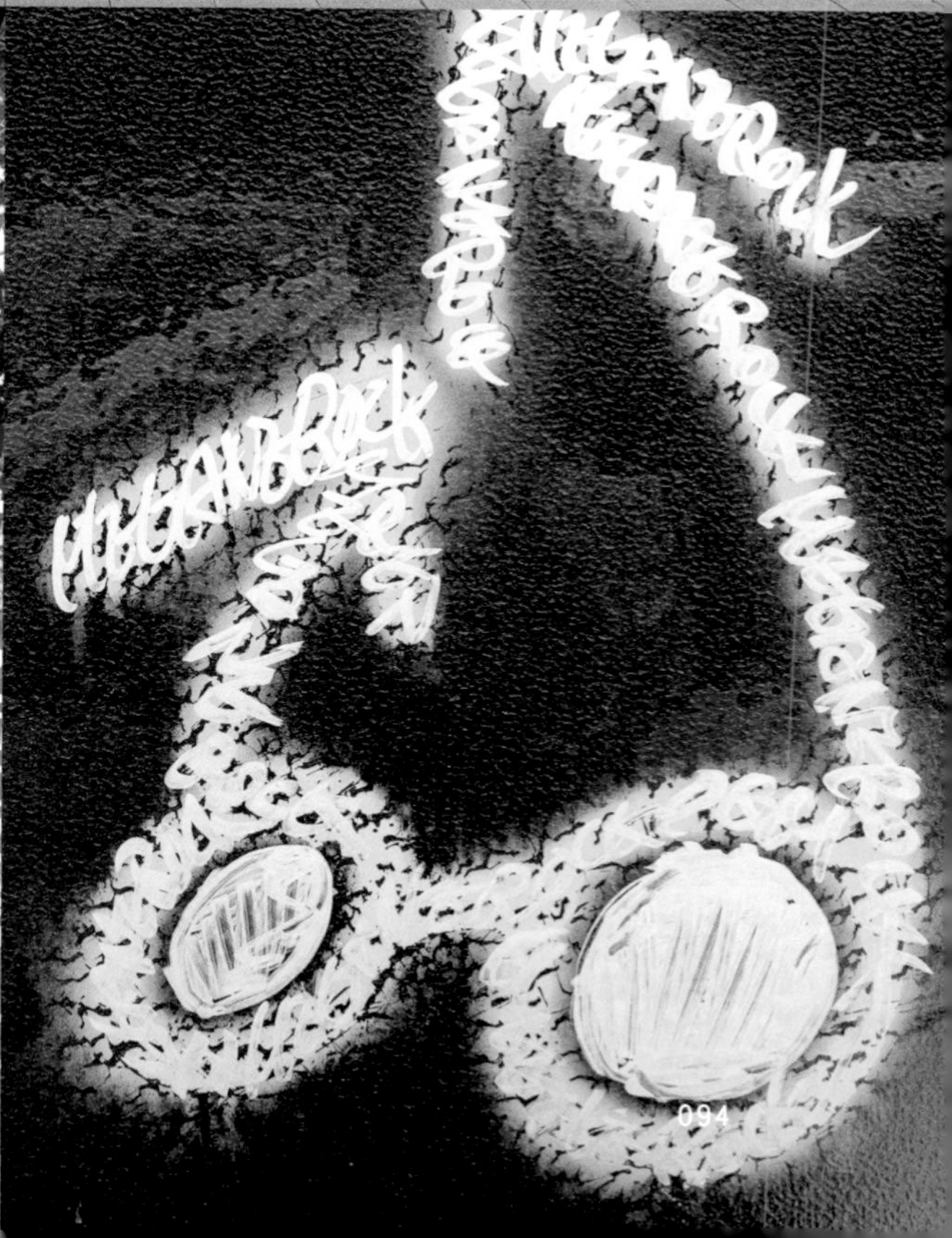

福井県の街にあるフライヤー

Craft Invitation

その土地の個性を真剣に広く伝えようと、ローカルから発信されるフライヤーやパンフレットたち。広告満載の大都市圏の雑誌とは違う、キリッとした編集やメッセージを、それらから感じ取って、その土地を旅しましょう。福井県からは、7つの地場産業が集積する「越前鯖江《さばえ》」の魅力を掲載した『Craft Invitation』をご紹介。マップ付きの完全版もあるので、「URUSHI BIKE」を借りて旅へGO！

発行元	一般社団法人SOE	企画・監修	一般社団法人SOE
発行日	初版 2023年3月	クリエイティブディレクション	新山直広(TSUGI / SOE)
価格	無料	アートディレクション	村谷知華(TSUGI)
配付場所	SAVA!STORE、漆琳堂、一部掲載店舗、他	編集	村上捺香(SOE)、村谷知華(TSUGI)
		撮影	荻野勤(TOMART:Photo Works)
		お問い合わせ	0778-78-9967
		ウェブサイト	craftinvitation.jp

Fliers Found in Cities in FUKUI

Craft Invitation

Unlike the ad-filled cosmopolis magazines, these are flyers and brochures shared by the locals to earnestly convey the personality and quirks of their hometown. Let's tour the land and get a feel of its crisp editing and messages. Behold "Craft Invitation" from Fukui Prefecture – a publication that features the attractions of Echizen and Sabae, two of Japan's leading manufacturing towns that are home to local traditional industries.

Publisher: General Incorporated Association SOE
Publication Date: First edition issued on March 2023
Distribution place: SAVA!STORE, Shitsurindo, etc.
Planning & Supervision: SOE
Creative direction: Naohiro Niiyama (TSUGI / SOE)
Art direction: Chika Muratani (TSUGI)
Editing: Natsuka Murakami (SOE), Chika Muratani (TSUGI)
Photography: Tsutomu Ogino (TOMART: Photo Works)

福井県のデザインが人や街を変えていく

「ジャクエツ」

神《しん》藤《どう》秀《ひで》人《と》

Design from Fukui

Transforming people

What "Jakuetz"

By Hideto Shindo

遊具のデザイン

　ブランコやジャングルジム、鉄棒、うんてい、シーソー……幼少の頃、誰もが遊んだ公園の遊具は、数知れない。東京都足立区で生まれ育った僕は、蛸《たこ》の滑り台でよく遊んだもので（足立区は蛸の滑り台の〝聖地〟ともいわれている）、遠足などで大型公園に連れて行ってもらった際には、アスレチックのターザンロープに誰よりも先に飛びついていた（んじゃないか）と記憶している。今思えば、遊具は、運動能力や知的能力を育むための器具である上に、何よりも楽しく安全でなくてはならなかったはず。ましてや親としては、安心して「遊ばせられる」ことが最も大切で、人けのない公園や、危険な遊具には「近づいてはだめ」とまで言われたりもして、その頃から〝遊具のデザイン〟の重要性に触れていたのだなと思う。

　さらに記憶を遡《さかのぼ》ると、皆さんは、幼稚園や保育園に通っていた頃、どんなもので遊んでいただろうか。積み木やおままごと、折り紙、お絵かき、カルタ……遊具といっても、屋内で遊ぶものも含まれ、もし記憶にないという人がいたら、自分の子どもに置き換えてみて考えてもいい。どんなもので遊ばせたいか。「キャラクターものはちょっと……」という人も多いだろう（笑）。

　一児の親として僕が思うのは、子どもというのは親以上に意志が強く、好き嫌いがはっきりしているということ。しかも、良くも悪くも想像を遥かに上回った行動もしてくる（汗）。まさに遊びの天才。そんな子どもに向けた「遊具」をデザインするというのは、ある意味〝魔法〟のようにも思える。

日本屈指の遊具メーカー

　敦賀市に本社を置く「ジャクエツ」は、幼児向けの〝あそびの環境〟をつくるソリューション会社。遊具をはじめとする保育教材や制服、建築、ランドスケープデザインなど、主に幼稚園・保育園向けでは国内最大手の一角をなす。福井県内でいうと、鯖江市の「西山公園」のレッサーパンダ遊具や、敦賀市の「キッズパークつるが」のネットタワー遊具などを手がけていて、実際にこの旅の間に僕も行ってみたが、多くのファミリーが利用していた。

　ジャクエツの創業は、１９１６年。実は、幼稚園の設立から始まっている。そのきっかけは、

Design of play equipment

Swings, jungle gyms, pull-up bars, monkey bars, seesaws... there are countless park play equipment that we used to play on. Looking back, play equipment was probably meant to help children develop their motor skills and intellectual abilities while having fun. But above all else, it had to be fun and safe. What's more, the most important thing to a parent is being able to let their child play with a peace of mind. I was even told not to go near deserted parks or dangerous play equipment, and I think it was then when I became aware of the importance of the design of play equipment.

Play equipment can also include indoor toys, such as building blocks, playing house, *origami*, drawing, *karuta* (Traditional Japanese playing cards) ... As a parent of a child, I think children are more strong-willed than their parents, and have clear likes and dislikes. On top of that, for better or worse, my child does things that are way beyond my imagination – he is truly a genius at playing. Designing play equipment for such children is like magic in a sense.

(→p. 098)

〝日本のアンデルセン〟とも呼ばれた童話家・久留島武彦（故）だった。彼は、日本で初めて口演童話やお伽芝居を通した口演児童文化活動を行なった人で、１９１０年、東京に「早蕨《さわらび》幼稚園」を開園したが、その経営方針が興味深い。「桃太郎主義」という児童教育観を掲げており、互いの違いを認め合って、共に生きていこうとの考えを持っていた。また、玩具を「媒体」として、子どもの環境を整えることが重要だ、と、子どもの育成に携わる大人が、子どものことを考慮し、古くから日本にある材料を用いて玩具を作って与えることを推し進める独自の玩具論も唱えた。ちなみに、１９４５年に空襲で同幼稚園が全焼するまでの35年間に、世界的美術家の岡本太郎（故）をはじめ、東急電鉄社長・会長だった五島昇（故）、虎屋社長（16代）の黒川光朝（故）など、各方面で輝く数多くの人材を育て上げたという。

ジャクエツの創始者である徳本達雄も、大学在学中に早蕨幼稚園を参観して影響を受け、故郷の敦賀に戻ると、１９１６年に当時県内で２番目の幼稚園となる「早翠《さみどり》幼稚園」を開園。そして、「越前和紙」という高品質な紙を使った教材を一つ一つ手作りしたという。その後、１９４９年に「若越」を設立。社名の由来は、福井県の旧国名である「若狭」と「越前」のそれぞれの頭の文字を取って名づけられたものだ。

コラボレーションで生まれる新たなあそび

国内で７００件以上の乳幼児施設設計を手がけてきたジャクエツ。福井県の旅の途中でも、施設の前に何気なくジャクエツ製の三輪車が置かれていたり、もしかしたら皆さんが遊んできた遊具も同社のものだったのかもしれない。創業１００年以上の歴史ある企業だが、「PLAY DESIGN LAB」と称して、教育者、建築家、芸術家、デザイナーをはじめとしたさまざまな分野のプロフェッショナルと共同で開発も行なっている。

例えば、プロダクトデザイナーの深澤直人氏と開発を進めてきた「YUUGU」シリーズ。これまでのように大人が遊び方を定義するのではなく、さまざまな遊びを創造できるようにデザインされた「OMOCHI」。深澤氏の思惑通り、子どもたちは、自由な遊びを発見して楽しんでいるようだ。

東京藝術大学美術学部デザイン科とは、幼児

Japan's leading manufacturer of play equipment

Headquartered in Tsuruga City, Jakuets is a solutions company that creates play environments for young children. They are one of the largest providers of play equipment, daycare materials, uniforms, architecture, and landscape design, mainly for kindergartens and daycares in Japan. Founded in 1916, Jakuetsu first started as a kindergarten. It all began with the late children's storyteller Takehiko Kurushima, also known as "Japanese Hans Christian Andersen." He was the first in Japan to pioneer children's cultural activities through storytelling and pantomimes, and opened Sawarabi Kindergarten in Tokyo in 1910.

He, however, ran the kindergarten in an interesting way. He saw toys as an important medium to create the ideal environment for children, and advocated his toy theory that encouraged adults to offer children handmade toys using traditional materials. Inspired by Sawarabi Kindergarten, Tatsuo Tokumoto, the founder of Jakuets, opened Samidori Kindergarten – then the 2nd kindergarten in Fukui Prefecture – in 1916 when he returned to Tsuruga City. (→p. 101)

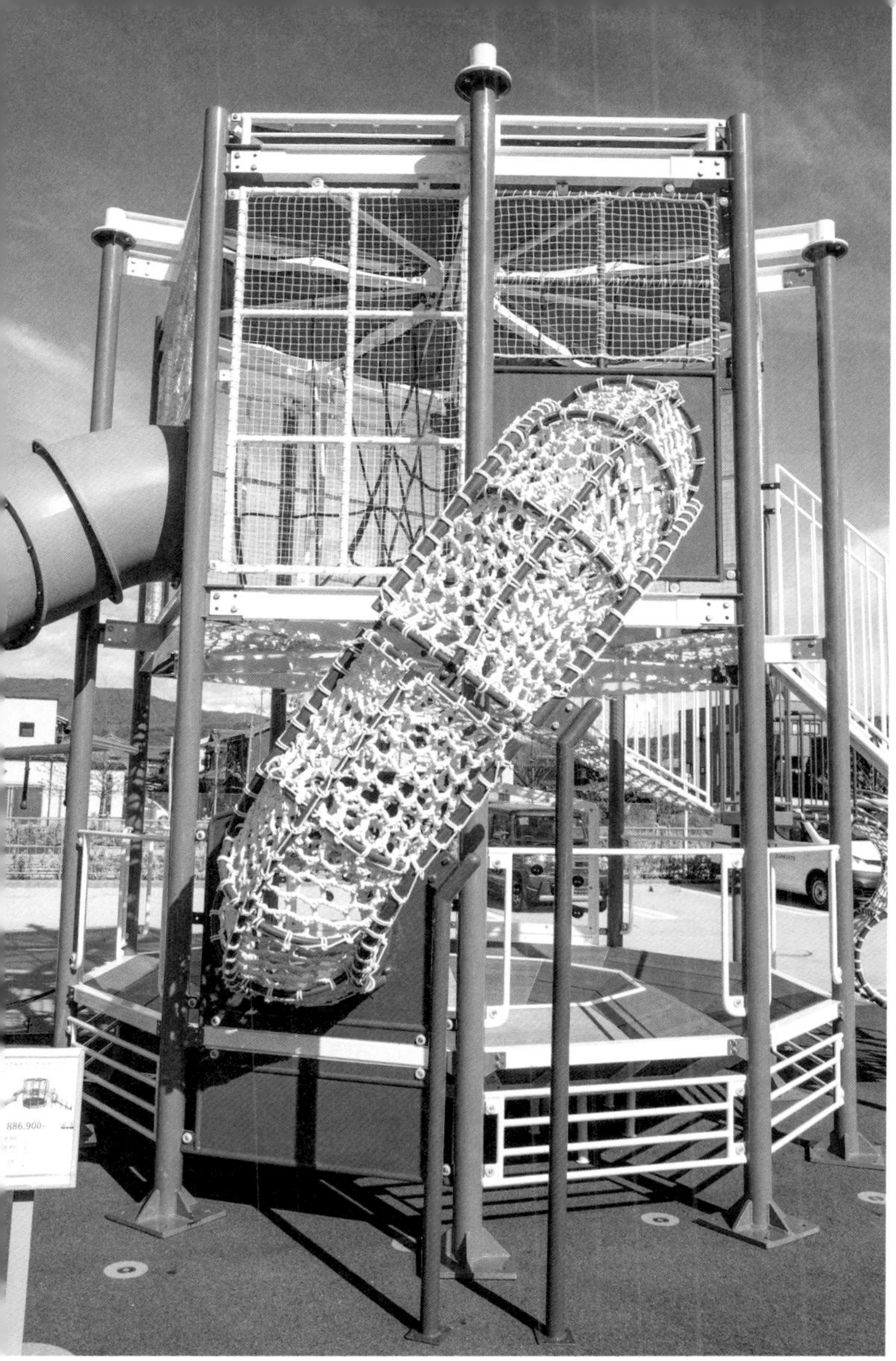
886.900-

のぼらないでね

123
321

[ツリーハウス]
つくっているのは風景です

木製遊具はもちろん、
水場や緑の斜面など
園庭全体を考案。
自然に近い環境であそべる
ランドスケープをご提案。

[乗り物シリーズ]
両輪車に乗ろう

先生たちの声から生まれた、四輪車と二輪車。
みんなが夢中になれる「乗り物」だからこそ、
一人ひとりの成長にちょうどいい選択肢を。

[プティトワレ]
小さくたって一人前

「トイレ＝暗い、汚い、くさい」を変えた
ドライ清掃のトイレ。
使いやすく掃除のしやすい子ども用便器を開発し、
トイレをひとつの空間として完成させた。

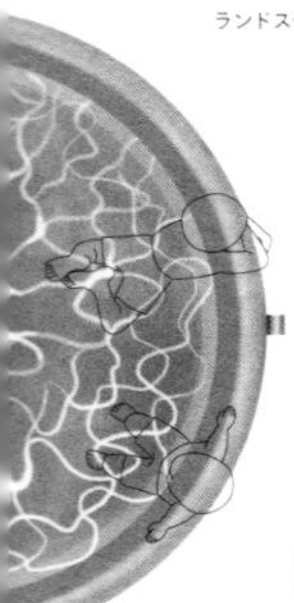

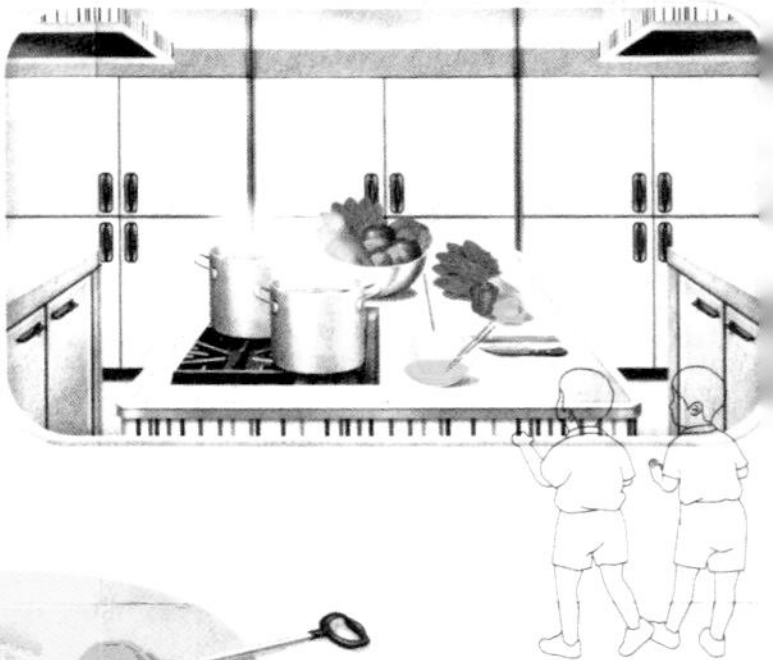

[ゲームボックス]
遊具であり、ステージであり、ひみつ基地であり、やぐらであり、家具でもある

積み木のように
横に並べて、縦に積んで。
アイディア次第で
多様に使える立方体。
1969年の発売以来、
多くの園が愛用中。

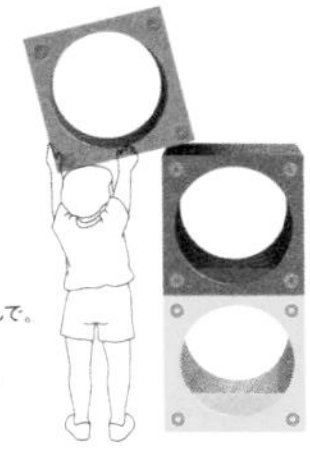

[SANGO]
あんな姿勢こんな姿勢つぎつぎと

「木のぼりのようなあそび方ができる
ジャングルジム」をコンセプトに、
若手社員が協力して企画。
あえて、握れない太さの幹、
斜めの枝などをつくり、
複雑な体の動きを引き出す。

[いろがみ]
100年前からロングセラー

誕生はまだ
「若越（ジャクエツ）」と
呼ばれていた創業時。
鮮やかな発色、
正確な正方形、
折り心地の良さなどに
目を配り続けている。
越前和紙の産地
だからこそのこだわり。

[砂場用品]
はかどるかたち

掘る、混ぜる、ならす、すくう。
砂場での動作を丁寧に観察し、
使いやすさをかたちに。
丈夫で割れにくいソフトな素材感が自慢。

[ローラー滑り台]
おしりまで楽しませたい

ベアリングの工夫により、
なめらかなすべり心地が長くつづく。
360度の急旋回や、
数百mの長さなど、
環境に合わせてオーダーメイドも。

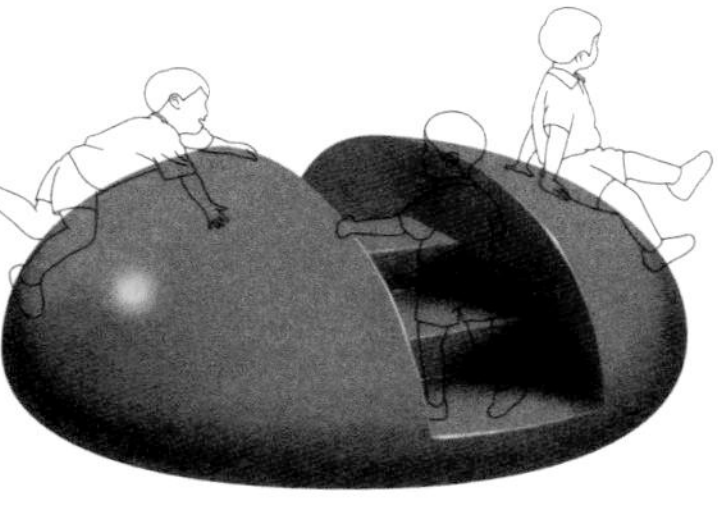

[OMOCHI]
あそんじゃうもの

一見、シンプルな造形の中に
詰まっているのは、
思わずよじ登ったり、
すべりたくなる曲線や面の数々。
デザインは深澤直人氏。

[PLAYRING]
ぜんぶ、正解

これからの子どもたちのために。
自分で考え、ルールを生み出し、
あそびの創造力を育む
「余白のある遊具」を
建築家の鈴野浩一氏と開発。
シンプルな構造から、
よじ登る、寝転ぶ、通り抜ける、
しがみつく、くぐるなど、
多様な動きが生まれる。

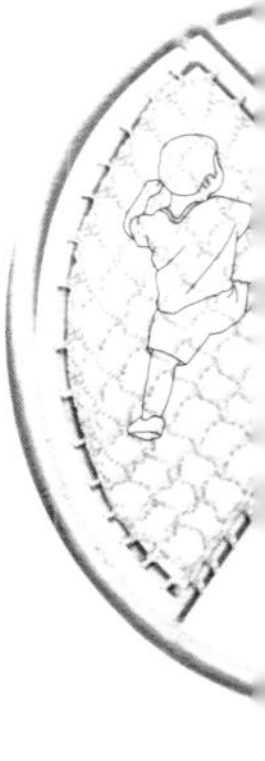

間に。

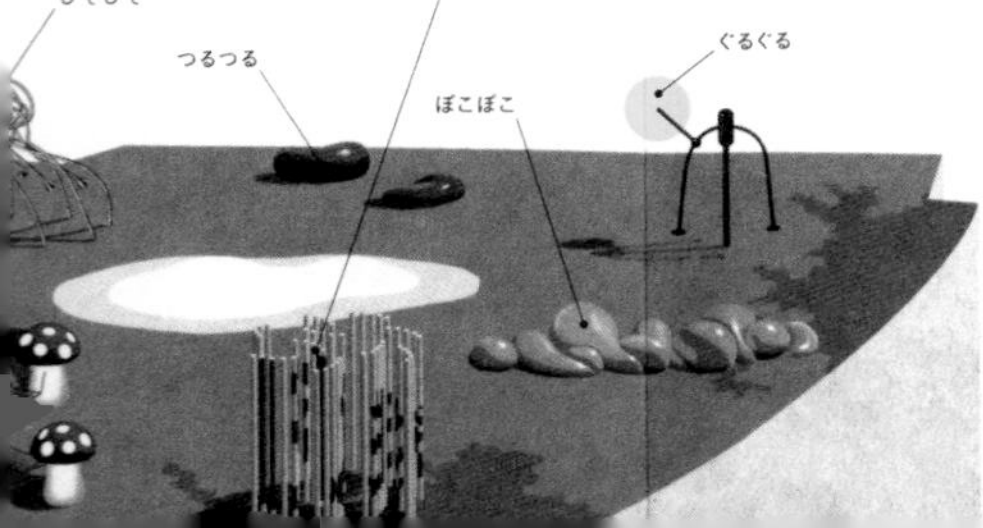

[カルム]
はじめての個室

実は、子どもは
静かでせまい場所も大好き。
吸音材質のテント構造で、
あっという間に
「落ち着く個室」が完成。

[Bブロック]
三世代ブロック

大きくやわらかいので、
安全にあそべるB型のブロック。
1966年発売、親子三代の愛用者も。
近年は東京藝術大学との共同で、
Bブロックを積んで実物大の
ピアノやドレスをつくるなど、
ブロックの枠を越えた
あそびの研究も行う。

用教具「Bブロック」の新たな活用領域の探索に取り組んできた。色に対応して音が出るブロックや、真菌でつくられた〝朽ちるブロック〟など、いわゆるブロック遊びを超えて、日常の中に入り込み、新たな体験の価値を展開していった。Bブロックに関しては、イギリスの現代アートの第一人者、リアム・ギリックともコラボレーションしている。

医療ケアが必要な子どもも、みんなで変化し社会に適応していく力を養う遊具「RESILIENCE PLAYGROUND」。監修したのは、地域医療を専門とする医師である紅谷浩之氏。どんなに重い障害があっても年齢が違っても、あそびを媒介としてつながることができる、これまでとは一線を画したインクルーシブな遊具。大人が守ってあげなければいけない、という過剰な思い込みを減らすデザインがある。

「ミナ ペルホネン」の皆川明氏とは、園児用の制服を開発。生地が二重織りになっていて、ジャケットの柄の円部分には花や蝶が隠れている。記念日などに二重織りの表の生地だけを切り取るとモチーフが現れ、思い出の花が次々に咲いて自分だけの制服になるデザインで、通園圏内にこんな幼稚園があったらいいなと誰もが羨《うらや》むだろう。

福井らしく、恐竜の世界を体感しながら体力や運動能力を高められる遊具「ディノワールド」。デザインの監修をしたのは、「福井県立恐竜博物館」の特別館長・東洋一氏。本物の恐竜の骨格図面を見本に設計図をつくり、できるだけ事実をベースにすることで、子どもたちの興味を育み、想像力を膨らませることができたという。恐竜の「遊具」を、確かな「教具」に仕上げたこだわりの遊具。

あそびが育むもの

最近では、美術館や商業施設など、公共施設も手がけているジャクエッツ。2017年にオープンした「富山県美術館」の屋上庭園「オノマトペの屋上」は、グラフィックデザイナー佐藤卓氏の監修。『ふわふわ』『ぐるぐる』『ひそひそ』などの擬音語や擬態語から発想した遊具が8つあり、子どもたちの自由な発想、想像力を掻き立てる遊び場として、わざわざ屋上を目指して来館する人もいるほど。本誌「富山号 vol.2」の取材中には、立山連峰を背景に、大人（僕を含め）も一緒になって楽しんでいた。

He even manually prepared each and every teaching material using Echizen *washi*, a high-quality traditional Japanese paper. He then went on to establish Jakuets in 1949.

A new type of play born of collaboration

With a history of over 100 years, Jakuets also works on development with professionals from various fields such as educators, architects, artists, and designers under the name of "PLAY DESIGN LAB".

Their YUUGU series, for instance, was developed with product designer Naoto Fukasawa.Together with the Department of Design, Tokyo University of the Arts, they explored new ways of using their "B Blocks" as teaching tool for preschoolers. "RESILIENCE PLAYGROUND" is their take with physicians on play equipment to help children adapt to society, even those who need medical care. With Akira Minagawa of "minä perhonen", they developed a line of uniforms for kindergarteners. "Dinoworld" is a uniquely-Fukui play equipment designed in tandem with Fukui Prefectural Dinosaur Museum.

(→p. 102)

今回の取材で、僕は初めて本社工場を訪ねた。通りに面した大きなコンクリート広場には、ジャクエツ製の遊具がショールームのように何台か置いてあり実際に触れることができる（アポイントメント必須）。工場内は、見学用のパネルが設置され、作業工程もわかりやすく、希望すれば自由画帳作り体験もできるとか（あいにく僕は時間がなくてできなかった）。外部とのミーティングスペースには、アーカイブコーナーも充実していて、まるで〝遊具の博物館〟のよう。特に面白かったのは、建物内の至るところにアート作品がちりばめられていたこと。スタッフ自身にとっても、楽しく刺激的な職場になるような工夫があった。

子どもたちは、「あそび」を通じて多くのことを学んでいく。身体を動かすことで脳内に共感力のネットワークをつくり、それによって他者理解の能力が発達する。つまり、人間が今のような社会をつくることができたのは、長い進化の過程で「あそび」を強化することで互いの知識や経験を共有できるようになり、社会性を身につけた集団として繋《つな》がってきた、とジャクエツの代表取締役の徳本達郎さんは話す。「人間としての基礎」とも呼べるその共感力を育む〝あそびの環境〟。僕たち大人自身も、今再び「あそび」に関わることで、「集団で生きる人間としての能力」を取り戻すことができる。笑顔が溢《あふ》れる未来を築くためにも——遊ぼう！

What their play nurtures

Children learn many things through play. When they move their bodies, a neuronal network of empathy forms to help them develop the ability to understand others. In short, humans were able to create today's society because they have – over the long evolutionary process – learned to share their knowledge and experiences by better playing, and to form groups and become social creatures. The play environment nurtures empathy, the so-called foundation of humanity. By involving ourselves in play again, we adults can regain the ability to live as a human being in a group.

上／赤白一体型の本体に反射材を装備。 左／上部に「KYブロック800」を差し込むことで連結を強化。

long life design

ロングライフデザイン・ケーススタディ 33

八木熊の「KYブロック」

2020年度 グッドデザイン・ロングライフデザイン賞 受賞

長く売れ続けている「デザイン性」の高い商品の一つ一つには、「長く売れ続けるデザイン以外の理由」があります。「株式会社八木熊」の「KYブロック」は、1999年発売の注水型樹脂製仮設防護柵。視認性と安全性に優れ、ウエイト部分の水量を調整すれば設置撤去も容易で、必要に応じて連結ができ、高速道路や道路工事現場だけでなく、商業施設やイベント会場でも使用されています。インフラ整備工事により目まぐるしく変わる車社会において、車両と歩行者の安全を確保し、作業員の負担を軽減する、現場での需要の高さが、ロングセラーとなっている、もう一つの理由です。（渡邉《わたなべ》壽枝《ひさえ》）

Long-Life Design Case Study 33
Yagikuma's "KY Block"

For each and every of the well-designed products to stay a bestseller for a long time, there are reasons other than its long-selling design. Manufactured by Yagikuma Co., Ltd. (head office in Fukui), "KY Block" is a water-injection type resin temporary guard barrier that was launched in 1999. They are used not only at highways and road construction sites, but also at commercial facilities and event venues thanks to their excellent visibility and safety, easy installation. (Hisae Watanabe)

Good Design Long Life Design Award Winner 2020

Top: Reflective material is added to red-and-white integrated body. Left: Connection reinforced by inserting "KY Block 800" on the top.

“その土地らしさ”がつくるものたち

ふくいもの

日本のものづくりには、長く続いていくものや、衰退してなくなってしまうものだけでなく、住民や行政の応援で復活するものや、移住者や若者の新たな視点でつくられる“新名物”もある。そんな福井県の風土と土地があるからこそ、必然で生まれたものたちを、本誌編集部が、デザインの視点で再定義する、“福井県らしい”ものづくり。

A Selection of Unique Local Products

The Products of FUKUI

Among traditional Japanese products, some have stayed around since eras long past, while others have become lost over time. Our Editorial Department aims to identify, and redefine from a design standpoint, the various Fukui-esque products that were born inevitably from the climate, culture and traditions of Fukui Prefecture.

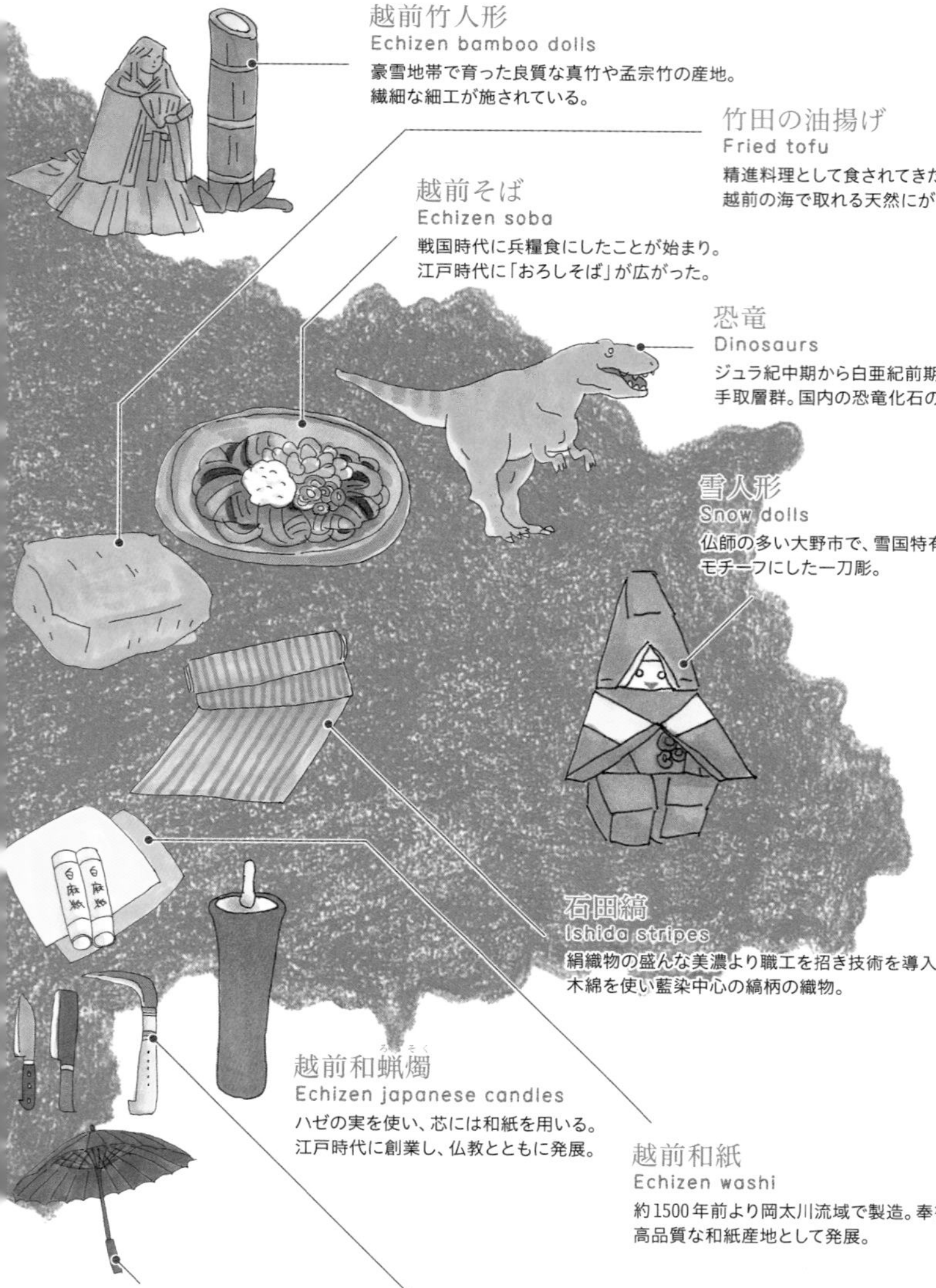

越前竹人形
Echizen bamboo dolls

豪雪地帯で育った良質な真竹や孟宗竹の産地。繊細な細工が施されている。

竹田の油揚げ
Fried tofu

精進料理として食されてきた。白山の清水、越前の海で取れる天然にがりで作る。

越前そば
Echizen soba

戦国時代に兵糧食にしたことが始まり。江戸時代に「おろしそば」が広がった。

恐竜
Dinosaurs

ジュラ紀中期から白亜紀前期にかけてできた手取層群。国内の恐竜化石の約8割を発見。

雪人形
Snow dolls

仏師の多い大野市で、雪国特有のゴザ帽子姿をモチーフにした一刀彫。

石田縞
Ishida stripes

絹織物の盛んな美濃より職工を招き技術を導入。木綿を使い藍染中心の縞柄の織物。

越前和蝋燭《ろうそく》
Echizen japanese candles

ハゼの実を使い、芯には和紙を用いる。江戸時代に創業し、仏教とともに発展。

越前和紙
Echizen washi

約1500年前より岡太川流域で製造。奉書紙など高品質な和紙産地として発展。

越前洋傘
Echizen umbrellas

骨組みは眼鏡枠の、持ち手は越前漆器の技術を活かし、生地は混織羽二重を再現。

越前打刃物《うちはもの》
Echizen knives

京都の刀匠が現在の越前市に来住。鎌などの「廻し鋼着け」や包丁の「二枚広げ」技法が特徴。

越前箪笥《たんす》
Echizen chests

釘を使わない指物技法で作る。越前市には箪笥職人が集まり町を形成、「タンス町通り」がある。

熊川葛
Kumagawa kuzu(arrowroot)

鯖街道の拠点として栄えた熊川宿。日本三大葛の産地の一つで、葛のお茶なども作る。

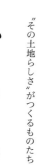

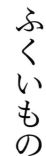

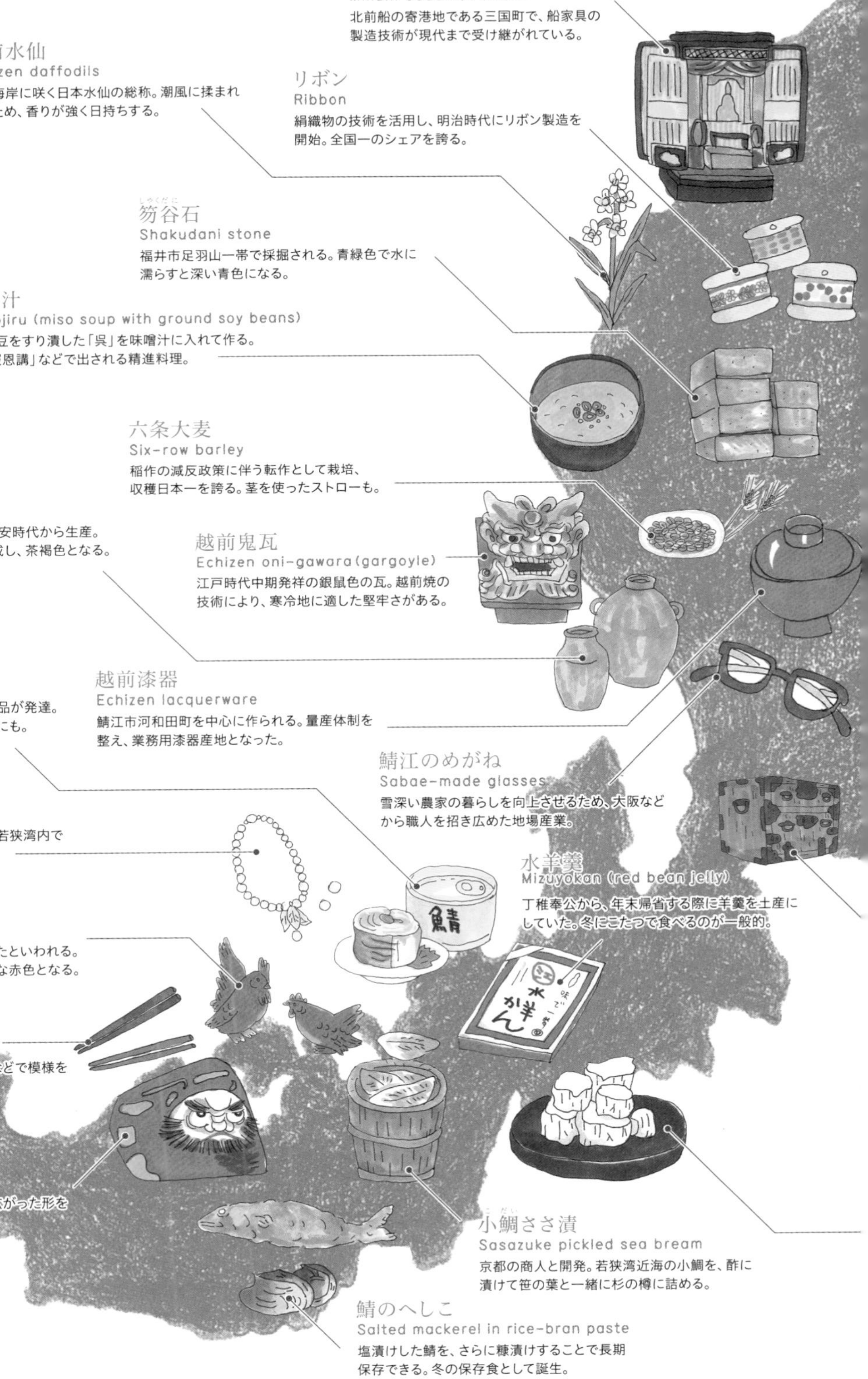

三国仏壇
Mikuni buddhist altars

北前船の寄港地である三国町で、船家具の製造技術が現代まで受け継がれている。

越前水仙
Echizen daffodils

越前海岸に咲く日本水仙の総称。潮風に揉まれ育つため、香りが強く日持ちする。

リボン
Ribbon

絹織物の技術を活用し、明治時代にリボン製造を開始。全国一のシェアを誇る。

笏谷石《しゃくだに》
Shakudani stone

福井市足羽山一帯で採掘される。青緑色で水に濡らすと深い青色になる。

呉汁
Gojiru (miso soup with ground soy beans)

大豆をすり潰した「呉」を味噌汁に入れて作る。「報恩講」などで出される精進料理。

六条大麦
Six-row barley

稲作の減反政策に伴う転作として栽培、収穫日本一を誇る。茎を使ったストローも。

越前焼
Echizen ware

日本六古窯の一つで、平安時代から生産。鉄分の多い土を高温焼成し、茶褐色となる。

越前鬼瓦
Echizen oni-gawara (gargoyle)

江戸時代中期発祥の銀鼠色の瓦。越前焼の技術により、寒冷地に適した堅牢さがある。

鯖缶
Canned mackerel

若狭湾で水揚げが多い鯖の加工品が発達。高校生が開発した鯖缶は宇宙食にも。

越前漆器
Echizen lacquerware

鯖江市河和田町を中心に作られる。量産体制を整え、業務用漆器産地となった。

鯖江のめがね
Sabae-made glasses

雪深い農家の暮らしを向上させるため、大阪などから職人を招き広めた地場産業。

若狭パール
Wakasa pearls

日本最北、波が小さく養殖に適した若狭湾内で採れる。きめが細かく光沢が良い。

水羊羹
Mizuyokan (red bean jelly)

丁稚奉公から、年末帰省する際に羊羹を土産にしていた。冬にこたつで食べるのが一般的。

若狭めのう細工
Wakasa agate work

玉を信仰する鰐族より伝わったといわれる。「石英」を高温で焼き、鮮やかな赤色となる。

若狭塗
Wakasa lacquerware

小浜市で生産。貝殻や卵殻、金箔などで模様を作り、漆を塗り重ねて研ぎ出す。

うるしダルマ
Lacquered daruma

小浜市の郷土玩具。底が平らで広がった形をしているため“転ばない”。

小鯛《こだい》ささ漬
Sasazuke pickled sea bream

京都の商人と開発。若狭湾近海の小鯛を、酢に漬けて笹の葉と一緒に杉の樽に詰める。

鯖のへしこ
Salted mackerel in rice-bran paste

塩漬けした鯖を、さらに糠漬けすることで長期保存できる。冬の保存食として誕生。

Illustration : Kifumi Tsujii

福井県のものづくりの産地を巡る

鯖江の〝めがね〟

神藤《しんどう》秀人《ひでと》

ふくいのめがね

0.2

0.3

0.4

0.5

0.6

Touring Fukui Prefecture's production center

Sabae's glasses

By Hideto Shindo

0.7

0.8

眼鏡の歴史

日本を代表する眼鏡の産地・鯖江《さばえ》。現在、日本製眼鏡の9割以上が、福井県で作られていて、眼鏡歴30年の僕も、改めて自分の眼鏡を確認すると、ほぼ全てが鯖江製だった。視力の悪い人はもちろん、サングラスなどのファッション眼鏡など、眼鏡は、最も身体に近い無類のプロダクトで、現代の日本人にとって一人一本は欠かせない生活必需品。

視力を補う眼鏡が発明されたのは、13世紀のイタリアが初めてで、日本に眼鏡が入ってきたのは、16世紀の戦国時代。フランシスコ・ザビエルによって持ち込まれ、室町幕府の将軍である足利義晴や、江戸幕府を開いた徳川家康も眼鏡を使っていたそうだが、そのほとんどが輸入品だったという。日本で初めて眼鏡が作られたのは、17世紀の長崎。その後、18世紀には大阪、京都、江戸へと徐々に広がり、20世紀に入って製造技術が、初めて福井に伝わった。

「鯖江の眼鏡」の歴史

1905年、福井県足羽《あすわ》郡麻生津《あそうづ》村字生野（現在の福井市生野《しょうの》町《ちょう》）。当時は、農業以外の産業がなく、冬になると雪に埋もれる貧しい農村だったが、その中でも豪農で知られる増永家の長男・五左衛門と、弟の幸八によって、農家の副業として眼鏡づくりがスタート。大阪や東京から眼鏡職人を呼び、技術を学び、もともと細かな作業をこなすことが得意な県民性もあり、のちに日本最大の眼鏡産地へと発展。特に、品質の向上に大きく貢献したのが、「帳場制」だった。帳場同士で切磋琢磨《せっさたくま》し、福井の眼鏡の品質は飛躍していった。その後、「活字文化」の普及とともに眼鏡の需要も増え、増永工場から始まった眼鏡づくりは、現在の福井市から鯖江市をまたがる地域に広がっていった。

眼鏡の博物館

鯖江の眼鏡の特徴は、約250という数多くの工程（海外製の2倍）を経て、1本の眼鏡が作られること。さらに、メタルメーカーの9工程（デザイン・金型・プレス・切削・ろう付け・研磨・検査・表面処理・仕上げ）、プラスチックメーカーの6工程（デザイン・削り・やすりがけ・鼻パット・テンプル・仕上げ）に、全て職人の手が加わっ

History of Sabae Glasses

Sabae, Japan's leading production center of glasses. Today, over 90% of all Japanese glasses are made in Fukui, where the manufacturing technology was first brought in in the 1900s. 1905, Shono-cho. A poor farming village in Fukui that would get snowed in in winter. Enter the Masunaga brothers, two wealthy farmers who started making glasses as a side job. And since the local folks were naturally good at detailed works, it later developed into Japan's largest glasses production center.

Glasses museum

Sabae glasses are unique in the fact that every single pair of glasses undergoes roughly 250 processes, in which craftsman are involved in the entire process. The "MEGANE MUSEUM," a theme park for eyeglasses, is a place where visitors can learn about Sabae's glasses in understand manner and its history.

High-quality glasses

In 1981, "Fukui Koki" ("Create 3") commercialized titanium-framed glasses. Lighter than steel and more (→p. 108)

ている点も特徴。だからこそ、世界一ともいわれる高品質で味のある眼鏡が実現できるのだ。

そんな鯖江の眼鏡のことを、歴史とともにわかりやすく知ることができるのが、眼鏡のテーマパーク「めがねミュージアム」に併設する「めがね博物館」。博物館のディレクションは、大阪府のクリエイティブユニット「graf」が担当。もちろん、鯖江製の眼鏡を購入できるショップも併設していて、鯖江に行った際には、ぜひ覗《のぞ》いてみてほしい。県内の人も多く利用している。

ハイクオリティーな眼鏡

１９８１年には、「福井光器（現クリエイトスリー）」が、チタンフレームの眼鏡を商品化。鉄より軽く、汗による錆《さび》にも強いチタンに着目し、その素材加工技術は、現在では医療、ＩＴの分野でも応用されるなど、日本における技術革新に一役買ってもいる。そんな金属素材の「メタルフレーム」に対して、日常的に使いやすいのがプラスチック素材の「セルフレーム」。以前は、セルロイド素材を使うことが多かったために、この名称が定着しているそうで、最近はほとんどがアセテート素材。カラフルな色や柄物など、さまざまなデザインのフレームを作ることが可能だそうだ。そして、２０２３年には、「BOSTON CLUB」が、ドイツのクリアノヴァ社製のナイロン素材「TROGAMID」を使ったブランド「NORUT」を発表。最大の特徴は、その軽さ。長時間着用しても疲れにくく、アセテート製に比べて、縮みや変形が起こりにくいという。僕も取材中に購入して使用しているが、本当に軽くて掛け心地がよい。そして何よりエッジィでマットな表情がモダン。

「眼鏡キャラ」のイメージを脱却

漫画やアニメ、映画などの主人公に代表されるように、眼鏡のイメージは、未《いま》だに「真面目な人」という固定概念が残っている。「勤勉さ」という意味では、〝福井らしさ〟でもあるが、そのイメージは、メーカー側としては大問題。確かに、僕も学生時代は、「めがね君」なんてニックネームを付けられそうになったこともあるし、日本人のサラリーマンを印象づけるアイコンにもなっている眼鏡は、できることならば掛けたくなかった。

先に登場した「BOSTON CLUB」は、どこ

resistant to rust caused by perspiration, the company now applies its titanium processing technology in the medical and IT fields, playing a role in the technological innovations in Japan. Unlike metal frames, celluloid frames are made of plastic and easier to use on a daily basis. Most of the celluloid frames now are actually acetate, which offers more diverse design, color and pattern choices.

Breaking away from the "four-eyes" image

To this day, the stereotype about glasses-wearing people as serious remains. Although the image of diligence is such a Fukui thing, it is a matter of life and death for the manufacturers. In Sabae, where licensed brands and OEM production were at their height, BOSTON CLUB was the first to propose glasses as a fashion item and developed its own brands. Based on the idea of marketing "Made-in-Japan" glasses to the world, they launched "JAPONISM," a line of highly fashionable and functional. In 2009, they opened their flagship store, "GLOSS GINZA," in Ginza, Tokyo, and have been promoting their eyewear on famous (→p. 111)

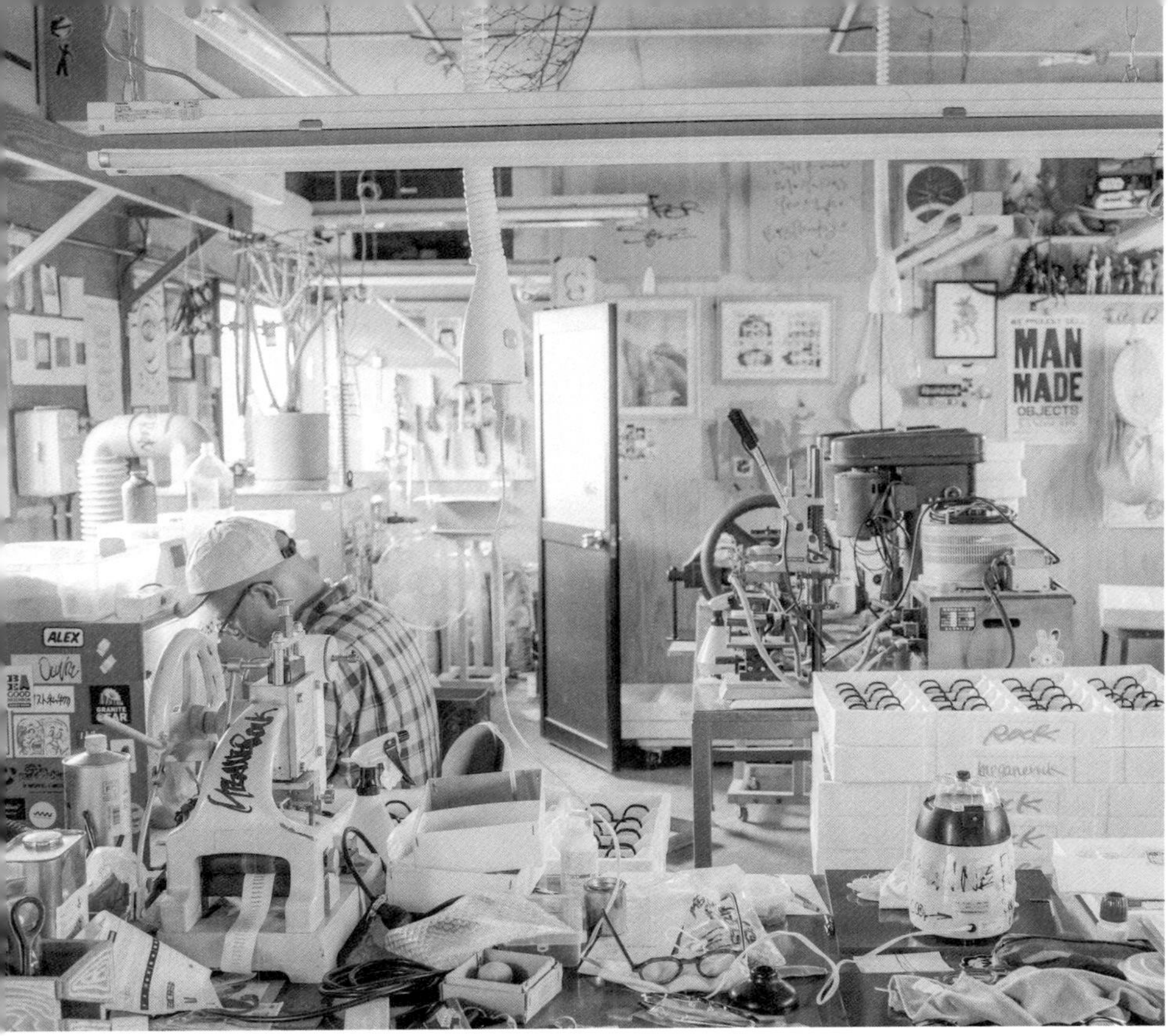
ALEX
MAN
MADE
OBJECTS

サン・オプチカル
SUN·OPTICAL CO.LTD.
meiji

OMAEGA
ROCH!?
OUR EXHIBITION WILL BE HELD ON END OF THIS YEAR
SHUT UP AND

よりも先に「ファッション」としての眼鏡を提案。ライセンスブランドや、OEM生産が全盛だった鯖江にあって、自社ブランド展開の先駆けとなった。メイドインジャパンの眼鏡を、世界にアピールするという理念の下、ファッション性の高さに加え、鯖江の技術に裏打ちされた機能性の高さも併せ持つ「JAPONISM」。

２００９年には、東京・銀座に直営の販売店「GLOSS GINZA」をオープンし、スタイリストを通じて自社の眼鏡を有名タレントに使用してもらって発信してきた。さらに、全国的に広がるインダストリアルツーリズム（産業観光）への関心の高まりと、北陸新幹線の延伸という追い風もあり、２０１７年には、鯖江市の本社に隣接するビルをリノベーションして「ボストンクラブビル」をオープン。直営店やミュージアム、ラボなどが入り、商品だけでなく、鯖江に根ざしたものづくりも発信している。

自分らしい眼鏡

パソコンやタブロイドの普及もあり、今でこそ「JINS」や「Zoff」といった低価格帯の眼鏡チェーンが誕生し、身近になった眼鏡。しかし、BOSTON CLUBのようなファクトリーブランドの眼鏡店がまだない頃は、眼鏡というと〝眼鏡のセレクトショップ〟で購入するのが当たり前だった。現代では、ライフスタイルショップでも本格的な眼鏡を購入できる機会も増え、ファッションとしての眼鏡の存在がだいぶ浸透していることを改めて感じる。

そんな中、僕が数年前から愛用している「MEGANEROCK」は、初めて眼鏡店以外で購入した眼鏡。工房のある鯖江にも直営店はなく、取り扱う店は、ライフスタイルショップのみ。作り手の雨田大輔さんは、たった一人（たまに奥さんも手伝う）でデザインから量産、営業までのほとんどを行なう独立独歩のスタイル。流行や同業者には一切目もくれず、「自分が掛けたい眼鏡を作りたい」という一心不乱な眼鏡づくりは、ある意味アート活動のよう。工房の壁に貼られたスケッチには、ポップで楽しげな眼鏡の人々が描かれていて、それこそがMEGANEROCKの世界観（「福井号」の表紙に採用させていただきました）。もともと鹿児島県出身の雨田さんは、アパレル業界で働く中、作り手の見えるものに憧れ、眼鏡に出会った。２００７年に鯖江に来て、「金子眼鏡店」でひと通りの技術を学び、２０１４

competitors, is like making art. The sketches on the walls of his workshop depict people in pop, fun glasses – this is the worldview of his brainchild, “MEGANEROCK.”

There are probably some visitors to Sabae who want to purchase a pair of glasses that are uniquely them. “Tanaka Gankyo Honpo – Romando,” a store that custom makes eyewear, is their answer. Owner Katsuya Ozao is familiar with the big eyewear factory that is Sabae with its many craftsmen, and is able to handle a variety of orders. He listens to the customers and draws blueprints of the glasses based on what they want, just for them.

From “Glasses” to “Megane”

Sabae City has been working on developing itself as “Sabae, the City of Megane”. The word “*megane*” (“glasses” in English) is plastered all over the city. Since its beginnings as a side hustle during the off-season of farming about a century ago, Sabae glasses has stayed up-to-date with changes in both technology and design. It is my hope that Sabae will continue to be a world-class production center of glasses.

年に独立。眼鏡屋であり、眼鏡でないものまでつくる人——これが僕が感じた雨田さんの印象。レンズを入れて実用的に掛けてもいいし、何本か持って服に合わせてコーディネートしてもいいし、思い思いに〝メガネロックワールド〟を楽しんでほしい。掛ける喜びを実感できる眼鏡。ここぞとばかりに掛けています。

鯖江に来たならば、とにかく自分だけのオリジナルの眼鏡を購入したい、という人もいるだろう。そんな願いを叶《かな》えてくれるのが、オーダーメイドショップ「田中眼鏡本舗 浪漫堂」だ。店主の小棹《おざお》克也さんは、たくさんの職人を擁する鯖江という大きな〝眼鏡工場〟を熟知していて、多様なオーダーにも対応してくれる。ご本人も図面を描けるから、お客さんの希望を聞いた上で、その人のための一本を作ってくれる。セミオーダーシリーズ（店のオリジナルフレームをベースに組み立てる）も、初心者にはお薦め。

「眼鏡」から「めがね」へ

鯖江市は、〝めがねのまちさばえ〟というまちづくりを続けてきた。街中の至る所に「めがね」の文字がちりばめられ、道路や宿泊施設、郷土菓子にフェスまで全てに「めがね」。「眼鏡」を「めがね」に統一し、イメージを一新。産地をブランド化してきた成果は、さまざまに生まれている。だが、大切なのは、そのブランド力を足がかりに良い眼鏡を作っていくこと。実用的でもファッション的でも、本質を見失わない〝鯖江ならではのデザイン〟の眼鏡を僕たちは望んでいる。およそ100年前、農閑期の副業として始まって以来、技術やデザイン共にアップデートしてきた鯖江の眼鏡。この先も、世界に誇れる眼鏡産地であってほしい。

18世紀には片眼鏡が流行する

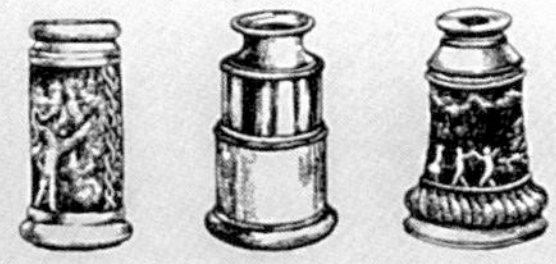

芸術品のようなプロスペクトグラスが生まれる

celebrities by getting their stylists to put it on them. In 2017, they renovated a building next to their headquarters in Sabae City and opened Boston Club Building in light of growing interest in industrial tourism across Japan as well as riding the tailwind on the expansion of the Hokuriku Shinkansen lines.

Glasses that are uniquely you

Based in Sabae, where his workshop is, they do not run any retail outlets, and only in lifestyle stores can you find their eyewear. The creator, Daisuke Amada, is a one-man operation who handles everything from design to mass production and sales. In a way, his single-minded devotion to “making glasses I want to wear,” without paying heed to trends or other

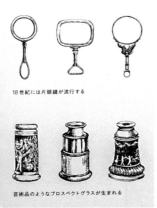

編集部がお薦めする福井県の名物

美味しいおろしそば

福井でいう「越前そば」とは、大根おろしを使った「おろしそば」のこと。小ぶりの器に、蕎麦と鰹節《かつおぶし》と大根おろしをのせて出汁《だし》をぶっかけるのが定番で、冬でも冷たいのが当たり前。その潔《いさぎよ》いスタイルに編集部もどハマり。〝ラーメンよりも蕎麦〟な福井県民お薦めの蕎麦店の中でも、編集部がもう一度行きたい、お気に入りを厳選。

1. しょうゆおろし　「あらびき」「ちゅるちゅる」「ぴろぴろ」……全種食べたいと思うけど、初めて来店する人は、ひと呼吸して決めてください。全部うまい。(990円)

ポポー軒　福井県福井市順化《じゅんか》1-6-3
☎0776-97-6906　ランチ 12:00–14:00
ディナー 19:00–22:00　月曜休
Popo-ken　Junka 1-6-3, Fukui, Fukui
Lunch 12:00–14:00　Dinner 19:00–22:00
Closed on Mondays

2. 塩だしおろしそば　「塩だし」という初めての美味《おい》しさに驚いた越前そば。醤油だしや生醤油でいただくメニューもあって、中には2皿注文する常連さんも。(800円)

そば処 一福　福井県今立郡池田町稲荷 34-24-1
☎0778-44-6121　11:00–15:00　火曜休
(祝日の場合は翌日休)　www.ippuku-shiosoba.jp
Soba House Ippuku　Inari 34-24-1, Ikeda-cho, Imadate-gun, Fukui　11:00–15:00　Closed on Tuesdays (for Tuesday that are national holidays, closed on following day)

3. 天おろし　綺麗《きれい》な越前そばに見惚《と》れてしまうが、すぐさま大根おろしの辛さにヒーヒーする。しかし、これがたまらないのです！　天ぷらの旨味《うまみ》も絶妙に引き立つ。(1,200円)

遊亀庵かめや　福井県越前市東千福町《ひがしせんぷくちょう》 27-37
☎0778-22-0399　11:00–18:00　木曜休
www.instagram.com/yuukiankameya/
Yukian Kameya　Higashisenpuku-cho 27-37, Echizen, Fukui　11:00–18:00　Closed on Thursdays

offer it with soy sauce dashi and fresh soy sauce.

3. *Ten-oroshi*
I'd never had such beautiful Echizen *soba* before. The spicy grated radish instantly brought me back from my fascination with its presentation.

4. Echizen *oroshi-soba*
Recommended by the locals as the place to go for Echizen *soba*.

This is the ultimate *oroshi-soba*: simple and impressive.

5. *Iso-oroshi*
While Echizen *soba* in Echizen ware is common now, this's the place for truly great and delicious food.

6. Famous *oroshi-soba*
Not only is it a favorite of historical big names, their *matcha-soba* in *dashi* infused with grated radish juice is exquisite.

5

5. 磯おろし　「越前焼」に「越前そば」――今では当たり前のことかもしれないが、本当に素敵で、本当に美味しいのはここだけ。越前陶芸村にあるのも訪れる理由の一つ。(800円)

十割蕎麦 だいこん舎　福井県丹生《にゅう》郡越前町小曽原《おぞわら》120-3-20　☎0778-32-3735
11:00–15:00（土・日曜・祝日は –17:00）　月曜休（祝日の場合は翌日休、臨時休業あり）
www.soba-daikonya.com
Juwari Soba Daikonya　Ozowara 120-3-20, Echizen-machi, Nyu-gun, Fukui
Closed on Mondays（for Monday that are national holidays, closed on following day. Close occasionally.）

4

4. 越前おろしそば
地元の人に「越前そば」ならまずはここ、とお薦めされた名店。シンプルかつ印象的な"これぞおろしそば"。大盛りにすればよかったと後悔するのも思い出。(680円)

森六　福井県越前市粟田部町《あわたべちょう》 26-20
☎0778-42-0216　11:00–14:00（土日祝は –15:00）
月曜休、第３火曜休（祝日の場合は営業、翌日休）
moriroku-soba.com
Moriroku　Awatabe-cho 26-20, Echizen, Fukui
11:00–14:00（Till 15:00 on weekends & holidays）
Closed on Mondays, every 3rdTuesday（Open if national holidays, closed on following day）

6

6. 名代おろし蕎麦　さまざまな文化人に愛されたという歴史もさることながら、抹茶を練り込んだ蕎麦に、からみ大根おろしの搾り汁と生醤油を合わせた出汁は極上。(960円)

うるしや　福井県越前市京町 1-4-26
☎0778-21-0105　ランチ 11:00–15:00（L.O.14:30）
ディナー 17:30–21:00（L.O.20:30）水曜休、第１火曜休
urushi-ya.com　**Urushiya**
Kyo-machi 1-4-26, Echizen, Fukui
Lunch 11:00–15:00（L.O. 14:30）
Dinner: 17:30–21:00（L.O. 20:30）
Closed on Wednesdays & every 1st Tuesday

Fukui Prefectural Specialty Recommended by the Editorial Department

Delicious *oroshi-soba*

Echizen *soba* in Fukui refers to *oroshi-soba* that is usually served with bonito flakes and grated radish in a smallish bowl with *dashi* poured over it. Even the Editorial Department found its minimalistic style charming. We have handpicked our favorites from the many restaurants that we would like to visit again.

1. Soy sauce *oroshi-soba*
The entire menu looks yummy: "*Arabiki*," "*Piropiro*" ... but if it's your first time, please pause for a while before you decide.

2. Salt *dashi oroshi-soba*
The taste of salt *dashi* Echizen *soba* wowed me. They also

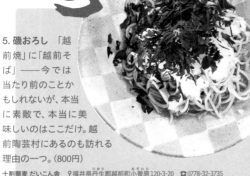

福井県の〝天然記念物〟に学ぶ

わかりやすい恐竜

世界三大恐竜博物館の一つに称される「福井県立恐竜博物館」。周辺では、今もさまざまな発掘調査が行なわれています。新種の恐竜も複数発見され、２０１７年には国の天然記念物に指定された屈指の恐竜王国。子どもも大人もみんな大好きな恐竜の不思議、できるだけお答えします。

1. 恐竜が生きた時代

恐竜は、2億3300万年前頃に現れ、6600万年前頃にほとんどが絶滅しました。地球が誕生したのは約46億年前ですので、地球規模でいうと最近の話。5億3800万年前頃までの期間は、古い時代から順に「古生代」「中生代」「新生代」に分けられます。ちなみに、古生代よりも前は「先カンブリア時代」とされています。恐竜の生きていた「中生代」はさらに細かく分けられ、古い方から「三畳紀」「ジュラ紀」「白亜紀」といいます。

1. The age of the dinosaurs　Dinosaurs first appeared about 233 million years ago and died out around 66 million years ago. Considering the earth is 4.6 billion years old, that's pretty recent. The time when dinosaurs lived is known as the Mesozoic Era, which is itself divided into the Triassic, Jurassic, and Cretaceous Periods.

2. なぜ「恐竜」と呼ぶの?

「恐竜」という名前は、1842年に作られた「DINOSAURIA」という新しい動物グループの名前を日本語に訳したものです。これは、ギリシャ語の「deinos sauros」に由来し、「恐ろしいほどに大きい」という意味の「deinos」と、「トカゲ」を意味する「sauros」を合わせて作られた言葉。

Why are they called "dinosaurs"?　The name "dinosaur" was coined in 1842. It comes from the Greek words "deinos sauros," meaning "large and fearsome lizard."

Learning from Fukui Prefecture's "natural monuments"

A beginner's guide to dinosaurs

Fukui is Japan's dinosaur kingdom. The Fukui Prefectural Dinosaur Museum is one of the world's three greatest dinosaur museums; even today, scientists continue to dig up fossils nearby. How much do you know about these ancient beasts?

3. 恐竜って どんな生き物?

恐竜は、爬虫《はちゅう》類の仲間です。恐竜とそれ以外の爬虫類にはさまざまな違いがありますが、最も大きな特徴は「足」にあります。ワニやトカゲは、足が体の左右へ伸びていますが、恐竜は、足が体の下へまっすぐに伸びています。恐竜類とは、「足がまっすぐ下に伸びる“陸上爬虫類”」と覚えておけば簡単。ということは、空を飛ぶ「プテラノドン」や、水中を泳ぐ「モササウルス」などは、この特徴がないため、実は恐竜類ではないのです。

What kinds of creatures were dinosaurs? Dinosaurs were land-dwelling reptiles with legs that extended downward from their bodies, unlike other reptiles like crocodiles and lizards whose legs extend to the side. That means that flying reptiles like Pteranodon and swimming ones like Mosasaurus weren't actually dinosaurs.

4. 今も街じゅうに 恐竜がいる?

鳥類は、羽毛の生えた獣脚類(羽毛恐竜)の仲間だと考えられています。ですので、現在も、1万種ほどの恐竜が世界中にいることになります。爬虫類と鳥類の特徴を持つ「始祖鳥」と、それ以降の子孫が「鳥類」と呼ばれています。

Are dinosaurs still among us? There are actually still about 10,000 species of “dinosaurs” living today. The descendants of Archaeopteryx, a dinosaur that had both avian and reptilian features, are what we call “birds.”

5. なぜ絶滅したの?

恐竜の絶滅には、いろいろな説がありますが、まだ完全にわかっていません。例えば、「巨大な隕石《いんせき》が落ちてきたから」という説がありますが、隕石は確かに落ちてきましたし、そのタイミングで恐竜が大量絶滅したのも本当ですが、それが絶滅にどう繋がったのかは、まだ研究中なのです。多くの恐竜は絶滅しましたが、鳥類や哺乳類、ワニ、カメなどは生き延びることができたのです。それはなぜでしょう……

Why did the dinosaurs die out? There are many theories. Some say they were killed by a giant meteor that fell around that time, but scientists are still researching how the two events are related. And even though the dinosaurs died, how did birds, mammals, crocodiles, and turtles all manage to survive?

Illustration : Kifumi Tsujii

6. “恐竜デザイナー”はいるの?

人類が生まれる前に絶滅した恐竜。誰も見たことはないのに、どのように当時の恐竜の姿をイメージし、デザインしているのか。もちろん、『ポケットモンスター』などのようにキャラクターデザイナーがいるわけでもありません。化石を調べる研究員たちによって、理論的に恐竜は復元されているのです。歯の化石を調べれば、その恐竜が何を食べていたのかがわかります。骨の化石が見つかれば、体の大きさが推定できます。骨がたくさん見つかれば、骨格がわかりますし、筋肉のつき方などもわかり、どのような形だったかもわかってきます。四足歩行か、二足歩行か、走るスピードや動き方まで想像できます。恐竜と一緒に葉っぱの化石などが見つかれば、そこから恐竜の生活環境もわかります。群れで動いていたとか、巣を作っていたとか、子育てをしていたとか……もはやデザイナーというより、探偵と言えます。

Are there “dinosaur designers”? No one's ever seen a dinosaur, so how do we picture what they looked like? By using fossils. Different kinds of fossils tell us different things. A tooth may tell us what a dinosaur ate, while a bone may tell us how big it was. With enough bones, we can imagine its shape, how fast it ran, and so on. You could say it's more like detective work than design work.

7. 恐竜の色ってどうやって復元するの?

実は、ほとんどの恐竜の色はわかっていないのです。なぜなら化石に色がわかるような証拠は、ほぼ残っていないから。多くの「復元画」では、今の爬虫類や、鳥類を参考にして恐竜の色を塗っています。例外として、近年、何種類かの「羽毛恐竜」では、色のもととなる色素の痕跡が残されていたそうで、カラフルな“復元恐竜”も増えてきています。

How do we know what color dinosaurs were? We don't, really, because fossils tell us almost nothing about it. Most reconstructions use modern reptiles and birds as models for coloring. An exception is some types of feathered dinosaurs, whose fossil feathers have pigments that allow for colorful reconstructions.

8. なぜ福井県なの?

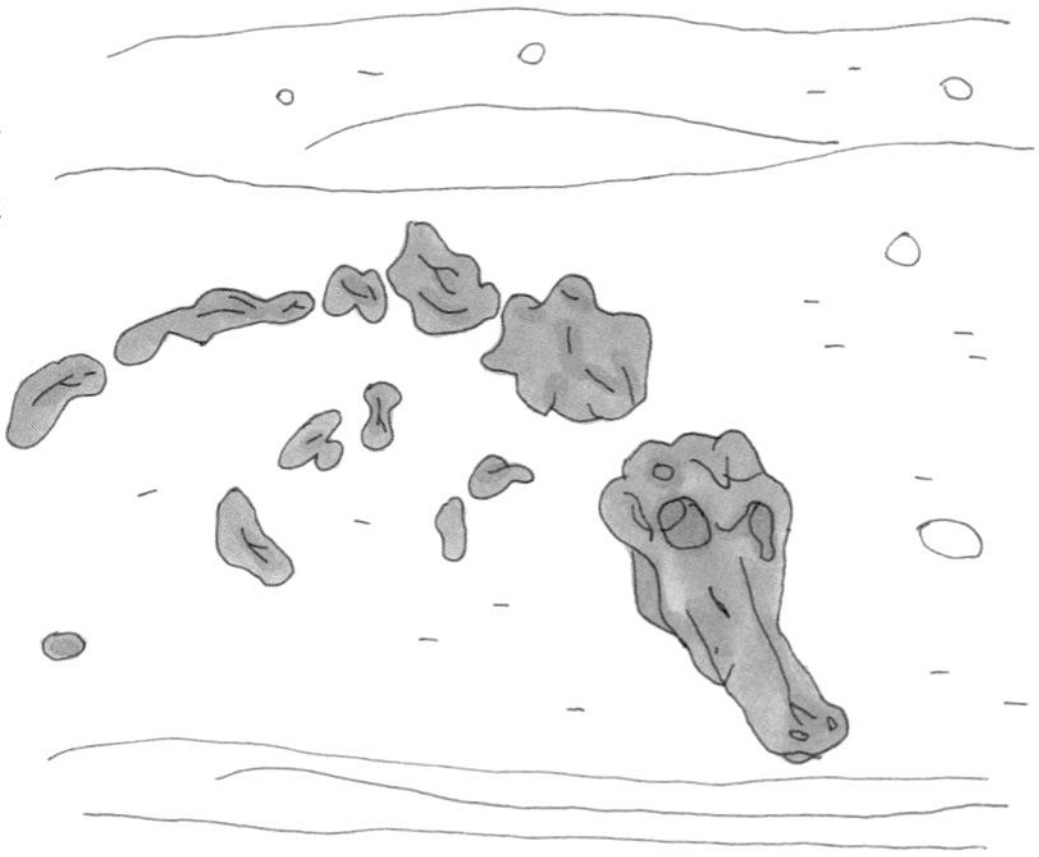

それは、恐竜が暮らしていた時代の「地層」があるからです。富山県から石川県、福井県、岐阜県にかけて広がる「手取《てとり》層群」は、恐竜の生活していたジュラ紀中期から白亜紀前期にかけてできた地層で、多くの恐竜や植物の化石が見つかっています。福井県では、1982年に発掘調査をしていたところ、ワニの化石が出てきて以来、福井県立博物館(のちの「福井県立恐竜博物館」)を中心に積極的に調査活動を行なってきました。現在、国内で発見された恐竜化石の約8割もが福井県で見つかっています。ちなみに、日本で最初に恐竜化石が見つかったのは、1978年の岩手県で、その後、1道16県で恐竜化石が発見されています。

Why Fukui? Because the Tetori Group, a geological formation that stretches from Toyama to Gifu, contains many fossils from the mid-Jurassic to the early Cretaceous, when dinosaurs lived. Today, about 80% of all dinosaur fossils found in Japan come from Fukui. The first dinosaur discovery in Japan was in Iwate in 1978, and they've since been found in 17 prefectures nationwide.

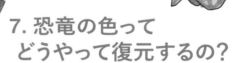

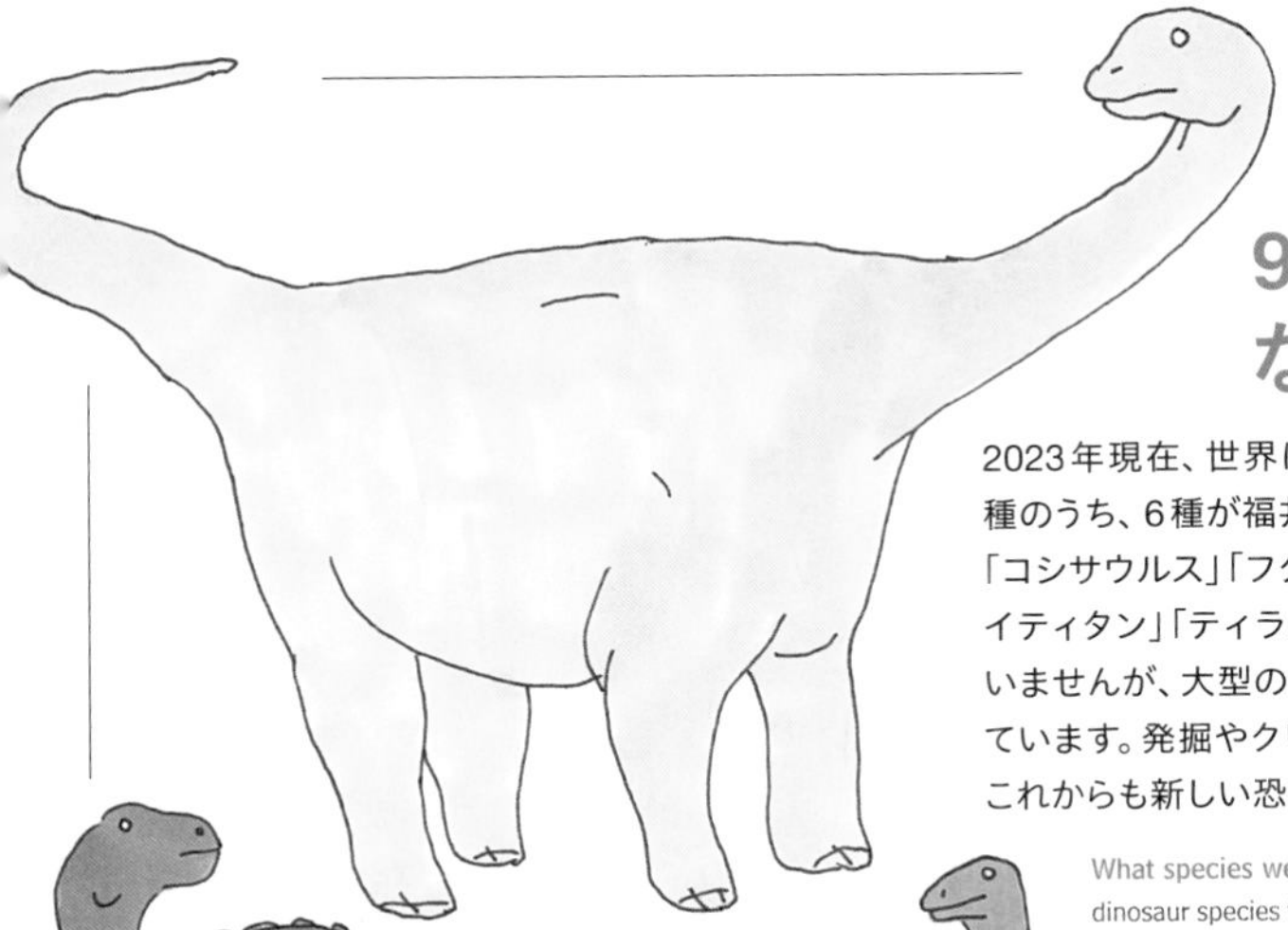

9. 福井県ならではの恐竜は?

2023年現在、世界に認められている日本産の新種恐竜11種のうち、6種が福井県で見つかっています。「フクイサウルス」「コシサウルス」「フクイラプトル」「フクイベナートル」「フクイティタン」「ティラノミムス」です。また、名前は付いていませんが、大型の「スピノサウルス」類なども見つかっています。発掘やクリーニング作業は今も続いているので、これからも新しい恐竜が発見されるかもしれません。

What species were discovered in Fukui? As of 2023, six of the 11 dinosaur species first discovered in Japan came from Fukui: Fukuisaurus, Koshisaurus, Fukuiraptor, Fukuivenator, Fukuititan, and Tyrannomimus. New fossils are still being uncovered and cleaned, so there may yet be more discoveries.

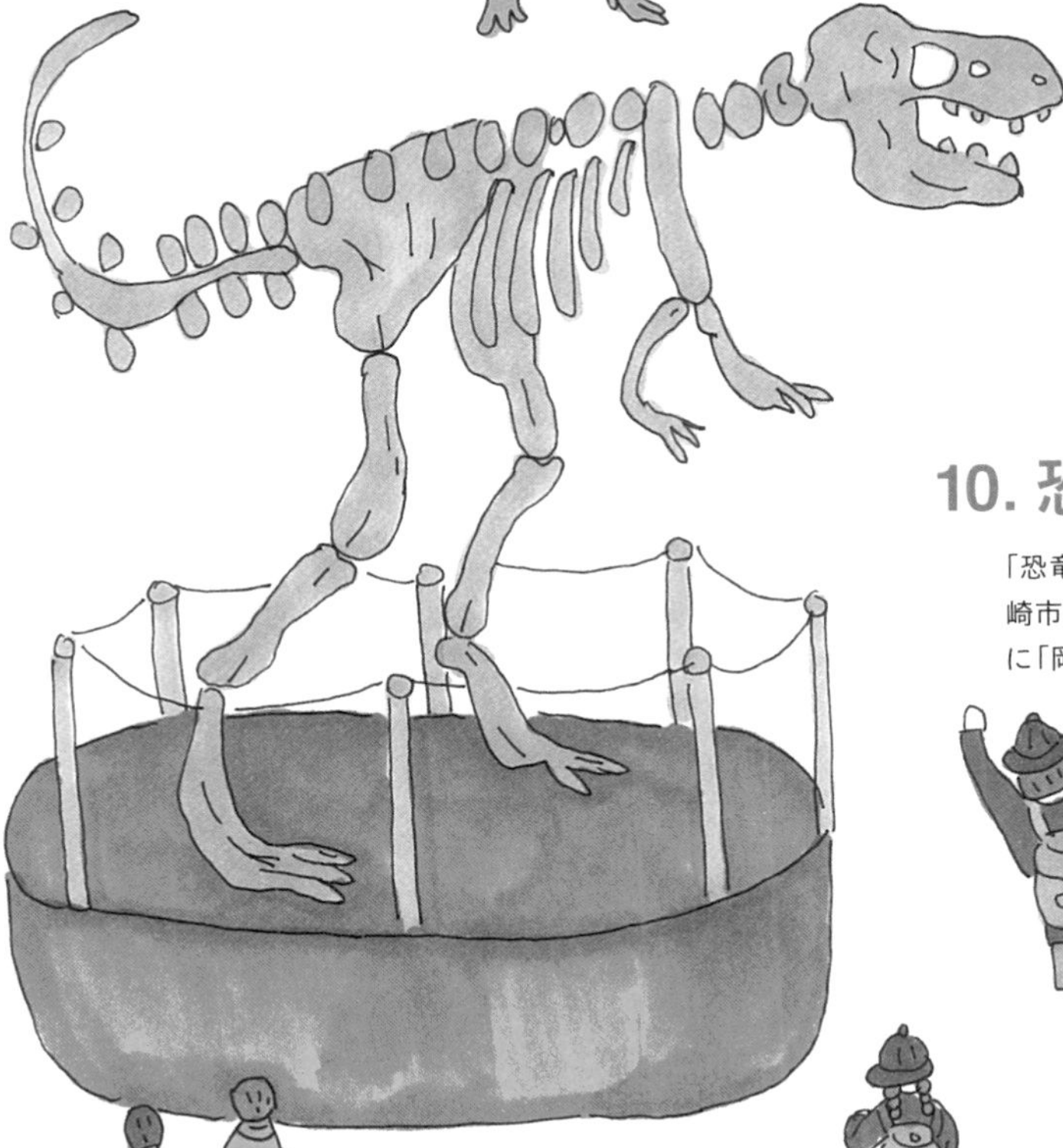

10. 恐竜に会える場所は?

「恐竜博物館」は、国内では福井県のほかに、長崎県に「長崎市恐竜博物館」、熊本県に「御《み》船町《ふねまち》恐竜博物館」、岡山県に「岡山理科大学 恐竜学博物館」があります。その他、東京都の「国立科学博物館」など、日本中には恐竜の全身骨格を展示している博物館がたくさんあります。海外では、カナダの「ロイヤル・ティレル古生物学博物館」、中国の「自貢恐竜博物館」、アメリカの「アメリカ自然史博物館」などなど。

Where can I see dinosaurs? Besides Fukui, there's the Nagasaki City Dinosaur Museum, the Mifune Dinosaur Museum in Kumamoto, and the Museum of Dinosaur Research at Okayama University of Science. Complete dinosaur skeletons can also be seen in other museums throughout Japan, such as Tokyo's National Museum of Nature and Science. Outside Japan, you might try the Royal Tyrell Museum in Canada, the Zigong Dinosaur Museum in China, or the American Museum of Natural History in the US.

福井県発祥の文化

田中さん、「微住®」って何ですか？

神《しん》藤《どう》秀《ひで》人《と》

The culture that started in Fukui Prefecture

Tanaka, what exactly is “bijyu?”

By Hideto Shindo

田中 佑典　福井県福井市出身。職業、生活藝人。アジアにおける台湾の重要性に着目し、2011年から日本と台湾を行き来しながら、台日間での企画やプロデュース、執筆、クリエイティブサポートを行う“台日系カルチャー”のキーパーソンとしても活動。福井発祥の新しいローカルの旅の形『微住®』を提唱。2018年度ロハスデザイン大賞受賞。新しい語学教室『カルチャーゴガク』主宰。著書に『カルチャーゴガク～台湾旅を楽しむための田中式コミュニケーション術～』(インセクツ)。

Yusuke Tanaka　A lifestyle artiste born in Fukui City, Fukui Prefecture that communicates new values, cultures, and words he coined up, through his life. Since 2011, he has been traveling between Japan and Taiwan as he focuses on the latter's importance in Asia. He is the key figure in planning, production, writing, and creative support for “Japan-Taiwan culture,” and champions a new form of local travel that started in Fukui: “*Bijyu®*” (short-term stays of about one to two weeks in a specific area).

生活藝人・田中佑典

髪を結い、法被《はっぴ》に菅笠《すげがさ》、レギンスにスニーカー。袈裟《けさ》袋ならぬサコッシュを首から下げ、杖を持って歩く姿は、一見四国のお遍路さんなのだが、大道芸人のように華やかで楽しげ。彼の名は、田中佑典さん。肩書きは、生活藝人・文化プロデューサーで、一体何者？　と、思うかもしれない。しかし、彼の言動は、明瞭で明快、極めて痛快。知る人ぞ知る、〝その土地らしさ〟のスポークスマン。僕が、福井で最も会いたかった人だ。

アジアにおける台湾の重要性にいち早く着目して、２０１１年から東京を拠点に、日本と台湾を行き来してきた田中さん。「カルチャーゴガク」という新しいスタイルの語学塾をはじめ、日台間での企画やプロデュース、執筆、クリエイティブサポートなどを行なってきた。その一環で制作していたカルチャーマガジン『ＬＩＰ離譜』の出版イベントで出会った僕たちは、その後、プライベートでも度々会うようになって、その都度、田中さんはさまざまな知人を紹介してくれ、当時、トラベル誌の仕事に就いたばかりの僕にとっては、異文化交流のお手本のような存在だった。

地方の〝旨味《うまみ》〟を味わう、ロングライフな旅

福井県福井市出身の田中さんは、まだ「インバウンド」という言葉もない頃から、台湾の人向けの福井マップを作ったり、地元福井と台湾を繋《つな》ごうと水面下で働きかけていたという。そうした活動は、周囲を巻き込み、２０１７年、いよいよ本格始動。彼は、福井県の魅力を紹介するガイドブックを作ることになった。その頃、地方が観光客を呼び込む手段として挙げていたのは、どこも米や酒などの

Yusuke Tanaka, Lifestyle Artiste

One of the first to notice the importance of Taiwan in Asia, Yusuke Tanaka has been traveling between Japan and Taiwan since 2011. He has worked on planning, production, writing, and creative support for Japan-Taiwan projects and set up a novel language school called Culture Gogaku. We first met at a publication event for his culture magazine, "LIP" We met up often after that and he would introduce various people to me. I'd just started working for this travel magazine then and he was like a role model for me in terms of cultural exchange.

A lifelong journey to savor the charm of the region

A Fukui native, at a time when the word "inbound" did not even exist, Tanaka says that he created a map of Fukui for the Taiwanese and worked behind the scenes to connect his hometown with Taiwan. In 2017, he decided to move back to his hometown and created a travel guide about the charms of Fukui. At that time, almost all the regions relied on local specialities to attract tourists. He thought that won't do, and came up with the concept of "*bijyu*." His time of *bijyu* in Fukui with the editorial staff of "秋刀魚" (Sanma), (→p. 121)

龍鳳呈祥
內門：囍
各種筵席承辦
6671590.6673366

微住発祥之地
二〇二〇年三月一日

青花魚
日本最幸福的城市
臺日雜誌聯手的旅遊全新提案
旅行後、定居前 我們在福井「微住」中
ここは日本で一番幸せなまち。
台湾と日本の2つの雑誌が手を組み、新しい旅のスタイルを提案します。
移住でもなく、わたしたちは福井に「微住」中。

「特産物」ばかり。それではいけないと、彼がコンセプトとして考えたのが「微住®」だった。そして、台湾の雑誌『秋刀魚（さんま）』の編集部などと一緒に福井に〝微住〟してまとめたのが『青花魚（さば）』だ。いわゆる観光資源ではなく、地元の人と交流しながら得られるローカルな〝生活資源〟を紹介した。

「微住」とは、特定の地域に1〜2週間程度滞在すること。観光以上、移住未満の視点から、さまざまな地域を俯瞰してみるものだという。「ちょっと住む」という単純なことではなく、継続的にその土地とゆるく繋がっていくこと。長く愛され続ける「ロングライフデザイン」の概念のように、地域との無理のない健全な関わり方を大切にしている。

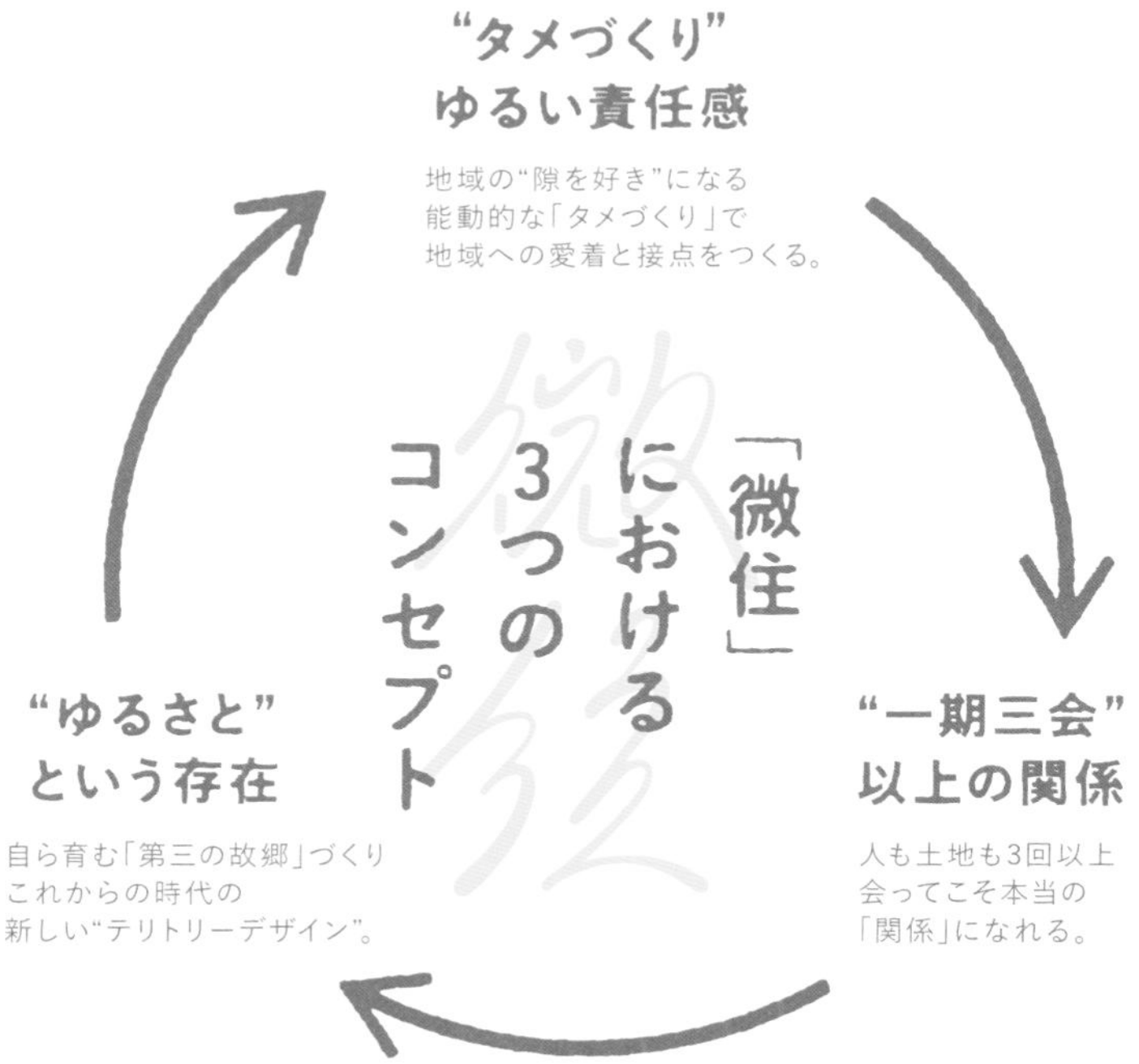

「微住」における3つのコンセプト
“タメづくり”
ゆるい責任感
地域の“隙を好き”になる
能動的な「タメづくり」で
地域への愛着と接点をつくる。
“一期三会”
以上の関係
人も土地も3回以上
会ってこそ本当の
「関係」になれる。
“ゆるさと”
という存在
自ら育む「第三の故郷」づくり
これからの時代の
新しい“テリトリーデザイン”。

a Taiwanese magazine, led to the creation of “青花魚” (Saba): A magazine introducing lifestyle attractions instead of tourist ones.

Bijyu is a short-term stay of about one to two weeks in a specific area. Tanaka touts it as a way of getting a general feel of various regions; better than tourism, but not quite on the level of immigration. It goes beyond simply living there for a while; one comes home with a casual, ongoing connection with the land. Like the idea of “Long-Life Design,” *bijyu* prizes a wholesome and sensible relationship with the community.

A culture that started in Fukui

Tanaka's first *bijyu* was at the Togo area of Fukui – now his third hometown where he is currently based. After “Saba” was published in 2018, he began coordinating *bijyus* throughout the prefecture. He was involved in the establishment of Arashima Hostel in Ono City, where he renovated it while *bijyu*-ing with some Taiwanese folks; he also combined *bijyus* with craft-making (an example is making the traditional Echizen lacquerware) in Kawada, Sabae City. Tanaka was forced to suspend *bijyus* during the pandemic, so he turned to “*bihenro*” (pilgrimages × life trip) across the prefecture.

(→p. 122)

福井発祥のカルチャー

最初の〝微住地〟福井市東郷地区は、現在、田中さんも拠点にしている彼にとっての〝ゆるさと〟でもある。2018年の『青花魚』の発刊以来、県内各地での微住をコーディネートしてきた田中さん。大野市では、ゲストハウス「荒島旅舎」の立ち上げに関わり、台湾の人と微住しながらみんなで建物をリノベーションした。鯖江《さばえ》市河和田《かわだ》地区では、越前漆器をはじめとする伝統的工芸品の体験など「ものづくり」を微住に組み合わせたりもした。コロナ禍に入り、微住も中断せざるを得ない時には、県内を歩いて縦断する「微遍路」を行なった田中さん。これまで車や電車を使い、点と点では知っていた福井だが、本当の土地の魅力は、その間の〝グラデーション〟の中にあるのではないかと2年かけて往復した。オリジナルの法被やサコッシュ、主題歌（『微遍路音頭』）までも、過去の関係性からさまざまなクリエイターと作った。

官民、有名無名区別せず、全ての人と交流を深め、ついに微住は、山形県や、福島県、埼玉県、愛媛県など日本各地へと広がっていき、受け入れも台湾に限らず日本人にも広がった。

微住から学ぶ日本の観光

彼と再会して改めて僕は思う。『d design travel』の進むべき先は、日本全国47都道府県を制覇（刊行）することではなく、各地域に対しての意識改革なのではないか。好きなものも、嫌いなものも、日本中のみんなが〝親友のような関係性〟をつくること。日本は、今でこそさまざまな観光資源を掲げて意気揚々と地域開発が進む時代。しかし、もともと地域に根づく土着的な文化は、今も日常の暮ら

Up till then, he'd only gotten around in Fukui by cars or trains and known specific areas. He felt that he was missing out on the real charm that lay in the continuum of the land, and begun his two-year-long micro-pilgrimages. He built deep connections with everyone, regardless of big shots or nobodies in public and private sectors. Eventually, even the local Japanese started doing *bijyus* across the country, Fukushima, Saitama, and Ehime prefectures, on top of the Taiwanese tourists.

Japanese tourism to take a page from *bijyu*

Meeting up with him again made me rethink the future direction of "d design travel." Instead of conquering all 47 prefectures in Japan, perhaps we should relook at each region. Rather than looking at things we like or dislike, we should build camaraderie with people across the country. Japan is now promoting various tourist attractions, but the local cultures are still a part of their daily lives. Rather than once-in-a-lifetime encounters, Tanaka sees *bijyus* as forming connections so that we can say "see you around." Japanese tourism may want to take a page and draw inspiration from *bijyu*. As fellow professionals in the tourism industry, we would like to continue to pay attention to his activities.

しの中にあるのだ。一期一会と言わず、2度、3度とゆるくても「また会うため」の関係性づくりを〃一期三会〃と喩《たと》える田中さん。日本の観光のあり方は、福井県発祥の「微住」の中に、必ずヒントがある。同じ観光に携わる者として、これからも彼の活動に注目したい。

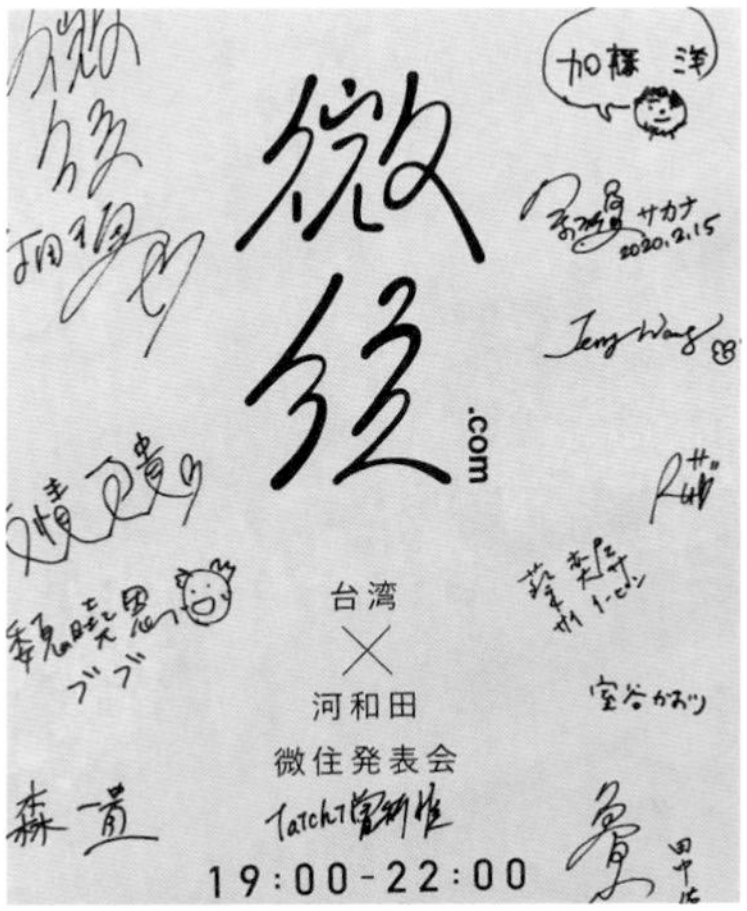

福井のうまい！

編集部が取材抜きでも食べに行く店

御食国《みけつくに》に代表される福井の食文化は、意外にも日常食が魅力的だった。しかも、福井には、家族みんながハッピーな〝お惣菜《そうざい》文化〟も根づいていて、たかがコンビニと思っていても侮れない。越前がにの名店も含む、バラエティー溢《あふ》れる福井の〝うまい！〟。

Favorite Dishes From FUKUI

In Fukui, there is not only an abundance of delicious everyday food available at all times, but also a deep-rooted "side dish culture" that delights everyone in the family. Here, we introduce eleven yummy dishes that we have had many times in our travels.

1 FAVORITE 三国湊 甘海老カツピラミッド丼

Mikuni Minato Pyramid of Deep-Fried Breaded Sweet Shrimp Bowl

越前がにのオフシーズンで逆に良かった、と思えるほどの味とインパクト。約30尾の"甘エビ天国"。(神藤《しんどう》秀人)2,820 円

越前蟹の坊
福井県坂井市三国町宿《みくにちようしゆく》1-16　☎0776-82-3925
営業時間、定休日は要確認
www.bouyourou.co.jp/kaninobou/
Echizen Kaninobou　Mikunichoshuku 1-16, Sakai, Fukui
Inquire to check opening hours and closing days

2 FAVORITE だしまきサンド

Japanese-style omelet sandwich

焦げめのない分厚い黄色の断面が眩《まぶ》しい！
朝一にプルプルでジューシーな出汁《だし》を頬張れば1日上機嫌。
(進藤仁美)800円(単品)

だしまきさん　営業日で異なる
[クマゴローカフェ] 日曜 11:00-15:00
[flat kitchen]火曜隔週、水～土曜営業 9:00-14:05(L.O.)
www.instagram.com/dashimakiaiga_sugoi/
Dashimakisan
Varies depending on business days
[Kumagoro Café]Open on Sundays　11:00–15:00
[flat kitchen]Open every other Tuesday, and Wednesdays to Saturdays 9:00–14:05 (L.O)

3 FAVORITE 鯖《さば》の竜田揚げ定食

Deep fried marinated mackerel set meal

刺し身、へしこ、醤油干し、と「鯖街道」のスタート地点ならではの鯖づくしですが、僕は竜田揚げに一票！(神藤)900円

濱の四季　福井県小浜市川崎3-5　☎0770-53-0141
11:00～15:00(L.O.14:30)　第3水曜休(祝日は営業)、年末年始休、他不定休　hamanoshiki.jp
Hamanoshiki　Kawasaki 3-5, Obama, Fukui
11:00–15:00 (L.O.14:30)　Closed on every third Wednesday (opened on holidays), year-end and New Year holiday, other irregular days

4 FAVORITE くずまんじゅう(夏季限定)

Kuzu Manju (summer special)

透き通ったくずまんじゅうが湧水にぷかぷか浮かぶ様も涼しげ。
つるんと頬張る涼の味。1個なんて足りない！
一人でも3個はぺろり。(進藤)1個150円

御菓子処 伊勢屋　福井県小浜市一番町1-6　☎0770-52-0766
8:30–17:30　水曜休(10月～4月上旬は、火・水曜休)
obama-iseya.com/
Okashidokoro Iseya　Ichiban-cho 1-6, Obama, Fukui
8:30–17:30　Closed on Wednesdays
(as well as Tuesdays & Wednesdays from October to early April)

5 FAVORITE 串焼き串揚げ

Grilled and deep fried skewers

何本でもいけちゃう福井のソウルフード。旅の〆《しめ》は
いつもここでした。「純けい」「しろ」「キューリ」はマスト！（神藤）
純けい5本396円 / しろ5本380円 / キューリ1本70円

やきとりの名門 秋吉 福井片町店
福井県福井市順化《じゅんか》2-7-1　☎0776-21-3573
平日17:30–24:00　金・土曜17:00–24:00
日曜・祝日17:00–23:00　日曜休（月曜が祝日または振替休日の場合は営業）
Akiyoshi Fukui Katamachi store　Junka 2-7-1, Fukui, Fukui
Weekday 17:30-24:00 Friday and Saturday 17:00-24:00
Sunday and national holiday 17:00-23:00
Closed on Sunday（Open if Monday is a national holiday or substitute holiday）

6 FAVORITE お通し

Paradise Yeast Juice

これがお通し!?　誰もが驚く10種類以上の豪華な酒肴は、
福井の地酒を、より美味しくしてくれる。（神藤）1,650円

RICE BAR CRAFT SAKE LABO　福井県福井市中央3-5-12　☎0776-30-1100
17:00–23:00（金・土曜 –24:00）日・月曜休　ricebar.jp
RICE BAR CRAFT SAKE LABO　Chuo 3-5-12, Fukui, Fukui
17:00–23:00（17:00–24:00 Friday and Saturday）Closed on Sunday and Monday

7 FAVORITE ソースカツ丼とパリ丼

Sauce-dipped, fried pork cutlet on rice
& Sauce-dipped, pan-fried ground pork cutlet on rice

福井名物「ソースカツ丼」と、地元民お薦めの「パリ丼」。
昭和感漂う『味のお城』は、何度も通いました。（神藤）各990円

敦賀ヨーロッパ軒　福井県敦賀市相生町2-7　☎0770-22-1468　11:00–14:00, 16:30–20:00　月・火曜休
Tsuruga Yoroppaken　Aioi-cho 2-7, Tsuruga, Fukui
Lunch 11:00–14:00　Dinner 16:30–20:00　Closed on Mondays and Tuesdays

8 FAVORITE 手かき氷 羽二重宇治しるこ（夏季限定）

Hand-shaved Ice with matcha syrup
and habutae mochi (summer special)

芸妓さん御用達のかき氷は、珍しいカンナ削り。
荒めで独特のザクサクした食感で美味。
福井に来たなら、白玉ではなく羽二重餅をオン！（進藤）950円

松岡軒 本店　福井県福井市中央3-5-19　☎0776-22-4400
店舗 9:00–17:30 1月1日休　カフェ 11:00–17:00（L.O.16:30）木曜休
habutae.com/
Matsuoka-ken Main Store　Chuo 3-5-19, Fukui, Fukui
[Store] 9:00–17:30　Closed on January 1
[Cafe] 11:00–17:00（L.O.16:30）Closed on Thursdays

9 FAVORITE ランチ＆ディナーバイキング／おかずバイキング

Lunch & dinner buffet / Side dish buffet

自分の住む街にあったらいいのに！と、切に願う、日本初のダイニングコンビニ。

どれにしようか……もうそれだけで楽しい！（神藤）1g 1.35円 / 1g 2.27円

オレンジBOX フェニックス　福井県福井市松本4-12-12
☎0776-30-0170　7:00–23:00　無休　orebo.jp
Orange Box – Phoenix　Matsumoto 4-12-12, Fukui, Fukui
7:00–23:00　Open all year

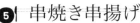

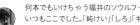

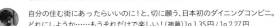

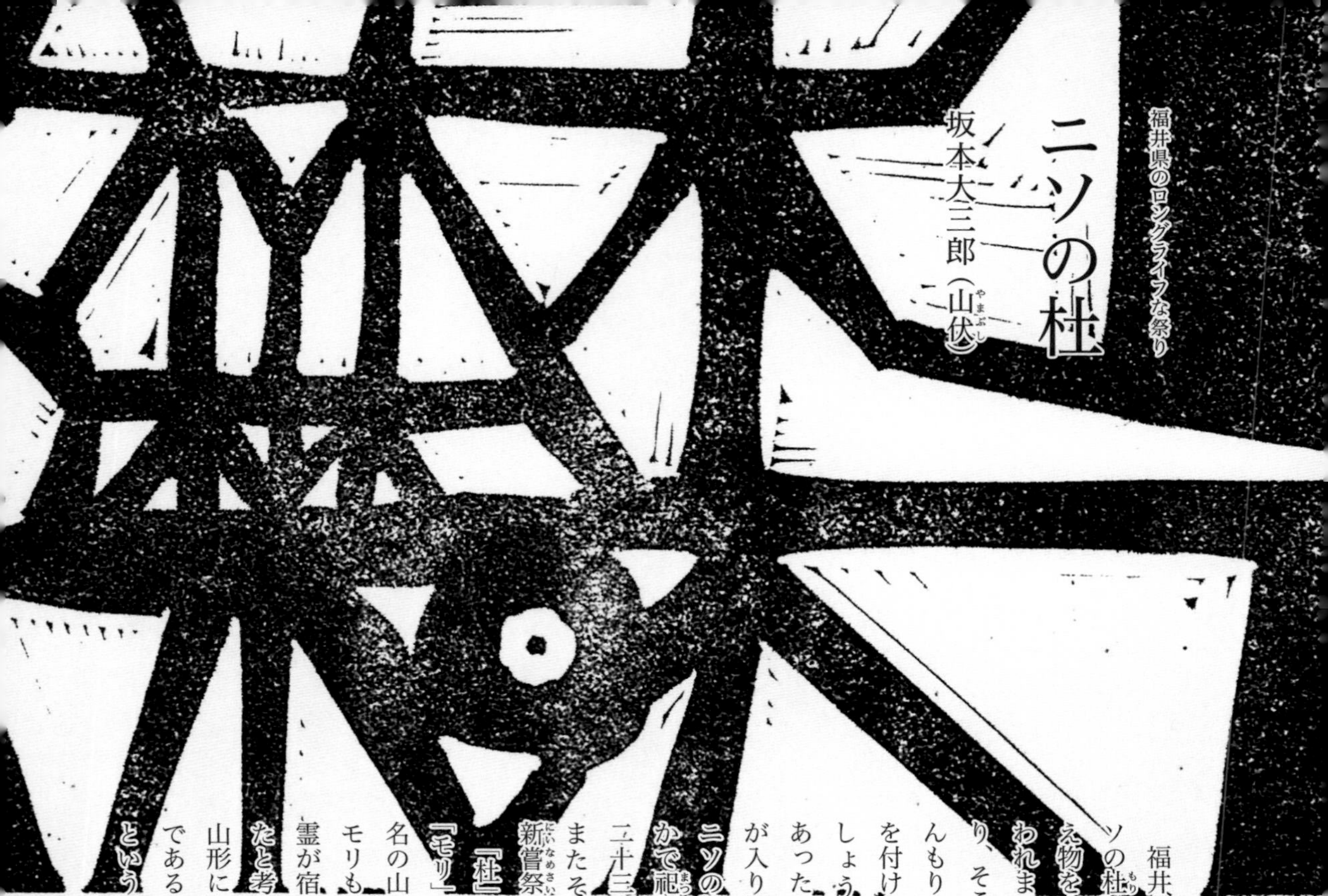

福井県のロングライフな祭り

ニソの杜

坂本大三郎（山伏《やまぶし》）

　福井県大飯《おおい》郡おおい町大島半島の「ニソの杜《もり》」と呼ばれる場所で、祖霊にお供え物をする祭りが、毎年11月23日に行なわれます。海に囲まれ、森と田畑が広がり、そこに点在するタブノキが茂った、こんもりとした場所がニソの杜ですが、気を付けなければ見落としてしまうことでしょう。かつては、この地域に30か所あったとされますが、近年では開発の手が入り減少してしまったとのことです。

ニソの杜は家ごと、あるいは地域の何軒かで祀《まつ》られます。「ニソ」という言葉は、

　二十三夜の月の出を待つ風習を意味し、またその年とれた収穫物を神に捧げる新嘗祭《にいなめさい》でもあったとされます。

　『杜』という言葉は、鎮守の杜と同じ『モリ』であり、東北にはモリヤマという名の山が多く存在していますが、古くはモリもヤマも同じ意味で、そこは祖先の霊が宿る聖地という意味が込められていたと考えられます。自分が暮らしている

　山形にも、お盆の時期に集落に近い低山であるモリヤマに祖霊を迎えるモリ供養という風習が残されています。

"*mori*" and "*yama*" meant the same thing to the locals: a sacred dwelling place for the spirits of their ancestors. In Yamagata, where I live, a custom called "Mori-Kuyo" still exists – to welcome ancestral spirits to *moriyama*, a low mountain near the villages during the Bon Festival.

In Kagoshima, there are sacred spaces called "Moidon" (literally "Lords of the forest"), and it is said that one would be cursed if they touch the trees growing there. Similarly, it is a taboo to cut down trees in Niso-no-Mori, as well as entering the sacred ground on days other than for s. The same goes for Mori-Kuyo in Yamagata too. Kunio Yanagita, the father of folklore studies, believed the s held at Niso-no-Mori to be the original model for Shinto shrines. If he is right, then the s performed at mori are extremely important.

However, one of the Mori-Kuyo held in Yamagata came to a halt due to the Covid pandemic, and was not resumed in 2023 even though the pandemic has subsided. I have tried my best to preserve those that are important to us from disappearing, but I resent my inability to do so. I hope that the s of Niso-no-Mori will continue for many, many years to come.

坂本 大三郎　現代の感性と客観性を併せ持つ山伏。東北出羽三山《でわさんざん》での山伏修行で、山伏の在り方や山間部に残る生活技術に魅せられ山形県に移住。山は人智を超えた「わからないもの」の象徴だと考え、そこにある奥深い文化や風習を、わかりやすい言葉と魅力的な絵で伝える。イラストレーター、文筆家としても活躍。

Daizaburo Sakamoto　*Yamabushi*（mountain priest）with a modern sensitivity and objectivity. During training as *Yamabushi* in Dewasanzan, Tohoku, he was attracted by the way of life of mountain priests and the art of living that remains in mountainous regions, and so he decided to relocate to Yamagata. Based on his belief that mountains are the symbol of "things we don't know" that surpass human intellect, he conveys the profound culture and customs in mountainous regions through easy to understand language and attractive illustrations. He is also active as an illustrator and writer.

鹿児島にはモイドン（森殿）という聖地があり、そこに生えている木には触ると祟《たた》りがあると伝えられます。ニソの杜でも木を切ることの禁忌があり、また祭りの日以外に聖域に入ることもタブーとされます。山形のモリ供養も同様です。

民俗学者の祖、柳田國男《やなぎたくにお》は、ニソの杜で行なわれる祭祀《さいし》を、神社の原型ではないかと考えました。とすれば、モリで行なわれる祭祀は、大変貴重なものであると思います。しかし、山形で行なわれていたモリ供養の一つが、コロナ禍で中断され、コロナが落ち着いた2023年に入っても再開されることがありませんでした。高齢者が目立つ集落では、今、何百年、何千年と伝えられてきた文化習俗を維持することが難しくなってきています。私たちにとって大切なものが消えてしまわないように、努力をしてきたつもりですが、自分の非力さが恨めしいです。ニソの杜の祭祀が、これからも、ずっと続いていくことを願っています。

Long Lasting Festival in FUKUI

Niso-no-Mori

By Daizaburo Sakamoto（*Yamabushi*）

A festival to make offerings to ancestral spirits is held every November 23 at a place called "Niso-no-Mori" on the Oshima Peninsula in Oi-machi, Oi-gun, Fukui Prefecture. Surrounded by the sea, forests and fields, and thick vegetation dotted with huge bay trees, it is easy to miss Niso-no-Mori if one is not careful. There used to be thirty such places in the area but have dwindled in recent years due to redevelopment. Niso-no-Mori is honored by one, or several families in the region.

"*Niso*" refers to the custom of waiting for the rising of the moon on the night of the 23rd, and also the Niiname-no-Matsuri, in which the year's harvest would be offered to the gods. "Mori" refers to "shrine;" many mountains in the Tohoku region go by "moriyama." But in ancient times, both

福井県を舞台にした映画

いっちょらい

根岸佳代（福井メトロ劇場）

『いっちょらい』
2023年／93分／夢何生
監督・脚本：片山享
プロデューサー：宮田耕輔
出演：松林慎司、太田美恵、安楽涼、窪瀬環、岸茉莉、柳谷一成、山田昭二、他

On the night of his father's funeral, Tetsuya, in his *ichorai*, belts out the *Ichorai-bushi* with mixed emotions, which is then followed up by his friends. As the *Ichorai-bushi* resounded through the shopping arcade, it felt as if my emotions – on the other side of the screen – were sublimated as well. Everyone feels differently about their hometown. Somewhere in those who returned to, stayed behind, or left their hometowns, dwell the feelings of love and hate as well as likes and dislikes intertwined with their circumstances and situations.

As viewers engage in this film, they will also learn to face and engage with their feelings towards their hometowns. And the *Ichorai-bushi* will bring together the complex feelings of all the viewers and turn it into an ode to their hometowns.

Ichorai
Kayo Negishi (Fukui Metro Theatre)
93 minutes (2023): MUKAU
Director & Screenplay: Ryo Katayama
Producer: Kosuke Miyata

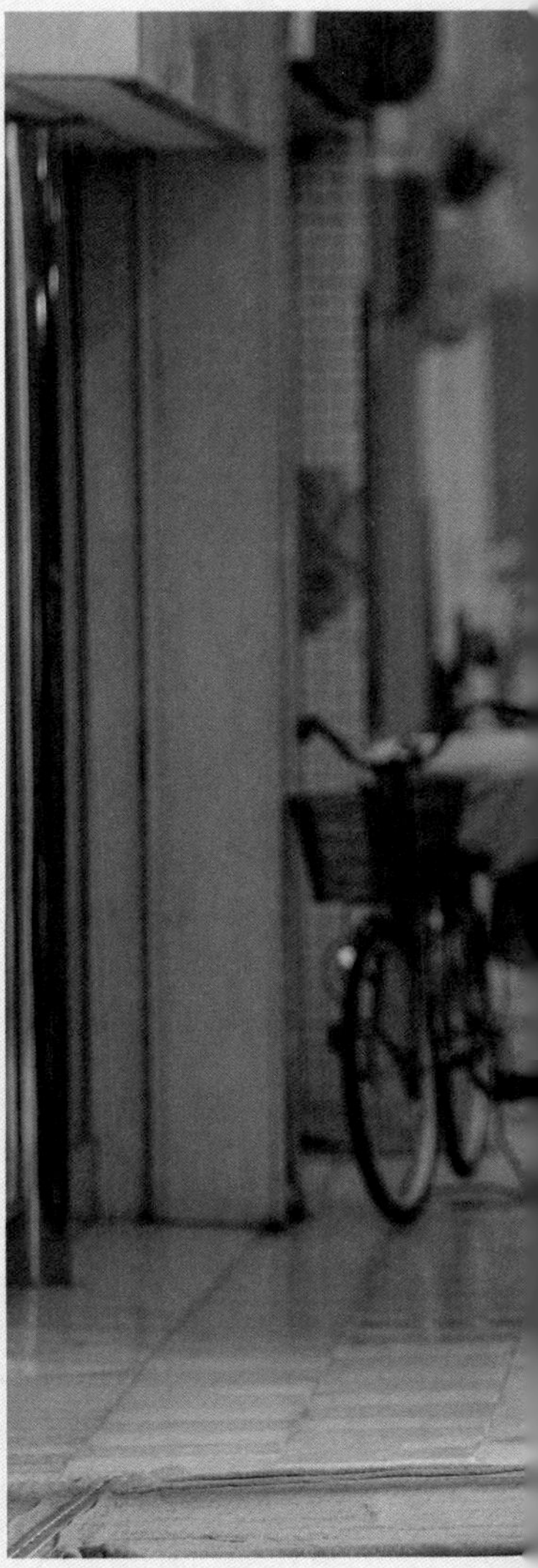

「いっちょらい」は、「一張羅」を指す福井弁だ。60年前、北陸トンネル開通を祝って作られた「イッチョライ節」には、一張羅の意味から福井のお国自慢がちりばめられている。運動会や町内の盆踊りで踊ったり、県民には馴染みの民謡らしい。伝聞形なのは、映画『いっちょらい』を観るまで、私は知らなかったからだが、これが、なかなか良いのだ。主人公の父親が作品の冒頭にこの民謡を謡う。懐かしく寂しげな声に私の「郷愁」が、突然揺り起こされた。

父の介護のため、駅前の商店街に夢半ばで戻り、家業を継いだ長男テツヤ。両親・弟、商店街の人々との人間模様が丁寧に描かれる。父の葬儀の夜、テツヤは彼の「一張羅」姿でグチャグチャの気持ちを込めてイッチョライ節を絞り出す、大声で。仲間もテツヤに続く。商店街に満ち満ちていくイッチョライ節が、スクリーンの反対側の私の気持ちも昇華していくような不思議な感覚に包まれた。

故郷への想いは多様だ。観る人はこの作品と対話しつつ自分の故郷への気持ちとも対話することになる。そして、イッチョライ節が、100人いれば100通りほど違うその気持ちを括《くく》り上げて、故郷への賛歌にかえてしまうのだ。

「福井が嫌いだから嫌いなところを表現したい」と、初対面の時に私に言った片山享監督の福井愛。感じてほしい。

福井県を舞台にした、主《おも》な映画
『俺たちの行進曲』監督：渡辺祐介（1985年）／**『禅 ZEN』**監督：高橋伴明（2009年）／**『サクラサク』**監督：田中光敏（2014年）／**『つむぐもの』**監督：犬童一利（2016年）／**『チア☆ダン～女子高生がチアダンスで全米制覇しちゃったホントの話～』**監督：河合勇人（2017年）／**『おしょりん』**監督：児玉宜久（2023年）

Movies Set in FUKUI

Ichorai

By Kayo Negishi (Fukui Metro Theatre)

Ichorai is a Fukui dialect spin on *ichora* ("one's Sunday best"). Derived from *ichorai*, the "Ichorai-bushi" is a well-known folk song and dance packed with pride in Fukui that was composed 60 years ago to celebrate the opening of the Hokuriku Tunnel.

The movie starts off with the father of the male protagonist, Tetsuya, singing this folk song. The wistful and somewhat lonely voice stirred up homesickness in me all at once. Being the eldest son, Tetsuya returns to the shopping arcade in front of the station before he could fulfill his dreams. He has to take care of his father and take over the family business. The movie depicts the tapestry of relationships with his parents, younger brother, and various people in the shopping arcade, in which his feelings seemed to be succinctly summed up in the scene of the empty shopping arcade.

福井県の〝民藝《みんげい》〟

永平寺

高木《たかき》崇雄《たかお》（工藝《こうげい》風向）

Mingei (Arts and Crafts) of FUKUI

Eiheiji Temple

By Takao Takaki (Foucault)

高木 崇雄　「工藝風向」店主。高知生れ、福岡育ち。京都大学経済学部卒業。2004年「工藝風向」設立。九州大学大学院・芸術工学府博士課程単位取得退学。専門は柳宗悦と民藝運動を中心とした日本近代工芸史。日本民藝協会常任理事・『民藝』編集長。著書に『わかりやすい民藝』（D&DEPARTMENT PROJECT）、共著に『工芸批評』（新潮社 青花の会）など。

Takao Takaki　Owner of "Foucault". Born in Kochi and raised in Fukuoka. Graduated from Faculty of Economics, Kyoto University. Established "Foucault" in 2004. Conducted research on history of modern technical art with Muneyoshi Yanagi and folk art movement as the subjects. Completed the PhD program in Graduate School of Design, Kyushu University. Secretariat of Fukuoka Mingei Kyokai. The permanent director of Japan Mingei Kyokai. Editorial board member of Shinchosha "Seika no Kai."

僕にとって福井県の〝民藝〟といえば、「大本山 永平寺」をおいて他にない。それは、永平寺が道元禅師によって建立された寺だから。柳《やなぎ》宗悦《むねよし》は、しばしば道元の言葉を引きながら民藝、そしてものづくりの機微について語っているけれど、その集大成のような文章が、柳が亡くなる数年前に記した「改めて民藝について」だ。

> 民藝という言葉は、仮に設けた言葉に過ぎない。お互に言葉の魔力に囚われてはならぬ。（中略）もともと見方の自由さが、民藝の美を認めさせた力ではないか。その自由を失っては、民藝さえ見失うに至るであろう。お互に充分警戒してよい。道元禅師は、日本曹洞宗の祖といわれるが、曹洞宗という言葉はおろか、禅宗という言葉すらも好まれなかった。一宗一派ともなれば、かえって禅を見失う危険が起ろう。禅師が支那から帰朝された最初の説法に「空手にして郷に還る」といわれたという。（中略）ある人が禅師に、支那で何を学んで帰られたかと尋ねたら、「柔軟心」を学んで来たといわれたという。柔軟心は「やわらかい心」の意である。この「柔軟心」と「空手」とは、互に通じる内容があろう。それを易しく「素直な心」といってもよい。我執に囚われて、弾力性を失った「こわばる心」となっては、仏を見失い、法を見誤る。空手にしてのみ仏からの贈物がそのまま受けられる。「空手還郷」の言葉に続いて、「故に仏法なし」といわれたという。ここが素晴らしい見方で、同じく民藝を見つめて、「民藝なし」とまでいい切る程にならねばならぬ。[*1]

柳は、「民藝」なんて当時必要に迫られてとりあえず作った言葉なんだから、そんな仮の言葉に引きずられて、自分や相手を縛る必要はないんだよ、と語っている。そしてまた、固定されたものさしやちっぽけなプライド、誰かが決めた基準なんかは傍らに置いて、目の前にいる素晴らしい人やもの、状況を自分の目でただ見つめ、まっすぐ向き合おうよ、と僕らを誘う。そう言われると確かに、僕らは目の前にあるものでさえもきちんと見ていないことに気がつくだろう。工業デザイナーの山中俊治氏もやはり、ものを見ることの難しさについて、次のような言葉を記している。

"*Mingei*" was originally a word coined tentatively; its power should not sway your opinions and thoughts. People's freedom to view things in their own ways is an acknowledgement of an inherent beauty of *mingei*, and the loss of said freedom is a loss of *mingei* itself.The monk Dogen is the progenitor of the Soto sect of Zen Buddhism. One of his original Zen lessons brought to Japan from China was "come back with empty hands," as in bringing just teachings and nothing physical back home. When asked what he learned in China, Dogen replied that he acquired *junanshin*—a flexible, open mind.The concepts of *junanshin* and "empty hands" have something in common: the idea of an innocent, open, accepting heart. In contrast, if one has an unpliable and obstinate heart, they will lose site of the Buddha and his teachings—empty hands are needed to receive his gifts. Based on this, Dogen concluded, "Therefore, Buddhist teachings themselves do not exist." His worldview was remarkable, and it makes one want to strive for the same understanding of *mingei*—to reach the point of saying, "Therefore, *mingei* does not exist."

(→p. 133)

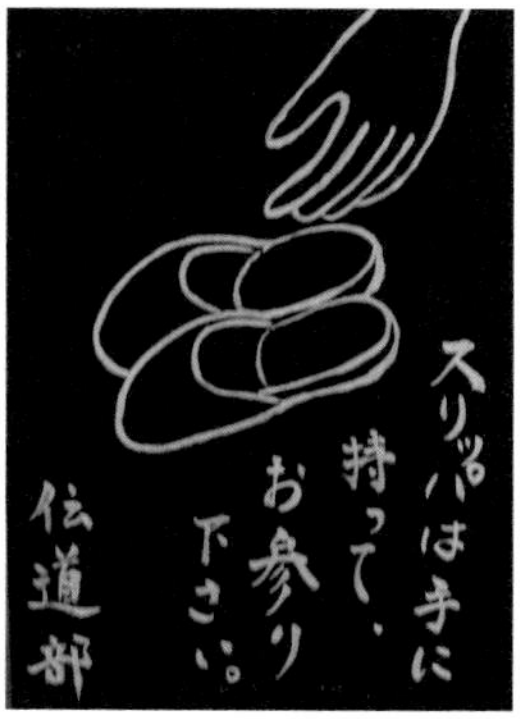

写真中央下：今ヨリ ナキニ　紙本墨書　柳宗悦　1950年代　日本民藝館蔵

empathize and feel something by looking at it, but we have no actual connection to the thing in question. We acquire a lot of information, but we're not really seeing anything—our eyes are open but our vision obscured.

Yanagi taught us that waiting to be given an answer from someone else is comfortable and easy; however, actually looking at things ourselves is much more enjoyable. Even now, we may be looking at something that we have seen before, but whose true qualities have yet to be observed.

Both Dogen and Yanagi discussed the present by comparing it with a burning stick in the fire, stating that there is no connection with the past or future for that stick. Even as it burns, eventually turning to ash, the flame which surrounds it has no direct relationship. In the same way, we are "burning" in the now, with no relation to what came before or will come in the future—only the present. Personally, rather than staring at the ashes of what came before, I want to burn as brightly as I can right now. *Mingei* and the long-life concepts are much the same: active and alive in the present, not tied to the ashes of the past.

私たちは案外ものを見ない
・「わかった〇〇だ」と思うと、もう見ない
・写真を撮ると、もう見ない
・見慣れたものは、もう見ない
・注目しているところ以外は見ない[*2]

なるほど、僕らは惰性で物事を判断するし、自分が思いたいようにしか相手を見ない。まして今では、さまざまなWebサイトやChatGPTといった、どこかの誰かが「まとめ」を用意してくれるから、見たつもり、わかったつもりになるのはとても簡単になった。けれど実際のところ、それは僕ら自身が見たものでも経験したものでもない。誰かが成し遂げた偉業、誰かが生み出した素晴らしいものや美しい作品などに僕らが共感することができたとしても、実のところ、それは僕らとはまったく関係ない。僕らはなんでも知っているけれど、いつまでもなんにも見ていない。目は開いているけれど、頭は殻に閉じこもったままだ。

だからこそ柳は、「今見ヨ イツ見ルモ」「今ヨリ ナキニ」といった言葉を用いて、誰かが与えてくれる答えを待つのは楽だろうけれど、それよりも、自分自身の目でしっかりと眺める方が楽しいよ、ほらまさに今、目の前に、誰もが見ているはずなのに誰も見たことがないような「良さ」があるじゃない、それを一緒に楽しもうよ、と呼びかけるのだろう。

そういえば道元も柳と同じように「知るべし、薪は薪の法位に住して さきあり のちあり、前後ありといへども前後際断せり」と、「今」について語っている。一本の薪が次第に燃えてゆき、いずれ灰になるとしても、それは瞬間瞬間に燃えている炎とは何も関係ない。僕らも炎のように前後の境なく「今」を燃やしてゆくしかないんだ、と。結果なんてものは、今、僕らが懸命に燃えたあとに生じる灰に過ぎない。だとすれば僕は、誰かが残したかっこいい灰を眺めるよりも、みっともなく揺れるけれど、盛んに燃える炎そのものでありたい。そして「民藝」も「ロングライフデザイン」も、過去に燃えていた灰ではなく、今、ここで燃え続ける炎であってほしい。

＊1 「改めて民藝について」『民藝四十年』岩波文庫 所収
＊2 山中俊治氏のTwitter、2017年3月20日の投稿より https://twitter.com/Yam_eye/status/843799675283025920

When Soetsu Yanagi (Muneyoshi Yanagi) was faced with the necessity of naming his endeavors, he tentatively chose the term "*mingei*." However, he emphasized that this phrase should not be given power, should not limit oneself or others. He encouraged people to set aside preconceptions and pride along with standards established by others, and to take the time to really look at the beautiful people and things around them and connect.

Industrial designer Shunji Yamanaka felt the same way and wrote the following regarding the difficulty of truly seeing things. Surprisingly, we don't actually look very hard at things in the following situations:
・When we feel that we already understand an idea thoroughly
・After we take a photograph
・When viewing things to which we are well accustomed
・When viewing things that are not the center of focus or attention

In other words, we only view things in the ways we prefer. When presented with a great accomplishment, impressive work or beautiful artwork of another, we may be able to

福井県のCD

月に一度の音楽イベント「屋根裏音楽祭」を主催する、鯖江《さばえ》駅前の酒場「中野商店」のマスター・中野伸さん推薦の“福井らしいCD”。

twilight

haruka nakamura
(KITCHEN. LABEL 3,608円)

内なる故郷の色彩 福井の気候は、どんよりしたイメージだ。暖かい時期はそうでもないが、雪が降り始めると深々として灰色の空模様が続く。そんな日が続くと、メランコリックな気分になる。しかし、この環境で生活しているからこそ感じられる音楽があることを教えてくれたのがharuka nakamuraだ。私が主催する「屋根裏音楽祭」に彼が出演してくれた際、県内外から多くの来場があった。無音の店内、照明はキャンドルのみ。福井の冬のように凛《りん》とした空間で生み出された、暗闇の奥にある光のような音。それは来場者らの涙を誘った。あんなに来場者が涙したのを見たのは、私がイベント運営を始めてから、その一度だけかもしれない。福井の景色、体感、匂いなどが音に重なり、鍵になり解放されたように感じた。彼のアルバム『twilight』からは、福井の景観や空気感、人間味を感じる。彼の音の中には県民の内なる故郷がちりばめられているのかもしれない。

CDs of FUKUI

Shin Nakano, the master of “Nakano Shouten” – a bar in front of Sabae Station that hosts a monthly music event called “Attic Music Festival” – recommends “Uniquely Fukui CD.”

twilight
haruka nakamura (KITCHEN. LABEL, ¥3,608)

Hues of my hometown
When the gloomy months descend in Fukui, I get melancholic. It was Haruka Nakamura who opened my ears to the music that one can only enjoy living here. He played at the Attic Music Festival that I hosted. In the silent candle-lit bar, his music was like a ray of light piercing through the depths of darkness that filled the solemn space. The sights, experiences, and smells of Fukui overlapped with the melody seemed to free us from the weight. The music in his “twilight” ' may have been imbued with the hues of our hometown.

若狭佳日
wakasa kajitsu

福井県の本

池田町の長閑《のどか》な田園風景の中に佇《たたず》む「小豆書房」。自身も若狭高校出身という店主・柴田智加さんが紹介する“福井らしい”一冊。

さばの缶づめ、宇宙へいく

小坂康之・林公代
（イースト・プレス　1,650円）

海が育む多様性、宇宙へ　豊かさ、危険性、さまざまな顔を併せ持つ海は、我々に多くのことを教えてくれる。しかし、子どもが海で遊ぶことも減り、島国日本といえども海は近くて遠い存在になりつつあるように思う。そんな中、福井県には海の教育における一流校がある。「旧小浜《おばま》水産高校」。今は、「若狭高校海洋科学科」が、その伝統を引き継ぐ。世界初、宇宙食の開発・製造に成功した高校だ。長年にわたる高校生たちの頑張りは本書から読み取っていただきたいが、同時に周りの登場人物の多さにも注目したい。実にさまざまな協力者を巻き込む様子が印象的だ。かつて大陸からの玄関口であった若狭地方は、「多様性」が叫ばれるずっと以前より、海からもたらされる多様な文化を受け入れ、人を育んできた。その精神が今もこの地域の教育には息づいているのではないだろうか。その可能性を宇宙まで繋《つな》げてみせてくれた小坂康之先生と高校生たちに、改めて拍手を贈りたい。

Books of FUKUI

Nestled in the tranquil countryside of Ikeda-cho is “Azuki Shobo.” Chika Shibata, who graduated from Wakasa High School and runs the bookstore, recommends a book that is uniquely Fukui.

Canned mackerel now in space

Yasuyuki Kosaka and Kimiyo Hayashi (Eastpress; ¥1,650)

Marine-grown diversity now in space
Wakasa High School is the world’s first high school to successfully develop and commercialize space food. The book goes into impressive details about how various collaborators from beyond the region got involved. Once the gateway to the continent, the Wakasa region has been integrating diverse cultures brought from the sea and nurtured its people long before “diversity” was coined. This spirit seems to continue to live in their education. I would like to laud the efforts of Yasuyuki Kosaka and his high school students for bringing this possibility to space.

福井県の味

福井定食

相《あい》馬《ま》夕《ゆう》輝《き》
（d47食堂ディレクター）

※上から、時計回りに
【油揚げと野菜の煮物】
「谷口屋」の油揚げ。油揚げを多く食べる福井らしさの象徴的料理。
【お麩の辛し和え】
「越前焼麩本舗 田中商店」の角麩。精進料理の貴重なタンパク源だった。
【おろしそば】
辛味の効いた大根おろしのぶっかけそば。
【もみわかめのおむすび】
乾燥させたもみわかめをふんだんに。
【梅干し】
「伏見梅園」の紅映品種。
【小鯛ささ漬】
純米酢の旨味が引き立つ「若狭小浜丸海本店」製。
【へしこ】
「うみの宿 さへい」のへしこ。糠の旨味を豊富に感じる。

料理　中山小百合（d47食堂）
写真　山﨑悠次

海を通した食文化「北前船」と「鯖《さば》街道」

飛鳥奈良時代より、若狭地域は「御食《みけつ》の国」と称され、日本海の豊かさを都に届けてきた歴史を持つ。鯖や鰯《いわし》、鰤《ぶり》などの回遊魚や、冬はなんと言っても「越前がに」だろう。沿岸部では、ワカメやアカモクなどの海藻が豊富で、僕らが伺った夏の日本海はとても穏やかな海を感じたけれど、冬はまた激しさのある別の表情を持つ。自然の変化が大いに食文化に影響し、福井の食材の豊かさの一つの顔になっている。また、福井で「蕎麦」というと、誰もが辛味の効いた大根を使った「おろしそば」を思い浮かべる。店によって辛味の度合いが異なり好みが分かれる。旅人には、ほどほどが本当はありがたいのだが、そこは郷に入《い》っては郷に従え。

福井県は大きく分けて、若狭湾に臨む魚介の豊かな「嶺南《れいなん》」と、山と川によって織りなす水田稲作文化を持つ「嶺北《れいほく》」に分けられる。嶺南の郷土食といえば、鯖を糠《ぬか》と塩で発酵熟成させた「へしこ」。塩漬けした鯖を、糠と塩を加えて重石《おもし》をのせてさらに発酵熟成させ、夏の丑《うし》の日を越して、半年以上漬け込む。小浜《おばま》市の「年間民宿 佐助」では、へしこはもちろん、鯖の塩

Fukui's "Home Grown" Meal

By Yuki Aima (Director, d47 SHOKUDO)

Above photo, clockwise from the top:
***Abura-age* (fried *tofu*) & vegetables stew:** Thin slices of deep-fried *tofu* from "Taniguchiya"; **Spicy wheat gluten salad:** Wwheat gluten – a valuable protein source in vegetarian cuisine.; ***Oroshi-soba*:** *Soba* with spicy grated radish & broth poured over it.; ***Momi-wakame* rice balls:** Covered with plenty of dried momi-wakame.; **Sea bream *sasazuke*:** The flavor of pure rice vinegar shines in this dish"; ***Heshiko*:** Relish the rich flavor of rice bran.

Food culture through the sea: *Kitamaebune* and Saba Kaido

The Wakasa region has been known as the "Land of Food" since the Asuka and Nara eras, and has a history of bringing the riches of the Sea of Japan to the capital: migratory fish like mackerel, sardine, and yellowtail; Echizen crab (→p. 141)

焼き、鯖の熟鮓《なれずし》など、見事な鯖づくしの夕食をいただいた。さらに、南越前町の「うみの宿 さへい」では、へしこを塩抜きし、アブラギリの葉に包んだ「へしこ寿司」をいただいたが、どれも本当に〝しょっぱ美味しい〟。また、京都へと続いた「鯖街道」では、塩を振った鯖がちょうど漬かる頃に京都に届けられたという。人と食材が動くと、そこに新たな文化が芽吹いていく。「北前船」の文化も、まさに移動による食文化と言える。北海道から鰊《にしん》が運ばれ、熟鮓にして都に運ばれたと記す文献もある。海に接し、都との距離が近かったことは、福井の食文化を一層豊かに育んだ。

信仰が支える福井の「報恩講」食文化

嶺北地域では、九頭竜川に代表される川の周辺に水田が広がる。日本の代表的な米品種「コシヒカリ」なども福井で生まれ、水とともに生きる食文化が育つ。福井では豆腐づくりが盛んで、九頭竜川の伏流水を利用する豆腐屋は多い。中でも、油揚げ（他地域で言うところの厚揚げ）が多く食べられており、坂井市の「谷口屋」に伺った際に聞いた話では、油揚げを仏事の「報恩講」

“*Hoonko*” – Sustaining Fukui’s food culture with faith

In Reihoku, it has a thriving *tofu* production and many *tofu* sellers use subsoil water from this river. The locals eat a lot of abura-age. I learned from “Taniguchiya” that *abura-age* was often served with vegetables for the Buddhist “*Hoonko*” ritual. There are other sellers that deep-fry thick, densely packed *tofu* as well, and each area and family have their own favorite version. Fukui is said to be a devout Buddhist region and offers many types of “*Hoonko*” dishes. The sea of Reinan; the mountains of Reihoku.

Fukui Prefecture has diverse, contradictory seasons and areas. It made me think that the richness of Fukui’s food culture is sustained by the power of faith that calms and quiets the mind, which in turns embraces all the contradictory phenomena in their entirety.

According to the founder of Eiheiji Temple, one should lead the way by tackling difficult and demanding tasks. Come try Fukui’s *teishoku*, prepared by and for faithful, honest, and hardworking people.

相馬 夕輝　滋賀県出身。D&DEPARTMENTディレクター。47都道府県に、ロングライフデザインを発掘し、発信する。食部門のディレクターを務め、日本各地に長く続く郷土食の魅力を伝え、生産者を支援していく活動も展開。また、d47食堂の定食開発をシェフとともに担当し、日々各地を巡る。
Yuki Aima　Native of Shiga prefecture. Representative Director of D&DEPARTMENT INC. He established D&DEPARTMENT which uncovers long life designs in the 47 prefectures of Japan and transmits information of such designs. He is also serving as director of the Food Department, and develops activities to convey the appeal of regional cuisine that has a long tradition in all parts of Japan and to support producers. He is also in charge of set meal development in the d47 SHOKUDO together with chefs, and frequently travels to various regions.

にて、野菜と一緒に丸ごと炊き込まれる。谷口屋の油揚げはふわふわとした食感が特徴でとても美味しい。しかし、ぎっしりと詰まった分厚い木綿豆腐を揚げた豆腐屋もあり、地域によって家庭によって、それぞれ好みの油揚げがある。

福井は昔から仏教の信仰に熱心だったとされ、「すこ」「お麩《ふ》の辛し和《あ》え」「呉汁《ごじる》」と言った「報恩講料理」が他にも多く存在する。海の嶺南、山の嶺北。穏やかな夏の海とは対照的に、日本海から吹き荒ぶ潮風に加えて山間部は積雪量も多い。季節と地域で相反する多様さを併せ持つ福井県。相対するような事象を丸ごと呑《の》み込む豊かさの背景に、心を穏やかに静める信仰の力が食文化を支えているように思えた。

「永平寺」には、典座《てんぞ》と言われる料理長の存在がある。開祖の道元禅師の教えでは、料理長ほどに難しく大変な仕事に率先して取り組むべし、という教えがある。取材中「朝のおつとめ」に参加させていただいた。移り変わる時代の中、毎日同じことを繰り返す意味や価値をあらためて問い直す時間となった。誠実で素直な、働き者が作って食べる「福井定食」が出来上がった。

in winter; abundant seaweed like *wakame* (seaweed) from the coastal areas. Although the Sea of Japan looked very calm when we visited in summer, it takes on a different, violent look in the winter. "*Soba*" in Fukui brings to mind *oroshi-soba* in everyone, which is made with spicy radish. The degree of spiciness varies with each restaurant to cater to different preferences.

Fukui can be roughly divided into Reinan, which overlooks the seafood-rich Wakasa Bay, and Reihoku, a civilization of rice cultivation interwoven with mountains and rivers. Reinan's local speciality would be *heshiko*, where salted mackerels are added to rice bran and salt, covered with stone weights, then fermented, aged, and pickled for over six months. Salted mackerel used to be delivered to Kyoto on the Saba Kaido. A new culture is born when people and foods intersect. The culture of *kitamaebune* can also be seen as a migration-based food culture. There are documents stating that herring was brought from Hokkaido and turned into aged sushi and delivered to the capital. Fukui's close proximity to the sea and the capital has fostered an even richer food culture.

編集部が本音でお薦めしたい

福井県のおみやげ

1. harukami [cobble]（やなせ和紙）　越前和紙を使ったプロダクトの中でも、特に目を引いた石の形を模した箱。重ねて飾ってオブジェとしても美しい。 S 3,300円　M 5,500円　L 8,800円　EL 13,200円 **和紙屋 杉原商店**　⚲福井県越前市不老町《おいずちょう》17-2 ☎0778-42-0032　🛈www.washiya.com
Harukami “cobble”（Yanase Washi）　S ¥3,300; M ¥5,500; L ¥8,800; EL ¥13,200　**Washiya Sugihara Washipaper, Inc.**　⚲Oizu-cho 17-2, Echizen, Fukui

2. Bブロック（ソフト）アクティブ　1966年に誕生した安心・安全なブロック玩具。藝大や海外アーティストともコラボするなど、もはや玩具を超えた“文化財”。 個人用プチ 7,260円　**JAKUETS.NET** 🛈jakuets.net　B Block（Soft）Active　Small box for individual use, ¥7,260　**JAKUETS.NET**

3. 白岳仙 黒鉄 / 白練 / 真紅　蕎麦屋「ポポー軒」の店主が合うと言ったから間違いなく「越前そば」に合う地酒。赤、白、黒、お好みでどうぞ。 各720ml 黒鉄 2,420円 / 白練 1,980円 / 真紅 1,650円　**安本酒造**　⚲福井県福井市安原町7-4 ☎0776-41-0011　🛈www.hakugakusen.jp
Hakugakusen – Kurogane/Shironeri/Shinku 720ml, Kurogane ¥2,420 / Shironeri ¥1,980 / Shinku ¥1,650　**Yasumoto Sake Brewery**　⚲Yasuhara-cho 7-4, Fukui, Fukui

4. ESHIKOTO 梅酒 25 佐藤卓　福井県の貴重な完熟梅「黄金の梅」を使用した梅酒。オリジナルのガラスボトルに越前和紙、そして、佐藤卓デザイン……贅沢《ぜいたく》。300ml　8,800円　**石田屋 ESHIKOTO 店** ⚲福井県吉田郡永平寺町下浄法寺《えいへいじちょうしもじょうほうじ》12-17 酒樂棟2F ☎0776-63-1030　🛈eshikoto.com/ishidaya/
ESHIKOTO Umeshu 25（Bottle & Box designed by Taku Sato）300ml, ¥8,800　**Ishidaya – ESHIKOTO store**　⚲2F Shurakuto, Shimojohoji 12-17, Eiheiji-cho, Yoshida-gun, Fukui

5. ハシツミー　箸の製造過程で大量に出る「ぺっちん」を使った玩具。箸休めにプレイしてもいいし、子どもの箸の練習にもいい。 1,650円 **GOSHOEN**　⚲福井県小浜市北塩屋17-4-1 ☎0770-64-5403　🛈goshoen1815.com　Hashi tsumi　¥1,650　**GOSHOEN**　⚲Kitashioya 17-4-1, Obama, Fukui

6. 一俵懸命　米農家兼珈琲店という変わった事業スタイルの「長尾と珈琲」。珈琲はお店でいただいたので、お土産には、お米を。　2合 486円 **長尾と珈琲**　⚲福井県今立《いまだて》郡池田町板垣51-13-3 ☎0778-67-6723　🛈nonkina-okome.com/coffee/
Ippyo-Kenmei　2 cups, ¥486　**Nagao to Coffee** ⚲Itagaki 51-13-3, Ikeda-cho, Imadate-gun, Fukui

7. 焼き菓子　全部美味《おい》しいけど、元北前船の廻船問屋という歴史を持つ店だからには、「パヴェフロマージュ 昆布」は外せない。　サブレ 和紅茶 620円 / サブレ メープル 560円 / フロランタン コーヒーとごま600円 / パヴェフロマージュ 昆布 620円　**昆布屋孫兵衛**　⚲福井県福井市松本2-2-6　☎0776-22-0612　🛈www.instagram.com/kombuyamagobei/　Baked sweets　Japanese black tea sable cookies ¥620 / Maple sable cookies ¥560 / Coffee & sesame florentine ¥600 / Kelp pavé au fromage ¥620　**Kombuya-Magobei**　⚲Matsumoto 2-2-6, Fukui, Fukui

8. PLACE / SEKISAKA　越前漆器の技術から発展した滑りにくいお盆。表面のプツプツ（塗装）こそ、機能的かつポップでモダン。全色集めたい。　A4 Tray 3,190円　B4 Tray 3,960円　**ataW**　⚲福井県越前市赤坂町3-22-3　☎0778-43-0009　🛈ata-w.jp
PLACE / SEKISAKA　A4 Tray, ¥3,190　B4 Tray, ¥3,960 **ataW**　⚲Akasaka-cho 3-22-3, Echizen, Fukui

Photo : Yuji Yamazaki

11
12
TAKEFU
9
13
10
海生堂
白とろろ昆布
奥井海生堂
OKUIKAISEIDO
とろろ昆布
太白おぼろ
RAPYARN RIBBON

9. SUISEN Bouquet　シーズンになると、日本水仙の魅力を全国に届ける「ノカテ」オリジナルブーケ。包みを開けた瞬間、爽やかな香りが広がる。 約30本 4,180円　**ノカテ**　福井県福井市居倉町《いくらちょう》38-2（点景／イクララボ）　nokate.theshop.jp
SUISEN Bouquet　Around 30/bouquet, ¥4,180　**Nokate**　Ikura-cho 38-2, Fukui, Fukui（staffage; Ikura Lab）

10. オリジナルチロル　細織物が得意な福井県ならではのチロルリボン。ポップな柄からシンプルな柄まで、選ぶ楽しさも◎。さて、何に使おう。 各 幅25mm 長さ50cm 各412円　**RIBBON'S CAFE**　福井県坂井市丸岡町堀水13-8　☎090-2123-3366　ribbonscafe.jp
Original Tyrolean ribbon　25mm（width）by 50cm（length）each from ¥412　**RIBBON'S CAFE**　Horimizu 13-8, Maruoka-cho, Sakai, Fukui

11. ocean　若狭塗の技術を使い、若狭高校の生徒たちと考えた海洋プラスチックゴミのリユースプロダクト。歴史と伝統と"今"を伝える箸。各2,200円　**GOSHOEN**　福井県小浜市北塩屋17-4-1　☎0770-64-5403　goshoen1815.com
ocean　Each from ¥2,200　**GOSHOEN**　Kitashioya 17-4-1, Obama, Fukui

12. クレウス13　プロダクトデザイナー川崎和男氏による、40年変わらないデザイン。まさに歴史を切り開いた"包丁"。食洗機 OK。 13,530円　**タケフナイフビレッジ**　福井県越前市余川町《よかわちょう》22-91　☎0778-27-7120　www.takefu-knifevillage.jp
Culeus 13　¥13,530　**Takefu Knife Village**　Yokawa-cho 22-91, Echizen, Fukui

13. 太白おぼろ・おぼろ・とろろ・白とろろ昆布　北前船の寄港地・敦賀の老舗《しにせ》昆布屋による昆布土産。どれを選ぶか迷ってしまうが、編集部一押しは「白とろろ」。 各30g 486円〜　**奥井海生堂 敦賀駅前 otta 店**　福井県敦賀市鉄輪町《かなわちょう》1-5-32　☎0770-47-5115　www.konbu.jp
Taihaku Oboro, Oboro, Tororo, Shiro Tororo Kombu　30g each from ¥486　**Okui Kaisieido – TSURUGA POLT SQUARE otta**　Kanawa-cho 1-5-32, Tsuruga, Fukui

14. 若狭宇宙鯖缶　日本初の水産高等学校が作った、世界初の宇宙食鯖缶の量産タイプ。試行錯誤の末に完成した、感動的な一缶。 90g 756円　**道の駅 若狭おばま**　福井県小浜市和久里《わくり》24-45-2　☎0770-56-3000　michinoeki-obama.jp
Wakasa Space Canned Mackerel　90g, ¥756　**Roadside Station Wakasa Obama**　Wakuri 24-45-2, Obama, Fukui

15. 眼鏡　日本一の眼鏡産地に来たならば、お気に入りの一本を必ず新調したい。素材から機能性、フォルムまで、眼鏡は奥が深い！
（上）BOSTON CLUB NORUT TRIF SUN 40,700円 /
（真ん中）MEGANEROCK vector 017 35,200円 /
（下）田中眼鏡《がんきょう》本舗 オリジナル 30,000円（全てフレームのみ）
BOSTON CLUB SHOPSABAE　福井県鯖江市三六町1-4-30　☎0778-52-0890　bostonclub.co.jp
MEGANEROCK　www.meganerock.com /
田中眼鏡本舗 浪漫堂　福井県鯖江市上河端町《かみこうばたちょう》18-4-6　☎0778-54-0044　www.t-honpo.com
Glasses　BOSTON CLUB TRIF SUN　¥40,700 /
MEGANEROCK vector 017 ¥35,200 /
Tanaka Gankyo Honpo-Original ¥30,00（frames only for all）
BOSTON CLUBSHOP SABAE　Sanroku-cho 1-4-30, Sabae, Fukui / **MEGANEROCK** / **Tanaka Gankyo Honpo – Romando**　Kamikawabata-cho 18-4-6, Sabae, Fukui

16. 百笑の塩 塩とストーリー　福井のデザイナーが、それぞれパッケージをデザインした塩と、ショートストーリー。つくり手の想いは、内側に。 各 40g 550円　**志野製塩所 しの屋**　福井県福井市鮎川町《あゆかわちょう》133-1-1　☎070-3630-1920　shinoya004.stores.jp
Hyakusho-no-Shio; Salt & Story　40g each from ¥550　**Shinoya, Echizen Shino Craft Salt**　Ayukawa-cho 133-1-1, Fukui, Fukui

d design travel 編集長が語る、パートナー企業のこと

LIST OF PARTNERS

000-001

ふーぽ／株式会社fzプロダクション　皆さんは、「福井県」と聞いて、まず思い浮かべることは何でしょうか？　東尋坊？　永平寺？　越前がに？　恐竜？　眼鏡？　鯖《さば》街道？　御食国《みけつくに》？　それとも〝幸福度日本一〟？　観光名所や、自分が住んでいる地域のことは知っていても、少し離れた場所のことになってしまうと案外知らないもの。ましてやｄ編集部にとっては、初めての福井県。そんな中、ネット上で役に立ったのが情報ポータル『ふーぽ』でした。「福井での暮らしがほんの少しでも楽しくなるようなワクワクのタネ」がたくさん詰まっています。

fupo.jp

007

株式会社 村松建築　国の重要伝統的建造物群保存地区・小浜西組内にある「村松建築」は、大正12年（1923年）の創業以来、小浜西組の町家と深く関わってきました。町家を改修することで、これまでの築年数よりも長持ちさせたいという思いがあり、例えば、築100年の建築物なら、これからさらに100年以上耐えられるよう後世に残していける仕事を心がけていると、4代目・村松徹哉さんは話します。『d design travel』の読者の施工主も多いそうで、福井県（小浜）に移住を考えている皆さん、町家に住みたいと思ったならば、ぜひ、村松建築を訪ねてみてください。

muramatsukenchiku.com

008

MEGANEROCK　僕が「MEGANEROCK」に出会ったのは、およそ5年前の2018年、鹿児島県鹿屋《かのや》市のライススタイルショップでした。日頃から眼鏡ユーザーの僕は、眼鏡専門店以外で購入したのは初めてで、実用的な理由以上に、何よりもカッコいいからほしい！という衝動買いでした。これまで何本もの眼鏡を掛けてきましたが、眼鏡はもっと自由でいいんだ、という新しい価値観を教えてくれ、5年越しにようやく鯖江の工房でお礼ができました（笑）。作り手の雨田大輔さんによる独特の世界観をMEGANEROCKを掛けて味わってください。

www.meganerock.com

011

城町アネックス　こんなにもクリエイターたちに愛されるプチホテルは、日本中を探してもなかなかありません。仕事柄、いろいろなプチホテルに泊まりますが、（ここだけの話）利便上仕方なく選ぶことがほとんどでした。でも、「城町アネックス」には、わざわざでも泊まりたい理由があります。部屋はシンプルでクリーン。そして、（西側の）窓からは福井城のお堀の景色が広がっていて夕日も綺麗《きれい》。朝になれば、城址にある福井県庁に登庁する人を眺めながら美《お》味《い》しいモーニングを食べるのもまた〝福井らしい贅沢《ぜいたく》〟。温かい家族経営の僕のアネックス（別荘）です。D&DESIGNが制作。

shiromachi-anx.com

013

株式会社 マツ勘　日本の伝統的工芸品「若狭塗」を起源とした塗箸の一大生産地福井県小浜市から、箸を通した「わくわく」を創る箸メーカー「マツ勘」。伝統的な若狭塗をはじめ、その技術を踏襲したさまざまな塗箸を生産してきていて、見るだけでも「わくわく」するものばかり。デザイナーや高校生など、多方面とコラボレーションした箸もユニークで、日本の食卓に欠かせない箸の可能性を追求し、常に変化する暮らしの「わくわく」をつくり続けています。1922年の創業から、小浜市北塩屋の地で、箸一筋100年を迎えました。ビジュアルは、D&DESIGNによるもの。

matsukan.com

016

エイトリボン／株式会社エイト　福井県は、古くから国内有数の絹織物の産地で、特に「越前織」とも呼ばれる「細幅織物」の分野では一大産地を形成していて、日頃、僕たちも目にする「織ネーム」や「リボンテープ」においては、全国一のシェアを誇っています。丸岡町にある「エイトリボン」は、国内最大のシャトル織機を使った、チロルリボン工場で、同じ町内の細幅織物メーカー「松川レピヤン」によって工場の立て直しとブランディングを行ないました。詳しい話は、ｄマーク誌面で。

www.eightribbon.jp

069

Back Cover

CITROËN《シトロエン》 BERLINGO《ベルランゴ》／Stellantisジャパン株式会社　CITROËNは、フランスの大手自動車メーカー。今回の「福井号」から、BERLINGOが編集部に仲間入り。取材先でさまざまな道具や荷物を積み込む、『LOAD UP』シリーズがスタート。福井県では、日本屈指の遊具メーカー「ジャクエツ」のデザイン遊具を積み込みます！　ファッションブランド「ミナ ペルホネン」の皆川明氏が監修した「flower bird」をはじめ、あんなものからこんなものまで積み込んでも、スタイリッシュなベルランゴ。約2か月間の取材中も全力でサポートしてくれました。中面1ページと、表4で登場。

☗ citroen.jp

095

Craft Invitation／一般社団法人SOE　福井県内で、実際に配布されているデザインあるフリーペーパーをご紹介するお馴染みのコーナー。今回、ご登場いただいたのは、日本有数のものづくりの町・越前鯖江の魅力を掲載した『Craft Invitation』。産業観光イベント「RENEW」も運営する「一般社団法人SOE」によって発行。実は、これとは別にマップ付きの完全版や、WEBサイトも充実しているので、「URUSHI BIKE」を借りて、「福井号」と一緒にぜひ旅してみてください。デザイナーやゲストハウスのオーナー、ものづくりの職人さんまで、あらゆる〝福井人〟が関わっているのも魅力。

☗ craftinvitation.jp

134

BOSTON CLUB　1984年の創業から、1996年に初の自社ブランドである『JAPONISM』コレクションのスタート、東京銀座への直営店のオープン、そして、2017年に鯖江に生まれた本拠地ボストンクラブビルディングの開設。日本一の眼鏡産地・鯖江の〝めがね〟を牽引《けんいん》してきた「BOSTON CLUB」。ビルの中には、ショップに加え、ミュージアムやワークショップが行なえるスペースもあって、まさに〝めがねの発信基地〟。取材中、編集部は、新ブランド『NORUT』を購入！　デザイン性に加え、想像以上の軽さに虜《とりこ》になりました。鯖江で眼鏡を購入するならば、まずはBOSTON CLUBへ。素敵な1本が、必ず見つかるはず。

☗ bostonclub.co.jp

136

若狭佳日　ふぐ養殖をはじめとした漁業とともに、全18軒中14軒が民宿を営む小さな集落「阿納《あの》」。その集落の入り口にあった、地域のシンボルだった旅館が廃業したのを機に、集落が一致団結して、地元のまちづくり会社とともにリノベーションして誕生した「若狭佳日」。2023年の夏の完成のタイミングで偶然宿泊できたことに感謝です。目の前に広がる若狭湾の景色はもちろん、心優しいスタッフの皆さんのホスピタリティーに感動しました。各部屋もワクワクするような個性的なつくりで、1人での宿泊もお薦めです。「佳日」とは、よき日のこと。思い思いの佳《よ》き日を、ぜひ満喫してください。

☗ wakasa-kajitsu.com

152

BRUNO／ダイアテック株式会社　京都に本社を構える、自転車の製造・卸会社。スイス人のブルーノ・ダルシー氏と共同開発した小径車「BRUNO」に乗って旅をする編集部「お気に入りの一本道」を連載中。今号は、「海を越えた鉄道」として伝え継がれる旧北陸線の産業遺産トンネル群を駆け抜けました。現在は生活道路として使われている長くて暗い（ちょっと怖い）トンネルですが、BRUNOがあれば、楽しく通行できます。そして、越前鯖江の産業イベント「RENEW」にも打ってつけで、さらには永平寺や恐竜渓谷までひとっ飛び。「e-hop」や「e-tool」なら超軽快。

☗ www.brunobike.jp

193

西日本旅客鉄道株式会社　かつて鉄道が海を渡り、大陸へと繋《つな》がったことで世界への窓口として発展した敦賀。鯖街道や北前船も然《しか》り、昔から福井県は、外との交流によって独自の文化を形成してきました。その中でも大きな役割を担い、今、また新しい風を運び入れる〝鉄道〟。本誌では、「北陸新幹線」の敦賀―金沢間の開業に伴い、西日本旅客鉄道株式会社（JR西日本）にご出稿いただきました。2024年3月16日以降、まちがいなく福井は変わる。そして、「福井号」を手にした旅人を乗せ、北陸新幹線は、10年後も20年後も、その先の未来も、ずっと走り続けることでしょう。

☗ www.westjr.co.jp

交通安全
交通安全
交通安全
交通安全

デザイナーのゆっくりをききたい

連載 51

ふつう

「Empathy」

深澤直人

福井に行く機会は、比較的多い。道を歩いているとすれ違う小学生が「こんにちは！」と、挨拶をしてくる。「俺に挨拶してるの？」と、思わず後ろを振り返ってしまった。地元では当たり前のことのようだ。でもこんな単純なことに感動してしまった。日本一の教育県といわれているからか。永平寺の麓だったからか。理由はいろいろあるのだろうが、こんなふつうのことが、人を幸せにするのかと改めて感じ入った。

思えば、日本ではエレベーターの中で人に声を掛けるだろうか。なかなかしないし、できない。もちろん2人か3人くらいの時だが、外国人なら「ハイ」や「ハロー」とか声を掛けやすい。イタリアとかだと、「ボンジョルノ」や「チャオ」は当たり前の習慣だ。もちろん誰にでもだ。知らない人に声を掛ける、掛けられるということが本当の「フレンドリー」と言うことなのではないかと思う。

こんな公のページでお詫《わ》びを申し上げるのは失礼かもしれないが、私は本当に人の名前が覚えられない。自分をバカじゃないかと思えるくらい覚えられない。特に最近は多くの人に会う機会も多くなり、相手の方に対して失礼ではないかと、本当に申し訳ないと思う。

Futsuu **(Normal): Empathy**

I get to visit Fukui more often than other places. Elementary school students I don't know would say "Hello!" to me when I walk down the streets, and I'd invariably look back and think, "Me?" It seems to be a given here, but that simple act touched my heart. Is it because Fukui has been touted to have the best educational standards in Japan? Or is it because I was right at the foot of Eiheiji Temple then? There might be other reasons but I was struck once again by how something so ordinary can make people happy. But come to think of it, do we make small talk with others in the elevator?

I don't think so, and I can't do it. Of course, if there're only two or three others, it's easy to say "Hi" or "Hello". In Italy, for instance, "buongiorno" and "ciao" are commonly used greetings. Of course, it is for everyone. I think being able to talk to, or respond to someone you don't know, is what true friendliness means. My apologies here but I really can't remember people's names, and to a level where I sometimes wonder if I'm an idiot. I am truly sorry if I came across as being rude to the other person, especially since I have had the chance to get to know a lot of people in recent (→p. 151)

人の名前と素性が覚えられていたならば、それは自分から広がる大きなネットワークで富になることは間違いないのであるが、その人がどんな人なのか、自分との結びつきはどこにあるのかと考えて近づいていくうちに、名前は覚えられていく。それはその人の存在に改めて「気づいた」や、「巡り会った」とかいうことになる。

身に着けたＡＩのセンサーが、あらゆる人のことを自分の代わりに覚えてくれる時代も遠くない。Ｅメールが始まったばかりの頃には、返事をすることは義務でもなかったし、マナーに反するわけでもなかった。しかし、最近は失礼に当たる。そのうち、会う人のほとんどを知っていて当たり前になる。その人の素性から人の繋《つな》がりや個人情報は、瞬時に辿《たど》れるようになる。名前を覚えてないことなんて常識では考えられなくなる。「あなたは私を知らないのですか？」という顔で接せられることも当たり前になっていくだろう。恐ろしい時代だ。もし、福井の小学生が大人になって、「あなたは僕が小学校5年生の時にあの道ですれ違った深澤さんですよね」、「最近もお酒のボトルや遊具のデザインをされてますよね」なんて尋ねられたらぎょっとするし、複雑な気持ちになるだろう。

person who is known, or the one who is unknown? The answer is probably freedom. Even if we could have an extensive online presence, I think it's for the better that we do not overdo it. A sign at the front of a high school in Ano, Otsu City, at the foot of Mt. Hiei, says, "Light up one corner." It refers to the importance of

深澤 直人　卓越した造形美とシンプルに徹したデザインで、国際的な企業のデザインを多数手がける。電子精密機器から家具、インテリア、建築に至るまで手がけるデザインの領域は幅広く多岐にわたる。デザインのみならず、その思想や表現などには国や領域を超えて高い評価を得ている。2007年、英国王室芸術協会の称号を授与される。2018年、「イサム・ノグチ賞」を受賞するなど受賞歴多数。2022年4月、一般財団法人THE DESIGN SCIENCE FOUNDATIONを設立。多摩美術大学教授。日本民藝館館長。

Naoto Fukasawa　With his outstanding beauty of form and simplicity of design, he has created designs for many multinational companies, spanning across a wide range of areas from electronic precision instruments to furniture, interior design, and architecture. He is highly acclaimed not only for his designs, but for his ideas and expressions that transcend beyond borders or regions as well. He was awarded the title of Royal Designer for Industry (Royal Society of Arts) in 2007, and the Isamu Noguchi Award in 2018. In April 2022, he established THE DESIGN SCIENCE FOUNDATION, a general incorporated foundation. He is a Professor at Tama Art University, and Director of the Japan Folk Crafts Museum.

認知症を患って家族の名前が覚えられなくなるなどということは大変不安で恐ろしいことだが、ＡＩがそれを補ってくれるのならばありがたい。

人間はどこまでを知って、どこまでを忘れればいいのだろう。自分の身をどこに置けば良いのだろう。知られる価値と、知られない価値はどちらの方が豊かなのだろう。自由なのだろう。自分がインターネット上で広く生きられるようになっても、自分の生きる範囲を広げ過ぎない方が良いように思う。

比叡山の麓の大津市穴太《あのう》にある高校の前に、「一隅を照らす」という言葉があった。どのような生い立ちでも人生でも自分の生きる周りを照らすことの大事さのことだった。福井の小学生は周りを照らしていた。

山登りでクライマー同士がすれ違う時に「こんにちは」と声を掛け合う習慣は悪くない。山登りという一つの目標を共有し、お互いの労を労っているかのようだ。

「Empathy」は、共感とか感情移入という意味だ。短く交わすメッセージも感情が篭もる。今のように会話が自由にできる時代だから。ふつうに共感できる短い言葉の交わし合いを、大切にしたいと思う。

times. Certainly, the ability to remember people's names and backgrounds would turn into a big network. As one gets closer to the person and wonder what they're like and how they're connected, the name will start to stay.

That would be like a new recognition of that person's existence or a fateful encounter. In the not-so-distant future, the AI sensors we wear will help us to remember everyone. In the early days of email, it wasn't mandatory to reply or bad manners not to. But it is now. We'd soon get to know most of the people we meet; we'll be able to instantly trace that person's connections and personal information based on their background. We will be expected to remember names. People might eventually shove their face in front of you and question, "Do you not know me?" This is terrifying.

If that elementary school student in Fukui grew up and asked if I was that Fukasawa that walked past him on the streets when he was in fifth grade, and pointed out that I've recently designed sake bottles and playground equipment, I would be startled and have mixed feelings about it. However, it's also extremely worrying and terrible to not be able to remember the names of family members due to dementia, so I'd be thankful if AI could help us with that.

To what extent should humans know and forget? Where should we place ourselves? Who is the richer person? The

Old Hokuriku Line
Dinosaur Valley
Obama Nishigumi
Sava Kaido
Kuzuryu River
Echizen Coast
B
Bruno e-tool
BLACK
BRUNObike
diatec ltd.
www.diatechproducts.com

D&DEPARTMENT PROJECT
FRIENDS

47 REASONS TO TRAVEL IN JAPAN

002
青森
AOMORI

八戸酒造株式会社
青森県八戸市湊町本町9
0178-33-1171
mutsu8000.com/

港の風が通る老舗《しにせ》酒造　「八戸酒造株式会社」は、フルーティーな飲み口が特徴的な「八仙」をはじめとする日本酒を軸に、地元地域に特化したリキュールや焼酎、スピリッツなども手がける醸造元だ。大正時代に建てられた6つの蔵の前には、海まで繋《つな》がる新井田川《にいだがわ》が流れ、屋形船がずらりと並ぶ。川沿いを下ると日本最大の岸壁朝市の会場に辿《たど》り着く立地であり、近世から港町の物流拠点として繁栄してきたことを印象づける、漆《しっ》喰《くい》土蔵と赤レンガ蔵の建造物だ。2021年、世界酒蔵ランキング1位の受賞実績を持つ実力派の酒造だが、私の感覚では、八戸市内の飲食店や、住民のリピーターがとても多いように思う。蔵見学や、アーティストのライブイベントも積極的に行ない、風通しの良い老舗企業として地元住民から愛され続けている。“酒蔵から始まる街づくり”に学ぶことは多い。（岩井 巽／東北スタンダード ディレクター）

001
北海道
HOKKAIDO

近藤染工場
北海道旭川市1条通3-右1
0166-22-2255
www.kondo-some.co.jp

染は心の美　旭川駅から約10分ほど歩いた場所にある、大きく「染」と書かれた看板と、迫力のある紺色の暖簾《のれん》が目印の「近藤染工場」。1898年に創業し、戦後からは大漁旗をはじめ、はんてんやのぼり、旗 、暖簾など全ての制作工程を手作業で行なう。量産型の機械染めが多い中、代々伝わる刷毛引きの本染めを貫いているのが特徴で、文字や絵柄など、染めを施さない部分は、職人がペースト状の糊《のり》を絞り出しながら下絵に沿って糊置きし、模様や文字を描く。この工程が最も難しく、一人前になるまでに約10年は要するという。実際の作業現場を見学させてもらうと、熟練した職人は、必ずしも下絵に忠実に糊を置くのではなく、模様の勢いや文字の太さなど全体のバランスを見て、下絵と微妙に変化をつける。この熟練の技と判断が美を生み出すのだ。（綾本 真里菜／D&DEPARTMENT HOKKAIDO）

004
宮城
MIYAGI

タゼン
宮城県仙台市青葉区一番町1-12-40
022-225-6857
ec.on-akagane.com

せり鍋のための鍋　伊達政宗に技術を見出されてから420年以上、神社仏閣の装飾から人々の生活道具まで、さまざまな銅製品を手がけてきた「タゼン」。銅を専門に扱う御銅師である19代目の田中善さんは、主力商品であった四角い銅製の箱「銅壺」を現在に復刻し、「仙《せん》臺《だい》銅《どう》壺《こ》」シリーズとして、せり鍋専用の鍋の製作を始めた。一枚の銅板を叩き、角を出すために折り曲げ、溶接し、さらに叩き込んで強度を増す。見た目の美しさはもちろん、高い熱伝導率とイオン効果、中心に具材が滞留しにくい四角い構造で、青菜はより鮮やかに、うま味が増し、シャキシャキとした食感が堪らない。飲食店へのレンタルも行ない、オフシーズンにメンテナンスをしながら長く使い続ける提案をしている。職人の技術を継承しながら、作り手と使い手の関係も持続可能にする道具。（渡邉壽枝／ d design travel 編集部）

003
岩手
IWATE

石神の丘美術館
岩手県岩手郡岩手町五日市10-121-21
0195-62-1453
ishigami-iwate.jp

四季折々の風景と彫刻作品が融合　岩手県初の野外彫刻美術館として1993年に開館。標高326メートルの石神山の斜面を利用した「花とアートの森」では、西野康造氏や三沢厚彦氏らによるアート作品、イサム・ノグチや深澤直人氏らによるデザイン遊具など、全部で24の彫刻作品が楽しめる。同地では、町で産出された黒御影石を使って公開制作を行なう「岩手町国際石彫シンポジウム」が、1973年から2003年まで開催された歴史があり、当時の作品の一部も展示されている。100品種以上の草花が、季節ごとに異なる景色を見せるのも魅力だ。「空の広場」から望む姫神山も必見。雪に覆われる冬もまた美しい。彫刻作品に触れたり、写真撮影も楽しめる。ゆっくり回ると約1時間。「企画ギャラリー」や「美術館ホール」で開催される企画展やコレクション展も楽しんでほしい。（佐藤春菜／編集者）

006
山形
YAMAGATA

源七 遠藤商店
山形県西置賜郡白鷹町横田尻1450
0238-85-2281
gen7endoh.base.shop

会話のきっかけが詰まった商店　「源七 遠藤商店」は、1961年から白鷹町中心街から少し外れた場所にある地域密着型のコンビニエンスストアだったが、2021年6月に、お酒と調味料、雑貨なども扱うセレクトショップとしてリニューアルした。店主の妻・遠藤奈津子さん自らが、実際に使い、その良さを知った上で国内外から取り揃えたというそのセレクト眼や商品の幅広さは、「なぜここにこれが？」と思わず聞いてしまうほど面白い。リニューアル後も地域の利用が多いことや、有名無名にかかわらず、“嬉《うれ》しいが見つかる”商品数の多さからは、人との繋《つな》がりの広さがうかがえる。商品を介して話が盛り上がり、店主を通じて他のお客さんとの繋がりが生まれるのも魅力的だ。地域には欠かせない“ほんの日常にあるコミュニティーの場”を作り出しているのが「源七 遠藤商店」である。（仲舛 なずな／東北芸術工科大学）

005
秋田
AKITA

SANABURI FACTORY
秋田県男鹿市船川港船川栄町6-2
www.instagram.com/sanaburi_factory/

酒《さけ》粕《かす》を宝に変える加工所　経営理念は「男《お》鹿《が》の風土を醸す」。「SANABURI FACTORY」は、秋田県男鹿市を「酒の聖地」として盛り上げようと、酒造りに留まらない活躍を見せている「稲とアガベ株式会社」が、2023年春にオープンした食品加工所だ。店名は、田植えを無事に終えたことを神に感謝し、田の神を送る風習「早苗饗」に由来。「廃棄リスクのある農作物をごちそうに変えたい」と、酒粕を活用した「発酵マヨ」、オリジナルサブレやどぶろくなどを販売している。空き家となった建物を活用し、さまざまな仕掛けを打ってきた同社。2023年夏にはラーメン店「おがや」を開店。今後スナックやホテルを開く計画もたてている。人口減が進む男鹿のまちの灯《あか》りを取り戻し、交流人口を増やしているのは確実だ。将来男鹿で働きたいと思う子どもたちが増える未来も想像できる。（佐藤春菜／編集者）

008
茨城
IBARAKI

だだ商店 だだ食堂
茨城県つくば市流星台56-3
029-896-4091
dada2020.com

食べることは生きること 2020年6月にオープンした、つくばのワインインポーター「ヴィナイオータ」が営む店。全国各地から厳選された食材や調味料、自社栽培の農産物が並ぶほか、地下のワインセラーには代表の太田久人さんがセレクトしたナチュラルワインが何万本も貯蔵されていて、まさに“食の楽園”だ。食堂では、農薬や肥料に頼らず自社農園で育てたお米や野菜を使った「だだ定食」が楽しめる。生き生きとした食材と工夫を凝らした週替わりのメニューに、“食べること”の喜びや楽しさを再確認できる。木の温もりを感じる居心地の良い店舗建築は、中村好文さんの設計によるもので、食堂の大きな窓からは、つくばの穏やかな田園風景が望める。「日常に小さなスペシャルを」をモットーとするこの店で過ごす時間には、“豊かな暮らし”のヒントが詰まっている。（国井 純／ひたちなか市役所）

007
福島
FUKUSHIMA

蕎麦彩膳 隆仙坊
福島県郡山市清水台2-6-5 大慈寺門前
024-932-0194
www7b.biglobe.ne.jp/~ryuusenbou/index.html

都会の中のひっそりとした蕎麦屋 郡山駅より徒歩で約10分、大通りを上り、角を曲がった先のお寺の前に現れる、ひっそりとした古民家。郡山の名店蕎麦屋「蕎麦彩膳 隆仙坊」だ。食事をする奥の部屋までは、縁側を歩くのだが、歴史を感じさせる店内は趣があり特別感を味わえる。「天かき揚げせいろ」には、小エビと小柱の食感がプリプリなかき揚げが付き、抹茶塩でいただく。二色せいろにすると季節のお蕎麦も楽しめるのが嬉《うれ》しい。コシのある蕎麦は食感がしっかりとしていて、蕎麦つゆではなく、塩で食べても美《お》味《い》しい。そば田楽は、程よく甘く、カリッとした食感もたまらない。夜には、珍しい蕎麦酒や、つまみも充実。揚げそば掻《が》きは、中がふわふわな食感で、わさび醤油とともに合う。味わいたいメニューが豊富で、何度も通いたくなる場所だ。（山本阿子／ D&DEPARTMENT FUKUSHIMA）

010

群馬
GUNMA

山重徹夫
群馬県吾妻郡中之条町大字五反田3534-4
0279-75-3320（中之条ビエンナーレ事務局）
nakanojo-biennale.com/

土地と人と繫《つな》がる　群馬県北西の山間部、過疎高齢化が進む「花と湯の町」中之《なかの》条町《じょうまち》にて開催される国際芸術祭『中之条ビエンナーレ』。2007年の第1回から現在まで、同祭の総合ディレクターを務めているのが山重徹夫さんだ。「土地と向き合ってくれる」作家を選定し、地域の特性を活かし、地元の方々と共に芸術祭をつくり上げることを大切にされている。この土地ならではの作品は多くの来場者を招き、地域に経済的な豊さと同時に自信と明るさをもたらした。いつしか周辺には多くのアーティストが移住、ギャラリーや新規飲食店、古本屋ができるなど、人々が足を運ぶエリアとなった。「現代美術は世界に出ていかなければ……」と積極的に、時に自費で渡航し、およそ20か国との繋がりを構築した。「中之条を日本の国際芸術文化交流における“ハブ”に」という構想に、期待してしまう。（本多 寿美代／会社員）

009

栃木
TOCHIGI

つごもり
栃木県足利市今福町162
www.instagram.com/tsugomori__/

陰翳礼讃《いんえいれいさん》な古道具店　そこはかつて、繊維工場従業員の女子寮であったことは知る由もなく、地図に表記されるも、辿《たど》り着くことも容易とは言えないが、特に最初に訪れた時の異様さと異変を丁寧に感じ取ってほしい。半ば大袈裟だが、入り口の門から足を一歩踏み入れた先から、常識が覆される境界線であり、店主・直塚裕介さんの「美」の蒐集《しゅうしゅう》に触れられる。国内外から集めた古物群は主人の趣味と嗜好性を大いに代弁してくれる。特に各スペースの陰翳に意識して見ると、モノの機能やデザインを超えて、その陰翳に対する礼讃が主人の古物やモノに対する美への眼差しのように感じるのだ。訪問は完全予約制。事前にInstagramなどでアポイントを取ってから訪問してほしい。写真撮影は可能な時とそうでない時がありそうだ。必ず店主の直塚さんに確認を取るのをお勧めする。（本村拓人／ Media Surf Communications）

012
千葉
CHIBA

林良樹(小さな地球)
千葉県鴨川市釜沼875
古民家ゆうぎつか
small-earth.org

「いのちの彫刻」と呼ばれる共生のための創作活動　世界中を旅した林良樹さんが辿《たど》り着いた場所は、意外にも出身県である千葉県鴨川市の釜沼という里山。林さんは1999年に鴨川市へ移住し、地元の人と移住者が交流できる「古民家ゆうぎつか」の運営をはじめ、地域でモノやサービスを取引する「地域通貨あわマネー」、無印良品と共に有機米を育てる「鴨川里山トラスト」や「釜沼北棚田オーナー制度」、寺田本家と「天水棚田でつくる自然酒の会」などを展開。2021年には「小さな地球プロジェクト」を立ち上げ、古民家や棚田を含む里山全体をコモンズ(共有財産)とし、茅葺《かやぶ》きの再生、カフェ、ギャラリー、マーケット、ゲストハウス、企業や大学の研修など、「いのちの彫刻」と呼ばれる創作活動は多ジャンルに及ぶ。一人一人が主役の美しい社会へ。共生社会の未来がここにはある。(菅野 博／安房暮らしの研究所)

011
埼玉
SAITAMA

THE PUBLIC
埼玉県熊谷市手島215
the-public.jp/

埼玉らしい宿、THE PUBLIC　県の面積に対する川の割合が全国1位の埼玉県の中で、熊谷は二大河川の「荒川」と「利根川」が最も接近し、豊富な湧水に恵まれた肥沃な土地にある。工藝風向《こうげいふうこう》の高木崇雄《たかきたかお》氏は、『d design travel SAITAMA』で「埼玉の民藝は川だ」ともしている。荒川の土手沿いに、一棟貸切専用のゲストハウス「THE PUBLIC」は存在し、日本でも有数の恵まれた土、水、太陽のもとで、無肥料・無農薬で育てられた自然栽培での野菜、米、味噌やワイン造りなどの拠点になっている。埼玉県のキーマンたちが常に訪れ、さまざまなワークショップを開催しながら、宿泊客とも交流し、豊かな食文化を発信し続ける埼玉らしい宿だ。2017年発刊の『埼玉号』では、埼玉らしい宿は3つしか選定されていないが、4つ目になるであろう宿の一つだ。(加賀崎勝弘／PUBLIC DINER)

014
神奈川
KANAGAWA

イグル氷菓
神奈川県鎌倉市腰越3-8-26
0467-32-3539
iglu-ice.jp

カマクラのアイス　観光で鎌倉に来たことがある人ならば、おそらく一度は乗っているであろう江ノ島電鉄。車窓からの景観もさることながら、緑色のレトロな風貌の車両それ自体に、多くの人が、鎌倉らしさを覚えるだろう。そんな江ノ電が目と鼻の先を行き来する「イグル氷菓」は、海に近い「腰越《こしごえ》駅」のそばにあるアイスキャンディーの直売所。アイスを咥《くわ》えたチャーミングな白熊の看板が目印だ。店内には、神奈川産の旬の果物をはじめ、素材を大切に、店主・新由美子さんによって一つ一つ手作りされたアイスが並ぶ。ショーケースから好みの一本を手に取ったら、すぐにその場で江ノ電を眺めながら食べるのも、海まで歩いて行くのも良いだろう。小さな港町で、纏《まと》わりつくような潮風を浴びながら食べるカマクラのアイス。一口齧《かじ》れば瞬間に、体中に瑞々《みずみず》しい冷たさと鎌倉らしさが染み渡る。(原田將裕／茅ヶ崎市役所)

013
東京
TOKYO

笹塚ボウル
東京都渋谷区笹塚1-57-10 3F・4F
03-3374-1301
sasazukabowl.com

街の文化であり居場所　ボウリングブームの真っ只《ただ》中、1978年に設立した「笹塚ボウル」。半世紀近くの年月が経っても、文字通り老若男女が集う。そんな空間づくりには、細部までデザインの意識が通っているもの。マットなハウスボウル。ウィットの利いた加賀美健氏とのコラボ・コースター。スタッフの黒いユニホーム。緑のタイルと木材に統一された食のブース。提供されるフードも抜かりない。熱々のピザに、Heinekenの相性たるや。自然派ワインも豊富なラインアップ。極め付きは、新設されたDJ ブースと良い音楽だろう。時に、街のクリエイターたちが、DJを務め、ミラーボールと共に空間をジャックする。いつの時代も、ただひたすらに楽しむ時間は、日常のようで実は特別。そんな文化的なこの場所が続くことを願う。(金藏未優／D&DEPARTMENT TOKYO)

016
富山
TOYAMA

ブティック「水と匠」
富山県砺波市野村島645
0763-77-3315（楽土庵）
www.rakudoan.jp/boutique

土徳《どとく》を感じる　富山県西部、砺波《となみ》平野の水田に囲まれた、築120年のアズマダチ建築を改修した施設がある。富山県西部観光社「水と匠」が運営している1日3組限定のアートホテル「楽土庵」だ。併設した建物内のブティック「水と匠」は、五割一部によるシンプルで現代的な設計で、金京徳《キムキユンドツク》や神谷麻穂、小路口力恵《しようじぐちりきえ》等、富山で活躍する作家の器や、氷見にある創業100余年の松本魚問屋の海産物、錫《すず》製品のアクセサリーなどを販売している。また、人間国宝の濱田庄司《はまだしようじ》や島岡達三の器もあるのは驚きだ。実は県西部地域は、棟方志功が滞在し柳宗悦《やなぎむねよし》らも訪れた民藝《みんげい》の聖地として知られる場所。巨匠の作品と並んでも負けることのない現代作家の作品の力強さ、窓から目に入る散居村《さんきよそん》の風景との調和に、普遍的な美しさを感じる。謙虚に自然に感謝して生きる、この地の“ 土徳 ”を感じた。（貴堂 敦子／ D&DEPARTMENT TOYAMA）

015
新潟
NIIGATA

江口だんご 摂田屋店
新潟県長岡市摂田屋4-8-28
0258-39-9173
settaya.e-dango.com

醸造の町で作られる醤油味の赤飯　江戸時代から続くとされる酒・味噌・醤油を造る醸造文化が盛んな町、長岡市摂田屋《せつたや》地区。かつて参勤交代でやって来たお殿様が、駕籠《かご》から降りて休憩する場所があった旧三国街道を中心に町が形成されたことから、「接待屋」とも呼ばれたことが地名の由来とされている。この地で店を構える「江口だんご」は、米の美味《おい》しい長岡市ならではの赤飯を作っている。全国で定番の赤飯は、その名の通り赤かピンク色。ところが長岡市内では、醤油造りが盛んな摂田屋の影響（諸説あり）のためか、醤油色または茶色が定番だ。地元醸造蔵の醤油と地酒で味つけされた赤飯を「長岡赤飯」として店頭やネットで販売。また自宅で炊飯器などで作れるキット「郷土 cooking 醤油赤飯」も販売している。この地の歴史を伝える長岡郷土の味を気軽に味わってほしい。（南雲克雅／首都圏新潟県人会代表）

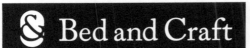

019

山梨

YAMANASHI

豊鮨
山梨県甲府市善光寺1-12-7
055-233-1216
www.instagram.com/toyosushi_zenkoji/

山梨ワインで集う　海なし県、山梨県には鮨《すし》屋が多い。その数あるお鮨屋の中でも、デイリーで通いたくなるのが甲府市善光寺にある「豊鮨」だ。店主の若月武司さんの山梨ワイン愛と、家族で営むお店のアットホームさに心を掴《つか》まれる常連も多い。お店で扱う山梨のワインは、武司さんが直接ワイナリーを訪れ、造り手たちと会話をしながら、これぞというものを選んでいる。そのためか、食事と合わせるのにとても面白く、貴重なワインが並ぶ。個人的なお薦めは、元餃子屋さんから嫁いだ奥さんの美紀さんが受け継いだ餃子。現在は、東京の料理店で腕を磨いていた息子さんの大地さんも戻り、アラカルト料理も提供。そのためか、なかなかお寿司にまで辿《たど》り着かないほど、美味《おい》しいもの尽くし。地元に愛され、食やワインを通じてさまざまな人が集い交流することで、新らしい山梨の文化を育んでいる。(BEEK／土屋 誠)

017

石川

ISHIKAWA

九谷焼窯元　須田菁華
石川県加賀市山代温泉東山町4
0761-76-0008

使いながら愛《め》でたい九谷焼　山代温泉で、北大路魯山人が食客として逗留《とうりゅう》していた寓居《ぐうきょ》跡を見学した時のこと。「魯山人がここで彫った刻字看板を掲げている店が近くにある」と教えてもらった。早速向かうとそこは、九谷焼の窯元・須田菁華。魯山人に作陶の手ほどきをしたのは、明治から大正にかけて活躍した名工・初代須田菁華その人だった。石畳の温泉街は町並み自体に風情があったが、中でもひときわ歴史と風格を感じさせる店構え。戸を引いて入る際は思わず背筋が伸び、靴も丁寧に揃えて上がった。畳敷きの店内には九谷焼がずらり。今も、4代目が明治時代の蹴りろくろを用い、登り窯で焼いているという。揃いの器も、一点一点を注意深く見れば、少しずつ線や色のにじみ具合に違いがあり、愛嬌《あいきょう》がある。いつの間にか「この器には何の料理を盛り付けよう」と、浮き立つ心で見入っている自分がいた。(芝生 かおり／福井かひる山　風土舎)

018
福井
FUKUI

旧北陸線トンネル群
福井県敦賀市樫曲～
南条郡南越前町湯尾

日本一の鉄道難所「魔のトンネル」

県を南北に分ける山中峠の近くに、通るだけで冒険感を味わえるトンネル群がある。約7キロの間に計約4キロ、大小11基が連続し、一つ抜けたらまたトンネル、そこを抜けてもトンネル。初めて訪れた人は誰しも驚く。ここはかつて、港町の敦賀と北陸の玄関口・今庄とを結ぶ「旧国鉄北陸線」の路線だった。25/1000の急勾配が続く山間部で当時の鉄道設計では限界とされたが、過酷な工事を経て連続トンネルとスイッチバックが設けられ、蒸気機関車により峠を越えた。1962年に北陸トンネルが開通して役割を終えるとレールは撤去されたが、残ったトンネルは人や自動車が通る生活道路

として生きている。明治時代に人の手で積まれた煉瓦や石の壁が間近に見られる「鉄道遺産」でもある。山あいに暮らす私は、これらのトンネルで海側に抜けるたび、異世界へワープした気分になっている。
（芝生 かおり／福井 かひる山　風土舎）

021
岐阜
GIFU

松井屋酒造場
岐阜県加茂郡富加町加治田688-2
0574-54-3111
matsuiya-sake.jimdofree.com

酒造りは文化　江戸時代から創業300年余を数える「松井屋酒造場」。古くから冬季に新潟より杜氏や蔵人を招いて酒造りを行なってきたが、やがて杜氏の高齢化や時代の変化から、彼らを迎えることが難しくなった。そこで11代当主の酒向嘉彦さんは、35歳の時に自らが杜氏となって酒造りを続け、家族でこの小さな酒蔵を守ることを決意する。さらに、連綿と受け継がれてきた酒造りの歴史を後世に伝えるべく、数年かけて7000点余の酒造用具や生活用具、文書などを整理し、12月と1月の酒造期以外はそれらを民俗資料として酒蔵に展示する「松井屋酒造資料館」を1990年にオープン。今なお現役の大きな和釜や桶《おけ》、ざる、櫂《かい》。毎冬に蔵で生活していた越後杜氏らの暮らしぶりが目に浮かぶような生活道具の数々。酒向さんは言う。「酒造りとは伝統であり、文化なんです」。（高野直子／リトルクリエイティブセンター）

020
長野
NAGANO

喫茶 Si ra fu
長野県長野市横沢町726
080-1075-2863
www.instagram.com/kissa_sirafu/

神社の境内を望む喫茶店　善光寺の本堂から歩いて5分、「喫茶 Si ra fu」は樹齢700年超というけやきの木が参道の脇にそびえる湯福《ゆぶく》神社の近くにある。周囲は静かな住宅街。この界隈では珍しくモーニングを提供している喫茶店だ。どこかユーモラスな店名の理由を店主の鴨林克彦さんに尋ねると「素面《しらふ》は言い換えれば、すっぴん、ニュートラルってこと。飾らずフラットな心持ちで立ち寄ってもらいたい」とのこと。築70年の住宅を改修した建物はあまり見慣れないL字型で、白い漆喰《しつくい》壁の店内は実に素っ気ない。2階の客室からは緑豊かな境内を一望できる。適度に放っておいてくれる店の雰囲気に馴染み、一人で訪れる客が多いのも頷《うなず》ける。窓からの景色を眺めたり、読書に耽《ふけ》ったりと楽しみ方は人それぞれ。手作りのレモンケーキやチーズケーキなどのスイーツメニューも豊富なので、午後はまどろみながらゆったりと過ごしたくなる場所だ。（轟 久志／トドロキデザイン）

023
愛知
AICHI

新美南吉記念館
愛知県半田市岩滑西町1-10-1
0569-26-4888
www.nankichi.gr.jp

古き良き日本人の心を思い出す場所　芝生で覆われた波打つ屋根の地形と調和するように建てられた半地下式の建築物。展示室、図書閲覧室、カフェショップで構成されており、屋外には童話の森という散歩コースもある。新美南吉は半田市で生まれた。新美南吉が生まれて100年以上経《た》った今も、小学校の教科書に必ず掲載されている童話『ごんぎつね』は多くの人たちに愛されている。展示室では、日記を抜粋したパネルが多数あり、童話のほか、短編や詩にも出合える。作品に共通しているのは、暮らしに身近なものを題材にした文章、そして、ふるさとへの想い。館長の遠山光嗣さんは「ここを訪れた方が南吉のふるさとに愛着が湧くきっかけになってくれたら」と話す。土・日・祝日は、ガイドボランティアの方による解説を聞きながら巡り、「童話の森」を歩いて南吉が見た景色を体感してほしい。（原 久美子／フリーランス）

022
静岡
SHIZUOKA

ヒバリヤ
静岡県静岡市清水区押切1941
054-348-1139（本社）
hibari-ya.co.jp

地域文化の「知」の集積地
「食で地域を豊かにする」をミッションに、創業から100年以上続くスーパー「ヒバリヤ」。鮮度や価格などへの妥協のない仕入れ、惣菜《そうざい》や“焼肉屋のタレ”など自社製品の開発、陳列や加工に至るまで、ヒバリヤ人＝全スタッフがデザイン思考を持って問題解決に取り組んでいる。また、移動販売車とくし丸と協業し、買い物に来ることが難しい山間部や、近隣にスーパーがない地域へ食料を届けるなど、地域のニーズに合わせた販売方法も取り入れている。ご当地スーパーがデザイントラベルの目的か？と疑問に思った方は、ぜひ一度足を運んでほしい。全国から選りすった品々のほか、駿河湾から取り揃えた新鮮な海の幸、そして品質と量、価格に驚くはずだ。ここで買い上げた品と共に大井川や安倍川でのBBQを楽しんでほしい。（本村拓人／ Media Surf Communications）

025
滋賀
SHIGA

おごと温泉 湯元館
滋賀県大津市苗鹿2-30-7
077-579-1111
www.yumotokan.co.jp/

時代を軽やかに乗りこなす名旅館　およそ1200年の歴史を持つおごと温泉。天台宗の開祖、最澄がこの地に温泉を発見したことから始まり、霊験あらたかな湯治の郷として長く愛されてきた。そんなおごと温泉に初めて創業した温泉旅館が「湯元館」だ。なんと2023年で創業94年を迎えるという。老舗《しにせ》の温泉旅館と聞くと、なんだかとっつきにくいイメージがあるが、湯元館はそんな老舗旅館のイメージを軽やかに覆してくれる。愛犬と泊まれる棟を作ったり、独創性溢《あふ》れる宿泊プランを考案したりと、さまざまなアイデアを柔軟に取り入れ、時代の流れに合わせてしなやかにそのスタイルを変化させてきた。琵琶湖を一望できる露天風呂に浸かりながら、比叡山から吹き下ろす風を感じていると、湯元館に流れている爽やかな空気と同じ心地よさを感じ、心がすっと軽やかになる。(古谷阿土／ d47 MUSEUM)

024
三重
MIE

『いのちをつなぐ海のものがたり』／矢田勝美
080-5670-4398
www.yadakatsumi.com

海への祈りの姿を絵描く　矢田勝美さんは、三重県鈴鹿市の漁師の家に生まれた。家業である漁業を当たり前に手伝う環境に嫌気が差し、イラストレーターを目指し上京したものの、故郷の海の魅力に改めて気づく。「目に見えないものを大切にする漁師たちを伝えたい」という想いから作られた本『いのちをつなぐ海のものがたり』(ラトルズ)は、矢田さん自身が、文章、イラスト、デザイン、編集、構成まで担当。等身大で書かれた家族の実話や鮮やかなタッチのイラストも面白いが、この本で一番心が動かされたのは、常に死と隣り合わせの漁師たちによるさまざまな「祈り」の姿。それは伝統だけでは片づけられない、海で働く人たちから生まれる神秘的な「想い」だ。伊勢湾から波のように広がる矢田さんの想いは、今日も誰かの祈りに続いている。(高田弘介／D&DEPARTMENT MIE)

027
大阪
OSAKA

DOCKET STORE
大阪府箕面市船場東1-2-20 3F
090-9703-2061
docketstore.storeinfo.jp/

暮らしに馴染むモノとの出会い　箕面《みのお》市船場《せんば》にある文房具と収納用品のセレクトショップ。トレンドを追わず、シンプルで機能的なデザインに、ちょっとした遊び心が加わった独自の主張を感じさせるセレクションを展開。白い三角コーンに“駐車禁止”や“お持ち帰り”などのサインがデザインされた「PREFAB SIGN」は店の目印であり、「DOCKET STORE」のオリジナル商品でもある。ショップが入るテナントビルも個人的にお気に入り。かつては大阪船場繊維卸商団地のランドマークとして栄えるも、バブル崩壊後は数軒のテナントが入る以外、一見、普通の倉庫ビルだ。ショップにたどり着くにはトラックの搬入口や警備室を通り過ぎ、赤い業務用エレベーターに乗り継ぐ必要があるが、それもまた楽しい。同じフロアにある自家焙煎《ばいせん》のカフェも居心地が良くお薦め。(石嶋康伸／ナガオカケンメイのメール友の会・管理人)

026
京都
KYOTO

有限会社昇苑くみひも
京都府宇治市宇治妙楽146-2
0774-66-3535
www.showen.co.jp

組紐の奥深い世界　1948年、京都府宇治市にて、組紐を使った帯締めや髪飾りなどをつくる工房として創業した「昇苑くみひも」。糸の染め、撚《よ》り、組んで製品にするまでを自社で一貫して行なう。「結び」の作業は、社内の職人と、宇治市に住む約60名ものつくり手の方々によって支えられ、創業当時から続く生産スタイルだからこそ、小ロットで高品質なものづくりを実現している。宇治本店では、組紐の量り売りや、オリジナル商品の販売にとどまらず、伝統工芸士の指導のもと「手組み」を体験できる。糸の色の違い、幅広い組み方、そして結びの組み合わせで、見せる表情はさまざま。仏具や神具、和装の帯締めなどに用いられてきた技術が、今の暮らしに馴染みある靴紐やお守り、本の栞《しおり》などにも活かされ、守り続けられている。知れば知るほど奥深い紐の世界に触れてほしい。(下野文歌／ D&DEPARTMENT KYOTO)

029
奈良
NARA

bird bird
奈良県奈良市西紀寺町32-4
birdbird.co.jp/

bird birdという新たな場　奈良市にある「紀寺の家」は奈良の名宿だ。奈良が好きな人なら知らない人はいないと思う。そこを運営する藤岡俊平さんが、紀寺の家のすぐそばで、新たに手がけた場が「bird bird」だ。一言で説明するならコワーキングスペースなのだろうが、この場の魅力はそれだけにとどまらない。働く以外の時間もシェアできる機能が用意されている。サウナやキッチンなどもその一つだ。中でもこの場の価値を高めているのは藤岡さん自身がカウンターに立つ「bird bird bar」で、ここの大きなカウンターに座ると、友達になれそうな人が続々とやって来る。22時の閉店まで話が

尽きないのは当たり前で、金・土曜日のみの営業なのが悔やまれるほど良いバーなのだ。奈良好きは、一度はのぞいてほしい。もっと奈良を好きになってもらえるはずだ。（坂本大祐／合同会社オフィスキャンプ）

028
兵庫
HYOGO

JINO PROJECT
兵庫県洲本市中川原町中川原555
0799-25-8315（HIRAMATSUGUMI）
jinoproject.com/

淡路島から「じのもの」の生み方を見つめ直す

2016年、地域の素材を活用した家づくり「淡路島の家」を皮切りに、「JINO PROJECT」が始まった。「JINO」とは「地元の」という言葉に由来。淡路島内には杉や檜《ひのき》の針葉樹以外にも広葉樹が多くあるが、肝心の林業がない。製材業者も少なく、高齢化で廃業する業者も増えている。そのため個々に活動する山師たちがプロジェクトごとに集まり、伐採を行なっている現状だ。プロジェクトは、島内の木との関わりを調査するところから始まった。淡路島特有の山の樹木を活かしたものづくりに賛同する職人や、作家たちが参加し、それぞれが企画を立ち上げ、家具や食器、雑貨などを生み出す。活動を通し、作り手や買い手の一人一人が、物の作り方や買い方、関わり方を見直し、本質を考えるきっかけになってほしい。（毛利優花／洲本市地域おこし協力隊）

031

鳥取

TOTTORI

タカハマカフェ
鳥取県鳥取市福部町湯山2164
0857-22-6835
takahama-cafe.com

鳥取砂丘の新たなランドマーク　鳥取県随一の観光地である鳥取砂丘を眼前に望むカフェが「タカハマカフェ」だ。木の温もりを感じる店内や開放的な屋上のテラスでは、大山《だいせん》産の牛乳や二十世紀梨を使用したドリンクやスイーツ、鳥取和牛のバーガーなど、この地域ならではの恵みを味わうことができる。また、ひときわ目を惹《ひ》く店舗建築は、隈研吾氏の設計によるもので、鳥取砂丘をモチーフにデザインされており、鳥取県産の杉材で構成された美しい外観は、周辺の砂丘景観との調和を見事に成立させている。さらに内装に目を向ければ、鳥取砂丘の砂がちりばめられた和紙のランプシェードや「因州・中井窯」の手洗い器など、鳥取民藝《みんげい》の息づかいを感じ取ることができるのも見所のポイントだ。日本最大級の広大な砂丘を歩いた後には、この場所で一息つくことをお薦めしたい。(国井 純／ひたちなか市役所)

030

和歌山

WAKAYAMA

カネイワ醤油 本店
和歌山県有田郡有田川町小川357
0737-32-2149
www.kaneiwa.net

世代を超えて愛され続ける醤油　醤油発祥の地と呼ばれる湯浅地域。その隣町で1912年(大正元年)から続く「カネイワ醤油 本店」は地域の家庭の味を支えてきた地元の醤油醸造所。今でも手間を惜しまず昔から続く天然醸造を続けている。丸大豆と小麦、塩は全て国産。それらを高野山系の良質な水で仕込み、木桶《きおけ》で2年間熟成させた醤油は、豊かな香りとまろやかな旨味《うまみ》が広がる。4代目当主の岩本行弘さんは「蔵に棲み着く微生物が作ってくれるうちの味」だと話す。行弘さんがまだ学生だった高度成長期、大手メーカーの醤油が地方にも並ぶようになった。大手に押され販売量が減り、地元の醤油屋さんが廃業していく中、3代目当主の正二さんは変わらず醤油を造り続けた。次第に徐々に慣れ親しんだ地元醤油の美《お》味《い》しさに気づいたお客さんが戻り、地域になくてはならない存在となり、今でも愛され続けている。(天津 やよい／フリーランス)

033
岡山
OKAYAMA

三冠酒造
岡山県倉敷市児島下の町2-9-22
086-441-4440（SHOP）
www.sankan.co.jp

瀬戸内海に面した土地の歴史と、庶民の営みを酒を通して感じる　かつては島だったといわれる瀬戸内海に面した地域、児島。「児島三白」と呼ばれる産業を中心にして、庶民の生活が江戸時代から営まれてきた。この地域で、江戸時代後期、文化3年に創業し、日本酒造りを続けている蔵が「三冠酒造」だ。「三冠酒造」も扱う雄町《おまち》米は、岡山県をルーツとし、その品種を使わなければ賞を取れないといわれるほど全国でも高く評価される三大日本酒米の一つ。酒蔵の入り口には、かつて精米所として利用していた蔵を改修した角打ち兼ギャラリーがあり、生酒を含めた日本酒のテイスティングや、夏には吟醸酒粕《ぎんじょうさけかす》かき氷を楽しみながら、日本酒造りについてや、「三冠酒造」の歴史について学ぶことができる。

廃業危機を乗り越え、現在は7代目が経営を受け継ぎ、酒蔵としての新たな試みを続けている。（とつゆう／作家・デザイナー）

032
島根
SHIMANE

栗栗珈琲
島根県益田市あけぼの西町8-6
0856-22-7870
www.kurikuricoffee.jp/

最高の普通が、贅沢《ぜいたく》　ゆっくり腰を据えて、一杯の珈琲を嗜《たしな》む。食事をしたり、会話を楽しんだり、読書にふけったり、珈琲と共に過ごす時間は人それぞれだ。こうした喫茶店でよく見かける「普通」の光景は、言わば当たり前過ぎて、誰も気にも留めないだろう。しかしこの「普通」こそが、街に根づき、幅広い年代のお客で賑《にぎ》わう店を支える重要な価値なのかもしれない。旨い珈琲とは何か、「栗栗珈琲」のお客さんがどのような珈琲を求めているか、どんな店を必要としているか、現在も絶えず試行錯誤を重ねながらも、「最高の普通」であることを追求している。いつも笑顔で迎えてくれるスタッフの方々のきめ細かい気遣いや、カウンター越しにする会話も魅力の一つ。それがこの街に住む人々にとって、普通であり、日常生活の一部である。実はこれが「最高の贅沢」なのかもしれない。（玉木愛実／津和野まちとぶんか創造センター）

035

山口 YAMAGUCHI

ムクロジ木器
山口県下関市豊浦町宇賀本郷4704
083-768-0486
www.instagram.com/mukurojimokki/

人生に馴染む温かな木の器　木工用のロクロで、器を削り出し磨き上げる木工挽物《ひきもの》職人の辻翔平さん。移住先の下関で、木でつくる器と、そこに住む人々の魅力に取り憑《つ》かれた。器の素材は、豊浦町の鬱蒼《うっそう》とした山から切り出される木材を中心に、さまざまな色や硬さの材質のもの。一つ一つの工程は、辻さんの工房で全て手仕事でつくり上げられる。その完成品は見た目よりも驚くほど軽く、使う人を選ばない。そして、自然と手に収まる丸みや直線で構成された、シンプルでモダンなデザインが美しい。出会った瞬間に愛着が湧くこれらの器は、自然と持ち主の暮らしに馴染み、年月を経ても愛され続ける。そんな器をつくる辻さんの魅力溢《あふ》れる人柄を頼り、ここに集まってくる人たちや、手を貸す仲間たちの、モノづくりを介した人と人との繋がりや、地域をデザインする活動にもぜひ注目してほしい。（安本 みゆき／編集者）

034

広島 HIROSHIMA

minagarten
広島県広島市佐伯区皆賀3-8-11
minagarten.jp/

私とみんなが共存する皆賀の庭　焼きたてのパンを提供する人の横で、淹《い》れたてのコーヒーを注ぐ人がいる。目の前はマルシェやトークイベントで賑《にぎ》わい、傍《そば》では来訪者がゆっくりと本を読んでいる。代表の谷口千春さんは、家業の広島市佐伯区皆賀の園芸事業跡地を、地名の「みなが」と、フィンランド語で「わたし」の意であり「みんな」の音を重ねた「mina」と、庭＝「garden」からミナガルテンと名づけ、コミュニティー施設へとリノベーションした。かつての園芸倉庫を思わせる自然光が差す緑豊かな空間で、多様な人々が各々の「心地よさ」と「知」を持ち寄りながら、互いの違いを認め合い、思いやり、緩やかに自立共生している。この庭は、それぞれの個性が集い花開く、私たちの欲しい未来の縮図を実現しているのだ。ここで育った花は、他地域にも未来の種を運び、心地よさを広げている。（今田 雅／ .P）

037

香川

KAGAWA

有限会社 大川原染色本舗
香川県高松市築地町9-21
087-821-5769
www.ok-flag.co.jp

江戸時代から受け継ぐ伝統工芸　香川県伝統的工芸品である讃岐《さぬき》のり染を扱う大川原染色本舗は1804年に創業した。創業200年を超え、7代目大川原誠人さんがその伝統を受け継いでいる。讃岐のり染とは、もち米でできた糊《のり》を置き、一つ一つ刷毛《はけ》で染めていく技法のこと。糊を置いたところは染まらず、染料が混ざり合うのを防ぎ、差し分けられた鮮やかな色彩が特徴的。現代のプリント技法で作られたものとは違い、のり染ならではの温かみのある染めを表現することができる。讃岐の祭りは獅子舞が特徴とされ、絹生地に武者絵などの図柄を染め抜いた、他県にはない豪華な讃岐のり染でつくられた油単《ゆたん》を纏う。大川原染色本舗の作品は、優美な線と色彩の鮮やかさが美しく、思わず惚《ほ》れ惚《ぼ》れする。この鮮やかさを纏った獅子舞を一度は見てみたい。(富田朱音／D&DEPARTMENT PROJECT)

036

徳島

TOKUSHIMA

カフェ&暮らしのShop 櫻茶屋
徳島県徳島市北沖洲3-8-61
088-664-1251
sakurajaya.com

徳島の人の日常を彩るカフェ

小さい頃から、母に連れられてよく足を運んだ「櫻茶屋」。大人になってからは県外からの友人をよく連れて行っている。お薦めは、健康的な定食が楽しめる「週替わりランチ」。地元の食材をふんだんに使ったメニューはドレッシングまでもが手づくりで、化学調味料も不使用。煉瓦《れんが》造りで抜けのある店内に並ぶ器や衣服からは、暮らしを大切にする店主の審美眼が感じ取れる。セレクトのコンセプトは「アートに興味のある料理研究家の別荘」と聞き、この場を言い表すのにぴったりだと納得した。店内の小さな書店「ひとひら〜一片〜」の選書は、表紙を眺めているだけでも心が躍る。独立系の書店が少ない徳島では本に出会える貴重な場所だ。この店で過ごす時間を楽しんでほしいという気持ちが行き届いたおもてなしは、いつも私を満ち足りた気持ちで帰らせてくれる。(髙木晴香／ライター・編集者)

039

高知

KOCHI

牧野公園

高知県高岡郡佐川町甲2458

0889-22-7740

（佐川町役場 まちづくり推進課）

sakawa-machimaru.jp

牧野博士の思いを住民みんなで引き継ぐ場所　高知県・佐川にある牧野公園。この場所は、1902年（明治35年）、植物学者である故・牧野富太郎が、東京より「ソメイヨシノ」の苗を出身地である佐川町に送り、地元の有志たちが青源寺の土手などに植えたことに由来する。牧野博士が愛した早春に咲く「バイカオウレン」や、約30種類以上の桜、公園の山頂にある「物見岩」からは、山々に抱かれた町の眺めが美しい。この場所の整備や植栽には「牧野公園はなもりC -LOVE」というボランティアグループが活躍し、毎年4月24日には、牧野博士の生誕祭が行なわれる。約160年以上たった今も、牧野博士がいかに地域の人から愛されているかがわかる。牧野博士の思いを継ぎ、「花育てる人、花を愛でる人双方の笑顔が生まれる場所」として、憩いの場として、これからも長く愛され続けてほしい。（坂田 実緒子／大ナゴヤツアーズ事務局）

038

愛媛

EHIME

卯之町バール OTO

愛媛県西予市宇和町卯之町3-216

0894-89-1864

unomachi-bar-oto.com/

街と繋《つな》がる場　宇和島藩の宿場町として栄えた、西予《せいよ》市宇和の国の重要伝統的建造物群保存地区にある築100年以上の古民家を活用したカジュアルなバール。オーナーの藤川朋宏さんはこの町出身で、東京の飲食店勤務を経て2015年に地域おこし協力隊として妻・晶子さんとUターンした。紅殻格子が印象的な建築は、かつて地域コミュニティーの場として愛されていた喫茶店。しばらく空き家だったところを受け継ぎ、家具や什器《じゅうき》も活用している。資金は官民連携のクラウドファンディングで調達。食材は極力、西予近辺の海山の幸に拘《こだわ》り、米は地元の「田力米」、肉は「はなが牛」、城川ファクトリーの「城川ベーコン」、「明浜《あけはま》しらす」など。この街の「繋がれる空気感」が好きだという朋宏さん。オリジナルグッズやイベントも手がけながら、下の世代も一緒に面白い街にしていきたいと柔らかく笑う。

（日野 藍／編集者・デザイナー）

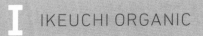

041
佐賀
SAGA

手塚商店
佐賀県西松浦郡有田町大樽1-2-2
0955-42-2018

若手作家スタートアップの場　歴史的な街並みの有田内山地区に店を構える手塚商店。明治初期から大正期に至るまで有田焼の貿易商として活躍していた。店舗は1913年（大正2年）に建てられた。時代の変遷とともに業態を変えながら店も変貌を遂げ、現在は若手焼物作家の作品を取り扱うギャラリーとして運営している。店内では、たなかふみえ氏、石原亮太氏、中島瞳氏、Folk Designの作品などが展示されている。12代目の現店主・手塚英樹さんが若手作家を取り扱うきっかけは、1996年の『世界・焱《ほのお》の博覧会』。その当時、有田を盛り上げる一環で、登り窯を作り若手作家などに開放し、その縁で徐々に若手作家の作品を展示するようになった。今では、手塚商店から独立し、自店舗を持つ作家も現れており、若手作家のスタートアップの場として有田では無くてはならない存在である。（古賀義孝／光画デザイン）

040
福岡
FUKUOKA

博多座
福岡県福岡市博多区下川端町2-1
092-263-5555
www.hakataza.co.jp

芸どころ博多が誇る劇場　大きな赤い提灯《ちょうちん》に迎えられ、大階段を見上げると、全身がじわっと高揚感に包まれていく。「博多座」は、日毎《ごと》膨らませてきた舞台への期待をさらに引き上げ、これから観劇する感覚を研ぎ澄ましてくれる、唯一無二の劇場だ。開館は1999年。当時、実物大のヘリコプターが登場するなど、舞台装置の大きさが理由で、東京の帝国劇場でしか上演できなかったミュージカル『ミス・サイゴン』が上演できるように設計された、という話は舞台好きな福岡県民の間では有名だ。良い舞台を作るために熱く本気な劇場が、福岡にあることを誇りに思う。「六月博多座大歌舞伎」の時期には「船乗り込み」が行なわれ、歌舞伎俳優たちが船で博多川を下って博多座に降り立つ。新型コロナ感染防止対策で開催が見送られていたが、2023年は4年ぶりの開催。博多に芸事の活気が戻ってきたのだな……と、しみじみ嬉《うれ》しい。（原 かなた／会社員）

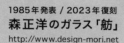

043
熊本
KUMAMOTO

itiiti
www.itiitiitiiti.com

進化する“igusa”　「itiiti」は、村上キミさんと田中ノリコさんによるプロダクトユニット。建材やアクリルなどを使いプロダクトを製作する中、身近な存在のイグサに着目した。熊本県八代《やつしろ》宇《う》城《き》地方は、国内シェア98パーセントを誇るイグサの産地でありながら、農家の数は35年前に比べて5パーセントまで減少。田中さんの伯父がイグサ農家だったこともあり、まずはイグサを知ってもらうために、“身につけるigusa”づくりを始めた。泥染めしたイグサをさらに色染めし、カットしたパーツを針と糸で繋《つな》げ形にする。畳の素材であるイグサを、軽やかなアクセサリーに変え、自分だけの“igusa”をつくるワークショップも開催。“身につけるigusa”はオブジェへと発展し、イグサと地元への真摯《しんし》な思いを一針ごとに込めながら、進化し続けている。（渡邉壽枝／d design travel 編集部）

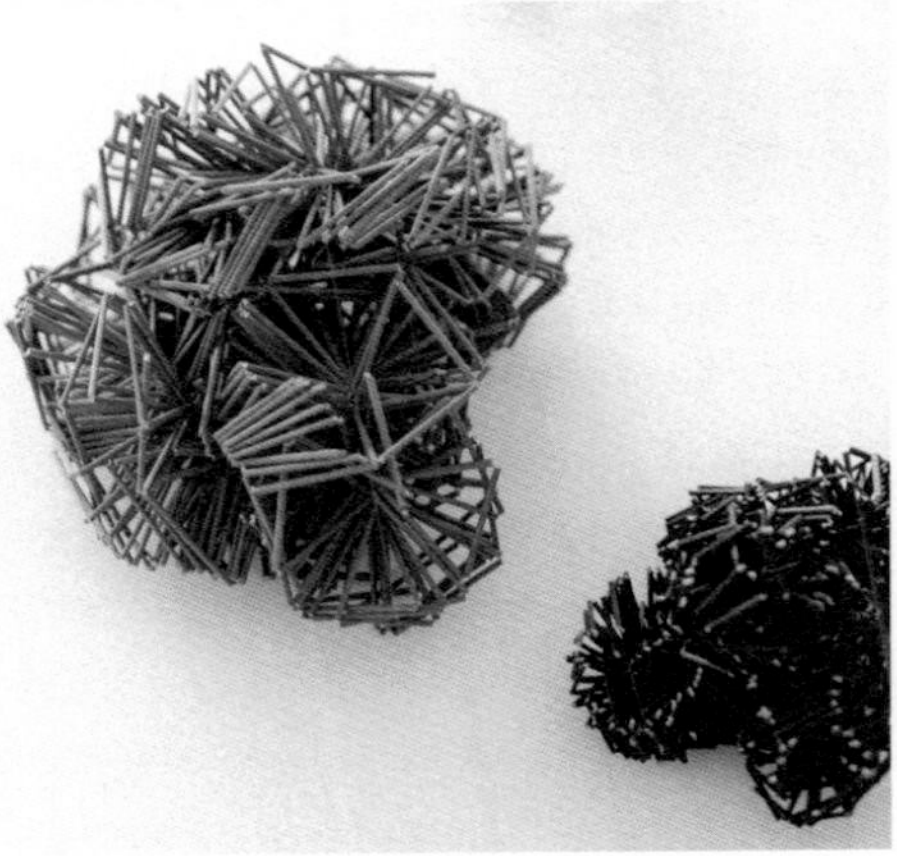

042
長崎
NAGASAKI

吉永製作所
長崎県長崎市東出津町1660-1
090-1923-2052
www.yamago-tetsuka.com/

Photo : Yuma Harada

長崎の木でつくるまな板とスツール　古い教会、海と山、石積みの家、大切に人の手でつくられたものや文化が今も残る、長崎市外海《そとめ》町。世界文化遺産「長崎と天草地方の潜伏キリシタン関連遺産」の構成資産だ。この土地に吉永製作所はある。土地の素材を選りすぐり、つくり上げた家具には、緊張感と軽快感があり、思わず触れてみたくなる。長崎産ヒノキ材のまな板は、程よい厚みで木肌のツルッとした感触が心地よい。スツールはシンプルな形であるが、さまざまな技と工夫があり、特にその軽さに驚く。吉永圭史さんに、制作の上で大事にしていることを聞くと「土地の素材を使い、手の加え方が適当であること」と返ってきた。その言葉から、吉永さんの木に対する愛情と素直なモノづくりを感じる。木肌の美しさを出すための加工、軽い素材を生かしつつも丈夫につくられていて、確かに手の加え方が適当である。（城島 薫／パパスアンドママス）

045

宮崎

MIYAZAKI

良食市場 みやざきサンクスマーケット
宮崎県宮崎市大淀4-6-28 1F
0985-41-5165
www.instagram.com/miyazaki_thanksmarket/

26市町村の美味《おい》しいが集まる場　1973年に開業したショッピングセンター「宮交シティ」の直営店として、2022年にオープンしたアンテナショップ。「宮崎の生産者と食材に感謝。みやざき26郷土食の良食市場。」をコンセプトに、宮崎県産のものだけを扱っているが、豊富な商品ラインアップからは、宮崎の食の豊かさをうかがい知れる。自然生態系農業のまち・宮崎県綾町の有機野菜をはじめ、新鮮な旬の野菜が揃う青果、市場直送のお刺身、日替りのお惣菜や地元で人気のお菓子、料理のベースを支える出汁や調味料、県内の豊富な食材でつくられた加工品に、生産者さんとの会話が楽しいポップアップブースなど、宮崎県内26市町村の美味しいが毎日集まる。美味しい豊かさに触れると、自然と生産者さんへの「感謝」の気持ちが湧いてくる。(田口 沙緒理／みやざきLFPアンバサダー)

044

大分

OITA

セメント町かやく舎
大分県津久見市セメント町1-10
0972-83-5470
https://cementmachi.wixsite.com/kayaku

セメント町《まち》の歴史を繋《つな》ぐ　大分県津久見市は、石灰石が豊富であったことや、流通にも最適な津久見港があったことから、古くよりセメント産業が盛んな場所。その名残は地名にも残されている。この町の日常の豊かさを楽しんでほしいとの思いで、2018年に喫茶店「セメント町かやく舎」がオープン。この町に残る築100年以上の古民家を、セメントと100以上年前から建材として利用されてきた漆喰《しっくい》や木材などを活用し、大工の手を借りながらセルフビルドで改修した。季節ごとに咲く野花を摘みながら歩き、昔ながらの店を巡って繋がりを作り、津久見の良さを知るワークショップを不定期に開催するほか、この場所に地域の人が子どもたちを連れて訪れ、訪れたもの同士が緩やかに繋がるコミュニティーの場として親しまれている。季節とともに、暦を意識しながら暮らす豊かさがここにある。(たかせあゆみ／ D&D 大分の会)

047
沖縄
OKINAWA

LIQUID THE STORE
沖縄県那覇市壺屋1-1-21-1F
098-988-3607
store.liquid.okinawa

沖縄の新しいお酒に出会える店　2021年、那覇市にリニューアルオープンした「飲む」がテーマの「LIQUID THE STORE」。国内外問わず、セレクトされたお酒を角打ちスタイルで楽しみながら、商品を購入できる。特に目を引いたのは、瑞穂酒造が主宰する「ONERUM」の Single Island シリーズ。沖縄の「さとうきび」を主原料に、伊江島、西表《いりおもて》島、多良間島、小浜島、粟国《あぐに》島、波照間《はてるま》島、与那国島、伊平屋《いへや》島の8つの産地により風味が異なる黒糖を用いたラムだ（現在完売）。これを経て、独自の製法技術により、この8島の黒糖を使用した「THE OKINAWA ISLANDS RUM」が2023年8月に完成。「Single Island」シリーズのラベルを踏襲したデザインも美しい。沖縄の黒糖から始まるものづくりに、沖縄文化への尊敬を感じた。（福田里咲／ D&DEPARTMENT OKINAWA）

046
鹿児島
KAGOSHIMA

Miru Amami
鹿児島県大島郡龍郷町芦徳800
0997-55-4066
mirucollection.com/miruamami/ja/miru-amami-home-jpn-2/

奄美大島のデスティネーションホテル　奄美大島の豊かな自然や伝統文化など、その魅力を存分に味わえるヴィラ「Miru Amami」。島の伝統的な高倉や、島に生息する夜光貝などをモチーフにデザインされている。島の食文化を体感できるレストラン「アマナリ」のディナーは、南国の植物・ソテツの実を使ったスープから始まる。かつてソテツを食べ、飢餓を凌《しの》いだ時代があり、実や種の毒抜きをし、食材として活用する方法を見出し、命を繋《つな》いだことを教えてくれた。ルームキーや器など、鹿児島や奄美大島の作家のものが多く使われ、其処彼処《そこかしこ》からまだ知らない奄美大島の奥深さを体感できる。ヴィラから望む美しいビーチと吹き抜ける潮風、スタイリッシュで開放的な客室、夜は満天の星空。ただ、ここに滞在するだけで心地良い。（内門美里／D&DEPARTMENT KAGOSHIMA）

会員みんなでつくる

ロングライフデザインの会 会員紹介

D&DEPARTMENTの活動を通じて「ながくつづく」を研究、紹介、活用しながら、いい店や場所、生活道具がいつまでも存在し続くように、そこに大切な意識を広める場として発足した「ロングライフデザインの会」。地域や仲間と繋がり、持続性を生み出す活動を、年間を通して応援いただく会員制度です。

今村製陶［JICON］

version zero dot nine

漆工芸大下香仙株式会社［Classic Ko］

亀﨑染工有限会社

カリモク家具

株式会社キャップライター

ダイアテック［BRUNO］

大地の芸術祭

デザインモリコネクション

株式会社東京チェンソーズ

ドライブディレクション

日本デザイン振興会

FUTAGAMI

AHH!!／アールズスタジオ 村上理枝／四十沢木材工芸／淺井勇樹／あさのゆか（朝から晩まで）
浅見要介／安積とも絵／飯島俊幸／礒 健介／一湊珈琲焙煎所／inutaku3／入多由紀恵
石見神楽東京社中 小加本行広／株式会社 INSTOCK／株式会社 hplus／江原明香
mldkdesigns LLC／MT／August Kekulé／大治将典／有限会社 大鷹／大山 曜
オクムサ・マルシェ／カーサプロジェクト株式会社／風の杜／弁護士法人 片岡総合法律事務所
金子さつき／河野秀樹／菅野悦子／機山洋酒工業 株式会社／Cuet Inc. 中野結衣
国井純（ひたちなか市役所）／黒野 剛／桑原仙溪／桑原宏充／褻ノ日 藤崎眞弓
Code for FUKUI／COCOO 前田愛花／コクウ珈琲／九十百千 KOTOMOCHI
kobayashi pottery studio／小湊美輝／コルポ建築設計事務所
COMFORT STYLE Co.,Ltd.／今 由美／酒井貴子／株式会社サカエマーク／坂口慶樹
坂本正文／佐賀義之／サトウツヨシ／佐藤丈公／讃岐かがり手まり保存会／saredo されど
志ば久 久保 統／JunMomo／白川郷山本屋 山本愛子／白崎龍弥・酒井晴菜／白藤協子
株式会社 杉工場／村主暢子／STAN STORE TOKYO／sail 中村圭吾／曽山 茂
タイタイスタジオ／竹原あき子／ちいさな庭／智里／株式会社 津乃吉／妻形 円／紡ぎ詩
水流一水／つるまきばね／Daiton／DESIGN CLIPS／tetora／DO-EYE-DO
とくら建築設計／友員里枝子／鳥居大資／DRAWING AND MANUAL／中村亮太／Nabe
南條百恵実／西山 薫／梅月堂／821&350／林口砂里／原田将裕（茅ヶ崎市役所）
ハルバル材木座／パンのGORGE／HUMBLE CRAFT／東尾厚志／東島未來
日の出屋製菓 千種啓資／ひろ／Hiroshi Tatebe／fhans-satoshi／POOL INC. 小西利行
深石英樹／藤枝 碧／藤澤純子／藤原慎也／plateau books／FURIKAKE 得丸成人
古屋万恵／古屋ゆりか／株式会社ぶんぶく／ホテルニューニシノ／Marc Mailhot／松田菜央
マルヒの干しいも 黒澤一欽／みうらけいこ／道場文香／峯川 大／宮崎会計事務所
meadow_walk／モノ・モノ／森内理子／森 光男／八重田和志／谷澤咲良／山口愛由子
ヤマコヤ やまさき薫／山崎義樹／山次製紙所／ヤマモト ケンジ／山本文子／山本八重子
山本 凌／梁 有鎮／yurie／横山純子／横山正芳／吉永ゆかり／若松哲也
他 匿名51名（五十音順・敬称略）

※2023年11月末までに入会された個人・法人会員の内、お名前掲載に同意いただいた方々をご紹介しています。

D&DEPARTMENT STORE LOCATION

D&DEPARTMENT HOKKAIDO
by 3KG
北海道札幌市中央区大通西17-1-7
☎011-303-3333
O-dori Nishi 17-1-7, Chuo-ku,
Sapporo, Hokkaido

D&DEPARTMENT SAITAMA
by PUBLIC DINER
埼玉県熊谷市肥塚4-29 PUBLIC DINER
屋上テラス
☎048-580-7316
PUBLIC DINER Rooftop Terrace
4-29 Koizuka, Kumagaya, Saitama

D&DEPARTMENT TOYAMA
富山県富山市新総曲輪4-18
富山県民会館 1F
☎076-471-7791
Toyama-kenminkaikan 1F, Shinsogawa
4-18, Toyama, Toyama

D&DEPARTMENT MIE
by VISON
三重県多気郡多気町ヴィソン 672-1
サンセバスチャン通り6
☎0598-67-8570
6 Sansebastian-dori, 672-1Vison,Taki-cho,
Taki-gun Mie

D&DEPARTMENT KAGOSHIMA
by MARUYA
鹿児島県鹿児島市呉服町6-5
マルヤガーデンズ4F
☎099-248-7804
Maruya gardens 4F, Gofuku-machi 6-5,
Kagoshima, Kagoshima

D&DEPARTMENT SEOUL
by MILLIMETER MILLIGRAM
ソウル市龍山《ヨンサン》区《グ》梨《イ》泰《テ》 院《ウオン》 路《ロ》240
☎ +82 2 795 1520
Itaewon-ro 240, Yongsan-gu,
Seoul, Korea

D&DEPARTMENT HUANGSHAN
by Bishan Crafts Cooperatives
安徽省黄山市黟县碧阳镇碧山村
☎ +86 13339094163
Bishan Village, Yi County, Huangshan City,
Anhui Province, China

D&DEPARTMENT FUKUSHIMA
by KORIYAMA CITY
福島県郡山市燧田 195 JR郡山駅 2F
こおりやま観光案内所内
☎024-983-9700
JR Koriyama Station 2F
(Koriyama tourist information center),
195 Hiuchida, Koriyama, Fukushima

D&DEPARTMENT TOKYO
東京都世田谷区奥沢8-3-2-2F
☎03-5752-0120
Okusawa 8-3-2-2F, Setagaya-ku, Tokyo

d news aichi agui
愛知県知多郡阿久比町矢高五反田37-2
☎0569-84-9933
Yatakagotanda 37-2, Agui-cho,
Chita-gun Aichi

D&DEPARTMENT KYOTO
京都府京都市下京区高倉通仏光寺
下ル新開町397 本山佛光寺内
☎ショップ 075-343-3217
食堂 075-343-3215
Bukkoji Temple, Takakura-dori Bukkoji
Sagaru Shinkai-cho 397, Shimogyo-ku,
Kyoto, Kyoto

D&DEPARTMENT OKINAWA
by PLAZA 3
沖縄県沖縄市久保田3-1-12 プラザハウス
ショッピングセンター 2F
☎098-894-2112
PLAZA HOUSE SHOPPING CENTER 2F,
3-1-12 Kubota, Okinawa, Okinawa

D&DEPARTMENT JEJU
by ARARIO
済州島《チエジュトウ》 済州《チエジュ》市《シ》 塔洞《ダプドン》路《ロ》 2ギル 3
☎ +82 64-753-9904/9905
3, Topdong-ro 2-gil, Jeju-si,
Jeju-do, Korea

d47 MUSEUM / d47 design travel store /
d47食堂
東京都渋谷区渋谷2-21-1 渋谷ヒカリエ 8F
☎d47 MUSEUM/d47 design travel store
03-6427-2301 d47食堂 03-6427-2303
Shibuya Hikarie 8F, Shibuya 2-21-1,
Shibuya, Tokyo

ちょっと長めの、編集長後記

日本の地方の〝スタンダード〟。

神藤《しんどう》秀人《ひでと》

福井の人は、古くから商才に長《た》け、地道に畑を耕すことより、商売で結果を残したいタイプが多く、「越前商人」ともいわれてきた。また、勤勉で堅実な気質があり、そのせいか福井県は、社長輩出率が高い。例えば、老舗の大手百貨店「髙島屋」の飯田新七《しんしち》（初代）氏や、全国にあるホテルチェーン「アパホテル」の元谷芙美子氏や、ブログブームの火付け役「サイバーエージェント」の藤田晋氏などが挙げられ、ちなみに事がある度に利用させていただいた福井発祥の焼き鳥チェーン「やきとりの名門 秋吉」では、全ての男性客を「社長」（女性客は「お嬢さん」）と呼び、もちろん編集長の僕にも「社長、お疲れ様です！」と労《ねぎら》いの言葉をかけてもくれ、どんなに疲れた一日でも気分が晴々する素敵なお店だった。

そして、福井県は、共働き率が日本一。県内に祖父母が住んでいる家庭も多く、3世代同居率も高いためだそうで、そんなこんなで、幸福度ランキング（2022年版 一般財団法人日本総合研究所編）においても、福井県は全国1位という。確かに、福井の人は、みんなが生き生きと楽しそうで、悩みがあってもそれを吹き飛ばすぐらいのアイデアが豊かで、越前鯖江《さばえ》の「地場産業」に見られるように、「地域」を守るために「個人」の考え方から〝アップデート〟させていく革新的な県民性を持っていた。それは、ビジネスを成功させるための秘訣《ひけつ》でもあり、専ら生き延びていくための常套手段であり、ある意味、〝ロングライフは皆無〟——それが、福井の特徴だった。

これまで東京から石川県の金沢が終点だった北陸新幹線が、

In spring 2024, the Hokuriku Shinkansen will be extended from its current terminus in Kanazawa, Ishikawa to Tsuruga, Fukui. This is sure to bring change to Fuku. Young people, natives and non-natives alike, are bringing new life to the traditional townscapes. In Fukui, design and art are not just value-added—they're the standard. Despite its plain and modest reputation, Fukui is brilliant, even cutting-edge.

With revitalization, restoration, self-sufficiency, and SDGs all trending, Japan is now experiencing peak "local." In that sense, what makes Fukui unique is the leading edge of what makes Japan unique.

Since ancient times, Fukui's distinctive culture has been shaped by its links to the outside world: the *kitamaebune*, the Saba Kaido, the Asia-facing ports of Wakasa Bay, and soon the Shinkansen. Nowadays, the times have caught up with Fukui, and it will no doubt have to keep updating its standards moving forward. But even amid all those changes, Fukui's character endures. That, I think, is what "Long Life" means for Fukui, and where its true essence lies.

福井県の敦賀まで開業することになる2024年春。福井駅前をはじめ、各主要駅周辺の都市開発は、急速に進み、間違いなく福井は変わる。最新の技術を取り入れ、福井ならではのコンセプトを持った次世代ミュージアムもすでにいくつか生まれ、他県からの視察の指標にもなっている。古き良き時代の面影も残る商店街や、伝統ある町並みの宿場町などにも、出身地にかかわらず若者の活躍も目立ち、「デザイン」や「アート」といった付加価値が、福井では〝スタンダード〟にもなっている。もはや、『地味にすごい』（北陸新幹線福井・敦賀開業PRキャッチコピー）どころか、華やかで先進的。

産業観光イベント『RENEW』の来場者のほとんどが、20～30代の若者だったのにも正直驚いたが、それもどこか〝福井らしさ〟だった。地方創生、地産地消、古民家再生、まちづくり、SDGs……日本はまさにローカル全盛時代。福井らしさは、同時に〝最先端の日本らしさ〟だった。

どんなにコンセプトを謳《うた》っても、洗練された姿を装っても、性格は生まれつき。日本海で活躍した「北前船」や、御食国《みけつくに》と京都を結ぶ「鯖街道」、大陸からの玄関口「若狭湾」、そして、多くの観光客を誘致する「北陸新幹線」。福井は、古くから外と繋《つな》がることで、独自の文化を発展させてきた。今、時代が、福井に並び、これから先も福井のスタンダードは、ますますアップデートされていくだろう。変化しながらも、脈々と受け継がれていく福井の性。それこそロングライフな〝福井らしさ〟なのだと思う。

Slightly Long Editorial Notes

By Hideto Shindo

"Standards" in provincial Japan

The people of Fukui have long excelled at commerce. Many would rather make their mark as traders rather than work in the fields. They're studious and reliable in nature; perhaps that's why Fukui produces so many CEOs per capita.

Fukui also has Japan's highest rate of dual-income households, owing partly to the fact that it has many three-generation households with parents, grandparents, and children living together. All told, Fukui is ranked the #1 happiest prefecture in Japan. the people of Fukui all seem jovial. If there's a problem, they have no shortage of ideas to make it go away. And as the local industries of Sabae demonstrate, they're also ingenious, protecting their local heritage by updating old traditions. It's their secret of success in business, their tried-and-true way of surviving—in a sense, for Fukui, there is no such thing as "Long Life."

18 **TSURUGA BOOKS&COMMONS ちえなみき**(→p. 082)
福井県敦賀市鉄輪町1-5-32 otta内
0770-47-5606
10:00–20:00　水曜休(祝日は営業、翌日休)
TSURUGA BOOKS&COMMONS (→p. 083)
Kanawa-cho 1-5-32, Tsuruga, Fukui (otta)

19 **福井県年縞博物館**(→p. 083)
福井県三方上中郡若狭町鳥浜122-12-1
0770-45-0456
9:00–17:00(入館は16:30まで)
火曜休(祝日は営業、翌日休)、年末年始休
Fukui Prefectural Varve Museum(→p. 083)
Torihama 122-12-1, Wakasa-cho, Mikata-kaminaka-gun, Fukui

20 **村松建築**(→p. 084)
福井県小浜市小浜鹿島35
0770-52-1360
日曜・祝日休
Muramatsu Kenchiku(→p. 085)
Obama-kashima 35, Obama, Fukui

21 **小浜町家ステイ**(→p. 084)
福井県小浜市和久里24-45-2
(道の駅若狭おばま情報施設カウンター)
070-2807-8074(受付時間8:30〜17:30)
1泊素泊まり1名16,500円〜
Obama Machiya Stay(→p. 085)
Wakuri 24-45-2, Obama, Fukui (Roadside Station Wakasa-Obama Information Facility Counter)

22 **SEE SEA PARK**(→p. 085)
福井県大飯郡おおい町成海1-8-5
0770-77-4489
10:00–22:00　水曜休
SEE SEA PARK(→p. 084)
Narumi 1-8-5, Oi-cho, Oi-gun, Fukui

23 **ジャクエツ 福井本社工場**(→p. 096)
福井県敦賀市若葉町2-1770
0770-25-1111(代表)
9:00–18:00　土・日曜・祝日休
Jakuets Fukui Main Plant(→p. 096)
Wakaba-cho 2-1770, Tsuruga, Fukui

24 **BOSTON CLUB SHOP SABAE**(→p. 106, 142)
福井県鯖江市三六町1-4-30
0778-52-0890
営業時間:10:00–19:00　水曜休(祝日は営業)
BOSTON CLUB SHOP SABAE(→p. 106, 142)
Sanroku-cho 1-4-30, Sabae, Fukui

25 **めがねミュージアム**(→p. 106)
福井県鯖江市新横江2-3-4 めがね会館
0778-42-8311
営業時間は各施設によって異なる　水曜休
(祝日、及びお盆期間は営業)、年末年始休
MEGANE MUSEUM(→p. 106)
Shinyokoe 2-3-4, Sabae, Fukui Megane-kaian

26 **MEGANEROCK**(→p. 106, 142)
www.meganerock.com
MEGANEROCK(→p. 106, 142)

27 **田中眼鏡本舗 浪漫堂**(→p. 106, 142)
福井県鯖江市上河端町18-4-6
0778-54-0044
11:00–18:00　木曜休、第2･3･5水曜休
Tanaka Gankyo Honpo – Romando(→p. 106, 142)
Kamikoubata-cho 18-4-6, Sabae, Fukui

28 **福井メトロ劇場**(→p. 128)
福井県福井市順化1-2-14メトロ会館4階
0776-22-1772
営業時間は、映画上映に準ずる
(基本的に)無休
Fukui Metro Theater(→p. 128)
Metro-kaikan 4F, Junka 1-2-14, Fukui, Fukui

29 **遊亀庵かめや**(→p. 112)
福井県越前市東千福町27-37
0778-22-0399
11:000–18:00　木曜休
Yukian-Kameya(→p. 112)
Higashisenpuku-cho 27-37, Echizen, Fukui

30 **そば処 一福**(→p. 112)
福井県今立郡池田町稲荷34-24-1
0778-44-6121
11:00–15:00　火曜休(祝日は営業、翌日休)
Soba House Ippuku(→p. 112)
Inari 34-24-1, Ikeda-cho, Imadate-gun, Fukui

31 **森六**(→p. 112)
福井県越前市粟田部町26-20
0778-42-0216
11:00–14:00(土日祝は、11:00-15:00)月曜休、
第3火曜休(祝日は営業、翌日休)
Moriroku(→p. 112)
Awatabe-cho 26-20, Echizen, Fukui

32 **うるしや**(→p. 112)
福井県越前市京町1-4-26
0778-21-0105
ランチ 11:00–15:00(L.O.14:30)
ディナー 17:30–21:00(L.O.20:30)水曜休
第1火曜休
Urushiya(→p. 112)
Kyou-machi 1-4-26, Echizen, Fukui

33 **田中佑典**(→p. 118)
tanaka-asia.com
Yusuke Tanaka(→p. 118)

34 **中野商店**(→p. 135)
福井県鯖江市日の出町2-1
0778-67-3440
18:00–26:00　月曜休、日曜不定休
Nakano Shouten(→p. 135)
Hinode-cho 4-1, Sabae, Fukui

35 **年間民宿 佐助**(→p. 138)
福井県小浜市田烏36-4
0770-54-3407
1泊2食付き1名9000円〜
(季節により変動あり・要相談)
Minshuku Sasuke(→p. 138)
Tagarasu 36-4, Obama, Fukui

36 **うみの宿 さへい**(→p. 138)
福井県南条郡南越前町糠12-21
0778-48-2738(9:00–20:00)
1泊2食付き1名13000円〜(2名利用時)
(冬期 40000円〜)
Umi no yado Sahei(→p. 138)
Nuka 12-21, Minami-echizen-cho, Nanjo-gun, Fukui

37 **谷口屋**(→p. 138)
福井県坂井市丸岡町上竹田37-26-1
0120-58-2202 / 0776-67-2202
食事処　10:30-15:00(L.O.)　お土産処
9:00-17:00(テイクアウトは10:30-15:00)
Taniguchiya(→p. 138)
Kamitakeda 37-26-1, Maruoka-cho, Sakai, Fukui

38 **奥井海生堂 敦賀駅前 otta 店**(→p. 142)
福井県敦賀市鉄輪町1-5-32
0770-47-5115
9:00–18:00　水曜休、年末年始休
Okui Kaisieido – TSURUGA POLT SQUARE otta(→p. 142)
Kanawa-cho 1-5-32, Tsuruga, Fukui

39 **道の駅 若狭おばま**(→p. 142)
福井県小浜市和久里24-45-2
0770-56-3000
9:00–18:00　無休(年末年始を除く)
Roadside Station Wakasa Obama(→p. 142)
Wakuri 24-45-2, Obama, Fukui

40 **安本酒造**(→p. 142)
福井県福井市安原町7-4
0776-41-0011
10:00–17:00　無休
Yasumoto Sake Brewery(→p. 142)
Yasuhara-cho 7-4, Fukui, Fukui

41 **旧北陸線トンネル群**(→p. 163)
福井県敦賀市樫曲〜南条郡南越前町湯尾
The Old Hokuriku Main Line Tunnels(→p. 163)
From Kashimagari, Tsuruga to Yunoo, Minami-echizen-cho, Nanjo-gun, Fukui

d MARK REVIEW INFORMATION (→ p. 185)

d design travel FUKUI INFORMATION

1 FAVORITE
越前蟹の坊(→p. 075, 124)
福井県坂井市三国町宿1-16
0776-82-3925
営業時間・定休日は、要確認
Echizen Kaninobou (→p. 072,124)
Mikunichoshuku 1-16, Sakai, Fukui

2 FAVORITE
だしまきさん(→p. 124)
[クマゴロ－カフェ]日曜 11:00–15:00
[flat kitchen]火曜隔週、水～土曜
9:00–14:05
Dashimaki-San (→p. 124)

3 FAVORITE
濱の四季(→p. 124)
福井県小浜市川崎3-5
0770-53-0141
11:00–15:00(L.O.14:30) 第3水曜休
(祝日は営業)、年末年始休、他不定休
Hamanoshiki (→p. 124)
Kawasaki 3-5, Obama, Fukui

4 FAVORITE
御菓子処 伊勢屋(→p. 124)
福井県小浜市一番町1-6
0770-52-0766
8:30–17:30 水曜休(10月～4月上旬は、
火・水曜休)
Okashidokoro Iseya (→p. 124)
Ichiban-cho 1-6, Obama, Fukui

5 FAVORITE
やきとりの名門 秋吉 福井片町店(→p. 124)
福井県福井市順化2-7-1
0776-21-3573
平日 17:30–24:00 金・土曜 17:00–24:00
日曜・祝日 17:00–23:00 日曜休
(月曜が祝日または振替休日の場合は営業)
Akiyoshi Fukui Kata-machi store(→p. 124)
Junka 2-7-1, Fukui, Fukui

6 FAVORITE
RICE BAR CRAFT SAKE LABO (→p. 073, 124)
福井県福井市中央3-5-12
0776-30-1100
17:00–23:00(金・土曜は、17:00-24:00)
日・月曜休
RICE BAR CRAFT SAKE LABO (→p. 073, 124)
Chuo 3-5-12, Fukui, Fukui

7 FAVORITE
敦賀ヨーロッパ軒(→p. 124)
福井県敦賀市相生町2-7
0770-22-1468
11:00–14:00 16:30–20:00 月・火曜休
Tsuruga Yoroppaken (→p. 124)
Aioi-cho 2-7, Tsuruga, Fukui

8 FAVORITE
松岡軒 本店(→p. 124)
福井県福井市中央3-5-19
0776-22-4400
店舗 9:00–17:30 1月1日休
カフェ 11:00-17:00(L.O.16:30)木曜休
Matsuoka-ken Main Store (→p. 124)
Chuo 3-5-19, Fukui, Fukui

9 FAVORITE
オレンジ BOX フェニックス(→p. 124)
福井県福井市松本4-12-12
0776-30-0170
7:00–23:00 無休
Orange Box – Phoenix (→p. 124)
Matsumoto 4-12-12, Fukui, Fukui

1
THREE TIMES COFFEE(→p. 072)
福井県福井市順化1-1-1 福井銀行本店ビル2F
8:00–16:00 土・日曜・祝日休
THREE TIMES COFFEE(→p. 071)
Fukui Bank bldg. 2F, Junka 1-1-1, Fukui, Fukui

2
福井県立図書館(→p. 072)
福井県福井市下馬町51-11
0776-33-8860
平日 9:00–19:00
土・日曜・祝日 9:00–18:00
月・第4木曜・祝日の翌日・年末年始休
The Fukui Prefectural Library(→p. 071)
Geba-cho 51-11, Fukui, Fukui

3
福井市美術館 [アートラボふくい] (→p. 072)
福井県福井市下馬3-1111
0776-33-2990
9:00–17:15 ※入館は16:45まで
月曜休(祝日は営業、翌日休)、祝日の翌日休
(日曜を除く)
The Fukui City Art Museum (Art Labo Fukui)
(→p. 071)
Geba 3-111, Fukui, Fukui

4
FLAT(→p. 072)
福井県福井市順化2-16-14
0776-97-5004
営業時間・定休日は、店舗によって異なる
FLAT(→p. 073)
Junka 2-16-14, Fukui, Fukui

5
金津創作の森美術館(→p. 073)
福井県あわら市宮谷57-2-19
0776-73-7800
9:00–17:00(企画展は10:00–／夜間は貸館に
応じて22:00まで)
月曜(祝日開館・翌平日休館)・年末年始休
Kanaz Forest of Creation(→p. 072)
Miyadani 57-2-19, Awara, Fukui

6
詰所三國(→p. 075)
福井県坂井市三国町南本町3-3-17
080-2964-9613
1泊1名9,200円～(素泊まり・4名利用時)
Tsumesho Mikuni(→p. 075)
Minami-honmachi 3-3-17, Mikuni-cho, Sakai,
Fukui

7
料理茶屋 魚志楼(→p. 075)
福井県坂井市三国町神明3-7-23
0776-82-0141
ランチ 11:30–14:00
ディナー 18:00–21:00(L.O.20:30)
Uoshiro(→p. 075)
Shinmei 3-7-23, Mikuni-cho, Sakai, Fukui

8
荒島旅舎 / ARASHIMA HOSTEL(→p. 076)
福井県大野市元町8-17
1泊素泊まり1名3,000円～(6名利用時)
arashima-hostel.com
ARASHIMA HOSTEL(→p. 075)
Motomachi 8-17, Ono, Fukui

9
タケフナイフビレッジ(→p. 076, 142)
福井県越前市余川町22-91
0778-27-7120
9:00–17:00 年末年始休
Takefu Knife Village(→p. 077, 142)
Yokawa-cho 22-91, Echizen, Fukui

10
岡太神社・大瀧神社(→p. 077)
福井県越前市大滝町13-1
0778-42-1151
Okamoto Otaki Shrine(→p. 076)
Otaki-cho 13-1, Echizen, Fukui

11
和紙屋 杉原商店(→p. 079,142)
福井県越前市不老町17-2
0778-42-0032
第4土曜のみ営業(要予約)
Sugihara Washipaper(→p. 076, 142)
Oizu-cho 17-2, Echizen, Fukui

12
ろくろ舎(→p. 079)
福井県鯖江市西袋町512
11:00–18:00(アポイント制)
info@rokurosha.jp
Rokurosha(→p. 079)
Nishibukuro-cho 512, Sabae, Fukui

13
十割蕎麦 だいこん舎(→p. 080, 112)
福井県丹生郡越前町小曽原120-3-20
0778-32-3735
11:00–15:00(土・日曜・祝日は、11:00-17:00)
月曜休(祝日は営業、翌日休)、他臨時休業あり
Daikonya(→p. 081, 112)
Ozowara 120-3-20, Echizen, Nyu-gun, Fukui

14
土本訓寛・久美子(→p. 080)
Michihiro Domoto, Kumiko Domoto(→p. 081)

15
わくラボ(→p. 080)
福井県今立郡池田町野尻11-3
営業時間・定休日は、店舗によって異なる
worklaboikeda.com
Waku Labo(→p. 081)
Nojiri 11-3, Ikeda-cho, Imadate-gun, Fukui

16
長尾と珈琲(→p. 080,142)
福井県今立郡池田町板垣51-13-3
0778-67-6723 12:00–16:00 月～金曜休
Nagao to Coffee(→p. 080)
Itagaki 51-13-3, Ikeda-cho, Imadate-gun, Fukui

17
小豆書房(→p. 081, 137)
福井県今立郡池田町稲荷18-4-1
080-2395-1080
11:30–19:00 水～金曜休
(金曜は自習室のみ13:30–17:30)
Azuki Shobo(→p. 080)
Inari 18-4-1, Ikeda-cho, Imadate-gun, Fukui

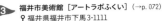

13 **ESHIKOTO**（→p. 044, 142）
福井県吉田郡永平寺町下浄法寺12-17
営業時間は、各店舗に準ずる
※20歳未満入場不可　水曜休、第1・3・5火曜休
eshikoto.com
中部縦貫自動車道　永平寺参道ICから
車で約10分
ESHIKOTO（→p. 044, 142）
Shimojohoji 12-17, Eiheiji-cho, Yoshida-gun, Fukui
Hours of operation depend on each store. *No admission for adults under 20 years old. Closed on Wednesday and the first, third and fifth Tuesday of the month.
10 minutes by car from Eiheiji-Sandou exit on Chubu-Jukan Express way

14 **志野製塩所 しの屋**（→p. 046, 142）
福井県福井市鮎川町133-1-1
070-3630-1920
3月～11月　11:00-17:00
12月～2月　11:00-16:00
土・日曜・祝日のみ営業
shinoya004.stores.jp
JR北陸本線　福井駅から車で約50分
Shinoya, Echizen Shino Craft Salt（→p. 046, 142）
Ayukawa-cho 133-1-1, Fukui, Fukui
11:00–17:00（March to November）11:00-16:00（December to February）Open only on Saturdays, Sundays and national holidays
50 minutes by car from Fukui station on JR Hokuriku Main Line

15 **ORION BAKE**（→p. 048）
福井県南条郡南越前町古木49-3-1
080-5857-4605
11:30-17:00（L.O.16:30）　水・木曜休
www.instagram.com/orionbake/?hl=ja
北陸自動車道　今庄ICから車で約10分
ORION BAKE（→p. 048）
Furuki 49-3-1 Minamiechizen-cho, Nanjo-gun, Fukui
11:30–17:00（L.O 16:30）Closed on Wednesday and Thursday
10 minutes by car from Imajou exit on Hokuriku Express way

16 **昆布屋孫兵衛**（→p. 050, 142）
福井県福井市松本2-2-6
0776-22-0612
10:00-17:00　火・水曜休
www.instagram.com/kombuyamagobei/
JR北陸本線　福井駅から車で約5分
Kombuya Magobei（→p. 050, 142）
Matsumoto 2-2-6, Fukui, Fukui
10:00–17:00 Closed on Tuesday and Wednesday
5 minutes by car from Fukui station on JR Hokuriku Main Line

17 **望洋楼**（→p. 052）
福井県坂井市三国町米ケ脇4-3-38
0776-82-0067
1泊2食付き1名80,000円～（2名利用時、時期により異なる）　www.bouyourou.jp
えちぜん鉄道三国芦原線　三国港駅から
車で約5分
Bouyourou（→p. 052）
Komegawaki 4-3-38, Mikuni-cho, Sakai, Fukui
One night with 2 meal（per person）from 80,000 yen when two guests in one room（Varies depending on the time of year）
5 minutes by car from Mikuni-Minato station on Echizen Railway Mikuni-Awara Line

18 **城町アネックス**（→p. 054）
福井県福井市大手2-18-1
0776-23-2003
1泊素泊まり1名8,000円～
shiromachi-anx.com
JR北陸本線　福井駅から徒歩約5分
Shiromachi Annex（→p. 054）
Ote 2-18-1, Fukui, Fukui
One night with no meal（per person）from 8,000 yen
5 minutes on foot from Fukui station on JR Hokuriku Main Line

19 **若狭佳日**（→p. 056）
福井県小浜市阿納10-4
0770-54-3010
1泊2食付き1名28,100円～（2名利用時）
wakasa-kajitsu.com
舞鶴若狭自動車道　小浜ICから車で約10分
Wakasa Kajitsu（→p. 056）
Ano 10-4, Obama, Fukui
One night with 2 meal（per person）from 28,100 yen when two guests in one room
10 minutes by car from Obama exit on Maizuru-Wakasa Express way

20 **八百熊川**（→p. 058）
福井県三方上中郡若狭町熊川30-6-1
1泊素泊まり1名19,000円～
yao-kumagawa.com
舞鶴若狭自動車道　若狭上中ICから車で
約15分
Yao-Kumagawa（→p. 058）
Kumagawa 30-6-1, Wakasa-cho, Mikatakaminaka-gun, Fukui
One night with no meal（per person）from 19,000 yen
15 minutes by car from Wakasa-Kaminaka exit on Maizuru-Wakasa Express way

d 21 **TSUGI　新山直広**（→p. 060, 088）
福井県鯖江市河和田町19-8
0778-65-0048
10:00-19:00　土・日曜・祝日休
tsugilab.com
JR北陸本線　鯖江駅から車で約20分
Naohiro Niiyama, TSUGI（→p. 060）
Kawada-cho 19-8, Sabae, Fukui
10:00–19:00 Closed on Saturday, Sunday and national holidays
20 minutes by car from Sabae station on JR Hokuriku Main Line

d 22 **GENOME REAL STORE ／ たくら CANVAS　藤原ヨシオ**（→p. 062）
福井県南条郡南越前町長沢25-2
0778-45-1836
10:30-18:00　月・水・土・日曜・祝日営業
www.instagram.com/genome_realstore
北陸自動車道　今庄ICから車で約7分
Yoshio Fujiwara, GENOME REAL STORE ／ Takura CANVAS
（→p. 062）
Nagasawa 25-2, Minamiechozen-cho, Nanjo-gun, Fukui
10:30–18:00 Open on Monday, Wednesday, Saturday, Sunday, and national holiday
7 minutes by car from Imajou exit on Hokuriku Express way

d 23 **ノカテ**（→p. 064, 142）
福井県福井市居倉町38-2（点景／イクララボ）
nokate.theshop.jp
JR北陸本線　福井駅から車で約40分
Nokate（→p. 064, 142）
Ikura-cho 38-2, Fukui, Fukui
40 minutes by car from Fukui station on JR Hokuriku Main Line

d 24 **DEKITA　時岡壮太**（→p. 066）
福井県三方上中郡若狭町熊川30-6-1
0770-62-1777
www.dekita-tokyo.com
舞鶴若狭自動車道　若狭上中ICから
車で約15分
Sota Tokioka, DEKITA（→p. 066）
Kumagawa 30-6-1, Wakasa-cho, Mikatakaminaka-gun, Fukui
15 minutes by car from Wakasa-Kaminaka exit on Maizuru-Wakasa Express way

d MARK REVIEW FUKUI INFORMATION

1
大本山 永平寺(→p. 020, 130)
福井県吉田郡永平寺町志比5-15
0776-63-3102
8:30-16:30(季節により変更あり)　年中無休
daihonzan-eiheiji.com
中部縦貫自動車道　永平寺参道ICから車で約10分
Eiheiji Temple(→p. 020,130)
Shihi 5-15, Eiheiji-cho, Yoshida-gun, Fukui
8:30–16:30 (Change depending on the season) Open all year
10 minutes by car from Eiheiji-Sandou exit on Chubu-Jukan Express way

2
越前市かこさとし ふるさと絵本館 砳(→p. 022)
福井県越前市高瀬1-14-7
0778-21-2019
10:00-18:00　火曜、祝日の翌日、年末年始休
www.city.echizen.lg.jp/office/090/060/kakosatosi
JR北陸本線　武生駅から車で約10分
Kako Satoshi Hometown Picture Book Museum RAKU (→p. 022)
Takase 1-14-7, Echizen, Fukui
Closed on Tuesday, the day after a national holiday, year-end and New Year's holidays
10 minutes by car from Takefu station on JR Hokuriku Main Line

3
福井県立恐竜博物館(→p. 024)
福井県勝山市村岡町寺尾51-11
0779-88-0001
9:00-17:00(予約制／入館は16:30まで)
第2·4水曜休(祝日の場合は翌日休)、年末年始休、他臨時休館あり(夏季繁忙期は要確認)
www.dinosaur.pref.fukui.jp
中部縦貫自動車道　勝山ICから車で約10分
Fukui Prefectural Dinosaur Museum(→p. 024)
Terao 51-11, Muroko-cho, Katsuyama, Fukui
9:00–17:00 (Admission until 16:30) (Reservation needed in advance) Busy summer season: 8:30–18:00 (Admission until 17:30) Closed on every second and forth wednesday of the month (If it is a national holiday, closed on the next day, open throughout the summer vacation period),year-end and new year's holidays, other temporary closures
10 minutes by car from Katsuyama exit on Chubu-Jukan Express way

4
COCONO アートプレイス(→p. 026)
福井県大野市元町12-2
0779-64-4848
9:00-17:00　月曜休(祝日の場合は営業)、祝日の翌日休、年末年始休(臨時休館あり)
www.cocono-art.jp
JR越美北線　越前大野駅から徒歩約10分
COCONO Art Place(→p. 026)
Moto-machi 12-2, Ono, Fukui
9:00–17:00Closed on Monday (open if it's national holiday), closed on the day following a national holiday, year-end and new year's holidays, other temporary closures
10 minutes on foot from Echizen-Ono station on JR Etsumihoku Line

5
ポポー軒(→p. 028, 112)
福井県福井市順化1-6-3
0776-97-6906
昼 12:00-14:00　夜 19:00-22:00　月曜休
JR北陸本線　福井駅から徒歩約15分
Popo-ken(→p. 028, 112)
Junka 1-6-3, Fukui, Fukui
Lunch: 12:00–14:00 Dinner: 19:00-22:00 Closed on Monday
15 minutes on foot from Fukui station on JR Hokuriku Main Line

6
旬味 泰平(→p. 030)
福井県福井市中央3-14-11
0776-25-4686
ランチ 11:30-13:30　夜 18:00-21:00
JR北陸本線　福井駅から徒歩約10分
Shunmi Taihei(→p. 030)
Chuo 3-14-11, Fukui, Fukui
Lunch: 11:30–13:30 Dinner: 18:00–21:00
10 minutes on foot from Fukui station on JR Hokuriku Main Line

7
薪火の見えるレストラン　la clarté(→p. 032)
福井県坂井市丸岡町山口64-31
0776-43-0027
11:30-16:00　水·日曜休
www.la-clarte.jp
北陸自動車道　丸岡IC·福井北ICから車で約15分
la clarté, Woodfired Restaurant (→p. 032)
Yamaguchi 64-31, Maruoka-cho, Sakai, Fukui
11:30–16:00 Closed on Wednesday and Sunday
15 minutes by car from Maruoka/Fukui-Kita exit on Hokuriku Express way

8
丹巌洞(→p. 034)
福井県福井市加茂河原1-5-12
0776-36-2668(要予約)
不定休(見学のみも可、要相談)
JR北陸本線　福井駅から車で約10分
Tangando(→p. 034)
Kamogawara 1-5-12, Fukui, Fukui
Closed on occasionally (Visiting only is acceptable, but needs to be confirmed.)
10 minutes by car from Fukui station on JR Hokuriku Main Line

9
GOSHOEN (→p. 036, 142)
福井県小浜市北塩屋17-4-1
0770-64-5403
10:00-17:00　水·木曜休
goshoen1815.com
舞鶴若狭自動車道　小浜ICから車で約10分
GOSHOEN (→p. 036, 142)
Kitashioya 17-4-1, Obama, Fukui
10:00–17:00 Closed on Wednesday and Thursday
10 minutes by car from Obama exit on Maizuru-Wakasa express way

10
SAVA!STORE(→p. 038)
福井県鯖江市河和田町19-8
0778-25-0388
平日 12:00-18:00　土·日曜·祝日 11:00-18:00
火·水曜休(祝日の場合は営業)、年末年始休
savastore.jp
JR北陸本線　鯖江駅から車で約20分
SAVA!STORE(→p. 038)
Kawada-cho 19-8, Sabae, Fukui
Weekday 12:00–18:00Saturday, Sunday and natinal holidays 11:00-18:00Tuesday, Wednesday (Open if it is national holiday),year-end and New Year's holidays
20 minutes by car from Sabae station on JR Hokuriku Main Line

11
エイトリボン(→p. 040, 142)
福井県坂井市丸岡町堀水13-8
0776-66-3550
10:00-17:00　不定休(要確認)
www.eightribbon.jp
北陸自動車道　丸岡ICから車で約10分
Eight Ribbon(→p. 040, 142)
Horimizu 13-8, Maruoka-cho, Sakai, Fukui
10:00-17:00 Closed occasionally (Confirmation required)
10 minutes by car from Maruoka exit on Hokuriku Express way

12
ataW(→p. 042, 142)
福井県越前市赤坂町3-22-3
0778-43-0009
11:00-18:00　水·木曜休
(祝日の場合は営業)、年末年始休
ata-w.jp
JR北陸本線　鯖江駅から車で約10分
ataW(→p. 042, 142)
Akasaka-cho 3-22-3, Echizen, Fukui
11:00–18:00 Closed on Wednesday, Thursday (Open if it's national holiday), and year-end and New Year's holidays
10 minutes by car from Sabae station on JR Hokuriku Main Line

田中 佑典 Yusuke Tanaka
生活芸人
“地味る”福井の旨味を
是非拾いにきてください！

谷口 弘晃 Hiroaki Taniguchi
有限会社谷口屋 広報・営業部長
宣伝下手だけど、美味しい物が
沢山ある福井をPR！

玉木 愛実 Manami Tamaki
津和野まちとぶんか創造センター
学校や地域の学びと創造を支える
環境を作っています。

辻井 希文 Kifumi Tsujii
イラストレーター
福井のいろいろなイラストを
描いております。

土屋 誠 Makoto Tsuchiya
BEEK
老眼はじまったら、眼鏡選びは
鯖江でと決めてます。

時岡 壮太 Sota Tokioka
株式会社デキタ 代表取締役、
福井は自社仏閣などの歴史的建物も
たくさんあります！

とつゆう Yuta Totsu
作家・デザイナー
いつか鯖江を訪ねてみたい。

轟 久志 Hisashi Todoroki
株式会社トドロキデザイン
のんびり農業&デザインの仕事を
しています。

富田 朱音 Akane Tomita
D&DEPARTMENT PROJECT 商品部
今年は土鍋でご飯を炊きたい！

中野 伸 Sin Nakano
中野商店 店主
福井に本物の音と楽しい空間を
提供できるように切磋琢磨しています。

仲舛 なずな Nazuna Nakamasu
東北芸術工科大学 学生
山形で肥えて帰ります！

中山 領 Ryo Nakayama
ステランティスジャパン（株）
マーケティング部
これからしばらく、旅のお供を
させて頂きます。

中山 小百合 Sayuri Nakayama
d47食堂 料理人
へしこを仕込みにいきたい！
冬の越前海もみてみたい！

南雲 克雅 Katsumasa Nagumo
日本つけ麺学会　事務局長
中野発祥のつけ麺の美味しさと
素晴らしさを世界へ。

新山 直広 Naohiro Niiyama
TSUGI代表/クリエイティブディレクター
福井号を片手に越前鯖江に
ようこそです！

根岸 佳代 Kayo Negishi
福井メトロ劇場　支配人
映画を通して福井の街をお客様と一緒に
元気にしたいです。

原 かなた Kanata Hara
会社員
美食の街福岡。新店開拓とお気に入り
通いで忙しいです。

原 久美子 Kumiko Hara
フリーランス
心からおいしいと思うものに
出会える人生にしたい。

原田 將裕 Masahiro Harada
茅ヶ崎市役所
どうぞ茅ヶ崎にお越しください。
ご案内します！

日野 藍 Ai Hino
YON編集長・デザイナー
最近お遍路さんデビューしました。
四国は面白い。

福田 里咲 Risa Fukuda
D&DEPARTMENT OKINAWA by PLAZA 3
沖縄のラム酒にハマってます！

伏見 勇希 Yuki Fushimi
伏見梅園 代表
福井梅のオンリーワンの味わい、
是非ご賞味あれ！

藤原 ヨシオ Yoshio Fujiwara
GENOME 代表
基本雑貨屋店主。リノベデザインと
お庭デザインも。

古谷 阿土 Azuchi Furutani
d47 MUSEUM
福井県の魅力を再発見できました。
もう一度旅したい！

本多 寿美代 Sumiyo Honda
会社員
おもにプラプラしています。
百聞は一見にしかず。

本多 尚諒 Naoaki Honda
テンナイン・コミュニケーション
蟹、そば、大好物です！
北陸新幹線楽しみ！

松崎 紀子 Noriko Matsuzaki
DESIGN CLIPS
越前ガニを食べに旅したい。

松本 勘太夫 Kandayu Matsumoto
株式会社マツ勘 社長
お箸を通して“まち”と“ひと”の
わくわくを！

御子柴 北斗 Hokuto Mikoshiba
まちづくり小浜 代表取締役
小浜の海、里、まちに息づく暮らしを
つないでいきたい

南 清美 Kiyomi Minami
うみの宿さへい 女将
鯖のへしこ作りしています。
皆さんに伝授します。

宮郷 克典 Katsunori Miyago
有限会社カネヒ 酒みやごう 代表取締役
福井県の地酒をこよなく愛する、
町の酒屋です。

村松 徹哉 Tetsuya Muramatsu
株式会社村松建築 代表取締役
100年先へ繋げる『小浜の町家』を
作っています。

毛利 優香 Yuuka Mouri
洲本市地域おこし協力隊
日本海側の海も久しぶりに見たいし、
化石発掘体験してみたいなあ。

本村 拓人 Takuto Motomura
Media Surf Communications
ナガオカさん質問です。日本人の中で最も
バーナードルドフスキーだと思われる
ご友人は？

安本 みゆき Miyuki Yasumoto
プランナー
福井といえば私が住む下関とは
ふぐ繋がり！興味津々です！

山内 剛 Go Yamauchi
そば処一福3代目
そば打ちに人生をかけています！
ぜひご賞味ください！

山﨑 悠次 Yuji Yamazaki
写真家
猫背な人生

山本 阿子 Ako Yamamoto
D&DEPARTMENT FUKUSHIMA
ルーレットの旅で冬の敦賀へ
行ったのが福井の思い出。

輪手 千夏 Chinatsu Wate
d47食堂
福井にまた日本酒を飲みに&
海を見に行きます！

CONTRIBUTORS

Aiton
一般社団法人SOE / RENEW事務局
産地の窓口になりたい。越前鯖江に
関わりたいひと募集中！ https://soe.or.jp/

相馬 夕輝　Yuki Aima
D&DEPARTMENT PROJECT
夏の福井はおだやかでした。
次は冬の福井に来たい。

雨田 大輔　Daisuke Amada
MEGANEROCK
お蕎麦と日本酒、ときどきメガネ

天津 やよい　Yayoi Amatsu
フリーランス＠和歌山
和歌山のカネイワ醤油で作る
ナスの煮浸しは絶品！

綾本 真里菜　Marina Ayamoto
D&DEPARTMENT HOKKAIDO
シンプルな塩ラーメンが好きです。

石嶋 康伸　Yasunobu Ishijima
ナガオカケンメイのメール友の会管理人
ナガオカケンメイのメール読んでね！

井上 映子　Eiko Inoue
ダイアテック BRUNO広報
自転車の新たな楽しみを伝えたい！！

今田 雅　Miyabi Imada
CARRY on my way 44
直感的に探求する何者でもないわたし

岩井 巽　Tatsumi Iwai
東北スタンダードディレクター
福井、必ずまた訪れたい思い入れの
深い県です。

内門 美里　Misato Uchikado
D&DEPARTMENT KAGOSHIMA by MARUYA
店長／セイ
鹿児島にきて6年目。セイも6年目。

衛藤 武智　Takenori Eto
にほんごこうえつ
思うのは福井へ岡倉秋水を観に行って
眼鏡を作りたい！

加賀崎 勝弘　Katsuhiro Kagasaki
PUBLIC DINER
福井と埼玉のつながり！
微住田中さん！福井新聞高島さん！

菅野 博　Hiroshi Kanno
安房暮らしの研究所　所長
https://www.facebook.com/
awalifestylelaboratory

木曽 智裕　Tomohiro Kiso
株式会社fuプロダクション
月刊fuや、ふーぽを通して
福井の魅力を全力で紹介中です！

貴堂 敦子　Atsuko Kidou
D&DEPARTMENT TOYAMA
同じ北陸福井、近くなのに知らない
魅力たくさんありそう！

国井 純　Atsushi Kunii
ひたちなか市役所
はじめての福井も、dと一緒なら。

黒江 美穂　Miho Kuroe
D&DEPARTMENT ディレクター
福井県は大好きな仲間が沢山いる、
大切な場所！

河原 泰彦　Yasuhiko Kobara
合名会社河原酢造 代表社員
国産有機米から静置醗酵で造る
フルーティな純米酢。

古賀 義孝　Yoshitaka Koga
光画デザイン 代表
デザインで、世の中を明るくできると
信じています。

小松原 一身　Kazumi Komatsubara
株式会社ボストンクラブ　代表取締役
メガネの魅力と価値を
世界に発信しています。

金蔵未優　Miyuu Konzo
D&DEPARTMENT TOKYO ショップスタッフ
長野から上京して1年が経ちました。

坂田 実緒子　Mioko Sakata
大ナゴヤツアーズ事務局
佐賀の港から昇る朝日と漁師の笑顔は
日本一！

坂本 大三郎　Daizaburo Sakamoto
山伏
へしこ大好きです。

坂本 大祐　Daisuke Sakamoto
オフィスキャンプ
奈良県東吉野村で
コワーキングスペースを運営中。

佐藤 春菜　Haruna Sato
編集者
旭川生まれ。東北を拠点に旅して
暮らして書いています。

柴田 智加　Chika Shibata
小豆書房　店主
小さく、まめまめしく、小豆書房です

芝生 かおり　Kaori Shibo
福井かひる山　風土舎
福井県に移住して2年、
里山暮らしを満喫しています。

下野 文歌　Fumika Shimono
d京都OG
福井のそばが大すきです！

城島 薫　Kaoru Jojima
パパスアンドママス
長崎のことを、d design travelで伝えたい。

新海 康介　新海 樹味
Kosuke ShinkaiShigemi Shinkai
城町アネックス
2024年に40周年を迎えます。
ぜひお寄り下さい！

杉原 吉直　Yoshinao Sugihara
和紙屋・杉原商店　社長
唄って踊れる和紙詩人を目指す
和紙ソムリエ

関坂 達弘　Tatsuhiro Sekisaka
セキサカ／ataW代表
福井の魅力を異なる角度から伝えれたら
と思います。

高木 崇雄　Takao Takaki
工藝風向 店主
武生に知人が多く、訪ねるのが
いつも楽しみです。

髙木 晴香　Haruka Takagi
ライター・編集者
徳島にいらっしゃる際は
ご連絡ください！ Twitter: takagichan98

髙瀬 あゆ美　Ayumi Takase
D&D大分の会
当たり前すぎて氣づかなかった、
津久見（地元）の良さを再発見！！

高田 弘介　Kosuke Takada
D&DEPARTMENT MIE by VISON
三重でつづくを学び、次の世代へ！

高野 直子　Naoko Takano
リトルクリエイティブセンター
東京と岐阜をつなぐフリーマガジン
「TOFU magazine」を発行中！

田口 沙緒理　Saori Taguchi
みやざきローカルフードプロジェクト
アンバサダー
宮崎の美味しいをつなぐ。

田嶋 宏行　Tajima Hiroyuki
株式ジャクエツ
遊具／遊び場デザイナー
遊びの価値を探求しています！
福井号とっても楽しみ！

イトリボン／株式会社マン動／Code for FUKUI／TAKIPAPER／flat project／TSUGI llc.／六感デザイン／山崎建設株式会社
株式会社 みちば／久保田製菓有限会社／株式会社サカエマーク／野尻ケイク／谷川醸造／志ぱ久 久保 統／FUTAGAMI
デザインモリコネクション有限会社／平野光國／fueco／inutaku3／福井工業大学 工学部 建築土木工学科 交通まちづくり研究室 吉村朋矩
ナカヒロユキ／saito／九十百 KOTOMOCHI／森岡咲子／平井勝治／山田志穂／ムラオ アキヒト／芝生かおり／福井のマエケン／髙橋 要
トモノコトを伝え繋がる商店 しの屋／音緑／ナカオミズ／小林 大樹／チャーリーナガヤマ／中嶋ピノ／杉田昌隆／村谷 知華／ヒロパー
ねむら／寺田千夏／河甚／林あきこ／荒川公良／トラネトラ食堂／崎山智華／Eri Hamamoto／かいはる／松下ひかり
TONKAN terrace（トンカンテラス）／大嶋さち／入江 幸治／しばちゃん／まさひこ ふるき／池口亮／國近京輔／左嵜謙祐／魚治湖里庵
寺岡壮太／おでんの旦那／福野泰介／田崎 直渡／AKAGERA32／浅野桃子／村田隆志・真弓・椎奈・樫和／大谷彰浩／御子柴北斗／河合映江
柳家花緑／d 日本フィルの会／sky／滝 智朗／こもりゆうへい／宇野朱美／新町陽子／髙野麻実／Tomomi Takano／まきの えり／末永明子
高坂道人／藤川明宏／株式会社ルーフスケイプ／sarunao／赤石洋平／saredo - されど -／とくら建築設計／ローカルラッパー TSUJI
さなっち／室谷かおり／播磨屋智子／村井 一気／友廣 みどり／サッカー小僧／吉永伸裕／安田 昌平／漆工芸大下香仙株式会社／島田達也
吉田智彦／渡邉本樹／ふくいの空がすき／ミーツ・コミュニケーション・デザイン／株式会社タッセイ／久保田真貴／Ayu Yamaguchi
森田華奈／出蔵健至／中本邦子 akeru／原田將裕／増山 芳弘／けんたろう／國松 勇斗・素子／みほ／鷹野寛之／マキアサト／中西 育美
新開雅啓／samba2001／高野 翔 | ライツ社／どーも／橋本康央／武田修美／金田有紗／宮﨑会計事務所／上城戸 佑基／あつたよしとも
村木 諭／おがわれいこ／林 良子／高井 雅彦／えざわれい／素敵な変態さん大好きBetterDream（さたけまさのり）／すずやん／八重田和志
中村文信／株式会社 hplus／山本剛史／日本海さかな街「島屋」の店員／藤谷瑞樹／村田英郎／satoshi makino／ますだはるこ・けんたろう
若杉賢一／フナトミワ／大竹高史／吹屋ふるさと村陶芸の会／窪田千莉／森 光男／こうのみ／細渕真幸／西畑 静佳／ともみー／佐々木敏明
海東次郎／徳川 貴文／出田建築事務所／（有）日の出屋製菓／山崎義樹／naoh_sama／石原藍（vue）／つじしんあけみ／川島洋一
杉本雅明／田中日奈子／樋口裕二／神代 知沙／キムソンイ／中村麻佑／ふるかわともか／飛山拓也／けろあき／くりはらゆうこ／西尾麻美
やまもとしおり／ヤマシタユキコ／盛 & 今日／ホリイシンタロウ／ゆせろう／岡部淳也／藤丸伸和／田上夏伊／Ku／門脇万莉奈
ネイルかわだまい／小磯麻樹子／こやまちはる／高田 弘介／小林しんじ／花紫／自由 & 真理／田邊直子／時田隆佑
国井 純（ひたちなか市役所）／菅原春香／YUSHI／平田 藍莉／まるちか／角田秀夫／石黒剛／高田陸央／清水俊貴／大畑 恵美子
小嶋寿和／川名部 敬介／ゆかママ／佐久間弘幸／蒼黒1997／ツダ／サカタミオコ／くろちゃん／Maki／石川 秀寛
殿下リラクゼーション salonVita／高岡勇治／東遥花／江口諒（eguegu_ryo）／朴 智史／味噌カツ むろまち／手塚路子／さのっち
中尾さゆり／深治遼也／郡山裕子／木村陽一／西澤悠人／坪田 昭夫／大下健一／山田健太郎／田嶋宏行 / 葵／ヤマギシマサヒコ
西澤ハム太／HIROSHI YAMAMOTO／BRICK HOUSE／爐 文香／かなまめ／小川智寛／namiki／池内祥見／K.OKADA／S.Mukai／元田（BOSS）
ファニチャーホリック／はむ／藤原亮一／川岸正寛／koto／UMIHICO／松田幸貴／Keiko.O／小瀧忍／山下 KenKen／前沢泰史／北野 弥生
タコスとバクテー／谷垣奈穂／喫茶ホボハチ／和田静希／シルク／CRAFTOUR／高野 翔／design labo chica／ピー君／森居真悟／高橋未帆
Rumi Yamazaki／トモエ／佐々木晃子／サカタモリフミ／西山薫／あんこ／yukarich／関本亜紀／中嶋武／森あんじゅ／高島健
Yoshihiko Kawabata／Relation Kaori Labo／服部成男／もりのこみち かつやま／いぴい／武澤和代／金津創作の森美術館／吉鶴かのこ
大坪 千夏／金森 新／はらです。／名田庄城 城主／いまむらゆうき／ココロミハウス／井上和樹／多田健太郎／じょーじ／伊藤嘉男／前田博子
養生デザイン 青木優加 山中雄大／細川善弘／kimi@ 森ハウス／滝製紙所／Satoru Nozeki／わかば／関昌邦／豊田真由／yurie／菅沼祥平
ナカムラケンタ／イソミジュン／山本由麻／テリフリ／西山綾加／トラ子ちゃん／川の妖精ひさじろう／HANA／横山 順也／だいこくえり
朝倉 由希／大橋美智代／友員里枝子／野路建築設計事務所／日向野めぐみ／moruco／島田寛昭／マサ／田口雅教
とにかく和紙を揉んでる人／坂井勇太／ジョン／MEGUMI SHIOZAKI／284／長田泉／KIMCH／笹岡可那子／nimbus
福井かひる山 風土舎／荻田 英爾／達川仁路／ueshi／きよちゃん／もたはん／新美 乃武子／TAP&SAP／小林 克彰／Kohei Yamamoto
hitoshi／菅 真智子／玉村／なかた みやこ／kazue kazetani／桐山かれん／芝田 陽介／有賀 樹広・みずき・詠作・播／a.n.d.wedding
竹村理衣／ルルルなビール／株式会社ルルルル／伊澤由樹恵／坂本 正文／ススキユウタ／高木文一／CALLING BOOKS／髙橋 悠希子
egraviti／まつおかよこ／Gerd Knäpper Gallery／藤田茂治／いまで／アトリエ遊花里／加藤 勉／ORION BAKE／出水建大／morikacelica
大須 DECO by SHIOGAMA APARTMENT STYLE／貴堂 敦子／虎尾弘之／ちみ／エンライトメガネ／内田友紀／ataW／藤永晋悟
生活藝人 田中／立川裕大／田中真紀子／KOJI CAFE／桂木紀美代／富士書店／石津大輔／m.i／木下善德／みさわん／横瀬 陽向
RAMEN W グループ 代表 北川紀夫／821&350／Marc Mailhot／にょろすけ／株式会社いただきます／加賀崎勝弘（PUBLIC DINER）／aniki3180
小松原一身／渡邉家／ひこたろう／中尾正純／matsumoto tomoco／きたがわ家／牧野正典／Ryo-co／しゃかいか！加藤洋
他、匿名84名

SUPPORTERS of CROWDFUNDING

「福井号」の制作費の一部は、クラウドファンディングにて募集しました。
ご支援いただいた皆さん、ありがとうございました。

Code for FUKUI

六感デザイン

TAKIPAPER

株式会社 みちば

Flat www.flat-fukui.tv

久保田製菓
甘なっとうと水ようかん

サカエマーク

EUGUE RENOVATION

TSUGI

SAVA!STORE
FUKUI GOOD PRODUCTS

OTHER ISSUES IN PRINT

1 北海道 HOKKAIDO
2 鹿児島 KAGOSHIMA
3 大阪 OSAKA
4 長野 NAGANO
5 静岡 SHIZUOKA
6 栃木 TOCHIGI
7 山梨 YAMANASHI
8 東京 TOKYO
9 山口 YAMAGUCHI
10 沖縄 OKINAWA
11 富山 TOYAMA
11.2 富山2 TOYAMA2
12. 佐賀 SAGA
13 福岡 FUKUOKA
14 山形 YAMAGATA
15 大分 OITA
16 京都 KYOTO
17 滋賀 SHIGA
18 岐阜 GIFU
19 愛知 AICHI
20. 奈良 NARA
21 埼玉 SAITAMA
22 群馬 GUNMA
23 千葉 CHIBA
24 岩手 IWATE
25 高知 KOCHI
26 香川 KAGAWA
27 愛媛 EHIME
28. 岡山 OKAYAMA
29 茨城 IBARAKI
30 福島 FUKUSHIMA
31 三重 MIE
32 神奈川 KANAGAWA

HOW TO BUY

「d design travel」シリーズのご購入には、下記の方法があります。

店頭で購入
Physical Stores

・D&DEPARTMENT 各店（店舗情報 P.179）
・お近くの書店（全国の主要書店にて取り扱い中。在庫がない場合は、書店に取り寄せをご依頼いただけます）

ネットショップで購入
Online Stores

・D&DEPARTMENT ネットショップ www.d-department.com
・D&DEPARTMENT global site www.ddepartment.com
・Amazon amazon.co.jp
・富士山マガジンサービス（定期購読、1冊購入ともに可能） www.fujisan.co.jp

＊書店以外に、全国のインテリアショップ、ライフスタイルショップ、ミュージアムショップでもお取り扱いがあります。
[redacted]

編集後記

渡邉壽枝 Hisae Watanabe
d design travel 編集部。埼玉県出身。
ロングライフデザインの会 事務局 兼 編集部として、細々サポート。

制作中、15年ほど前に訪れた三国の景色を思い出していた。知り合いの作家さんの自宅に泊めてもらい、浴衣を借りて花火大会へ行き、地元で採れた食材を使った料理を食べ、とても穏やかな時間だった。今回の福井号では、クラウドファンディングで支援してくださった方や、掲載先の方々からの「福井に来てくれてありがとう」という言葉に何度も背中を押していただいた。まさにみなさんと一緒に作った「福井号」。こちらこそありがとうございます！

進藤仁美 Hitomi Shindo
D&DEPARTMENT TOYAMA ショップ店長。山梨県出身。
日々店頭で、富山のロングライフデザインを伝えている。

「d design travel TOYAMA vol.2」に続き2度目のトラベル誌制作。同じ北陸とはいえ福井のことはほとんど知らず、アウェイ感に少し寂くなったり。それでも福井を離れる頃には、出会った人々の顔が浮かんで離れがたく、私にとって福井が特別な場所になったんだと感じました。この本をお届けするのは、大切な友人を友人に紹介するような気持ちです。旅先で素敵な出会いがありますよう。そして皆さんにとっても福井が特別な場所になりますよう！

発行人 / Founder
ナガオカケンメイ Kenmei Nagaoka
(D&DEPARTMENT PROJECT)

編集長 / Editor-in-Chief
神藤 秀人 Hideto Shindo (D&DEPARTMENT PROJECT)

編集 / Editors
渡邉 壽枝 Hisae Watanabe (D&DEPARTMENT PROJECT)
進藤 仁美 Hitomi Shindo (D&DEPARTMENT TOYAMA)
松崎 紀子 Noriko Matsuzaki (design clips)

執筆 / Writers
高木 崇雄 Takao Takaki (Foucault)
坂本 大三郎 Daizaburo Sakamoto
黒江 美穂 Miho Kuroe (D&DEPARTMENT PROJECT)
相馬 夕輝 Yuki Aima (D&DEPARTMENT PROJECT)
根岸 佳代 Kayo Negishi (Fukui Metro Theatre)
柴田 智加 Chika Shibata (Azuki Shobo)
中野 伸 Shin Nakano (Nakano Shoten)
深澤 直人 Naoto Fukasawa

デザイン / Designers
加瀬 千寛 Chihiro Kase (D&DESIGN)

撮影 / Photograph
山﨑 悠次 Yuji Yamazaki

イラスト / Illustrators
辻井 希文 Kifumi Tsujii
坂本 大三郎 Daizaburo Sakamoto

日本語校閲 / Copyediting
衛藤 武智 Takenori Eto

翻訳・校正 / Translation & Copyediting
ニコル・リム Nicole Lim
ジョン・バイントン John Byington
真木 鳩陸 Patrick Mackey
松本 結美子 Yumiko Matsumoto
賀来 素子 Motoko Kaku
杉田 雪乃 Yukino Sugita
(Ten Nine Communications, Inc.)
山崎 俊祐 Shunsuke Yamasaki
(Ten Nine Communications, Inc.)
本多 尚諒 Naoaki Honda
(Ten Nine Communications, Inc.)

制作サポート / Production Support
ユニオンマップ Union Map
中山 小百合 Sayuri Nakayama (d47 SHOKUDO)
d47 design travel store
d47 MUSEUM
d47 食堂 d47 SHOKUDO
D&DEPARTMENT HOKKAIDO by 3KG
D&DEPARTMENT FUKUSHIMA by KORIYAMA CITY
D&DEPARTMENT SAITAMA by PUBLIC DINER
D&DEPARTMENT TOKYO
D&DEPARTMENT TOYAMA
d news aichi agui
D&DEPARTMENT MIE by VISON
D&DEPARTMENT KYOTO
D&DEPARTMENT KAGOSHIMA by MARUYA
D&DEPARTMENT OKINAWA by PLAZA 3
D&DEPARTMENT SEOUL by MILLIMETER MILLIGRAM
D&DEPARTMENT JEJU by ARARIO
D&DEPARTMENT HUANGSHAN by Bishan Crafts Cooperatives
Drawing and Manual

広報 / Public Relations
松添 みつこ Mitsuko Matsuzoe (D&DEPARTMENT PROJECT)
清水 睦 Mutsumi Shimizu (D&DEPARTMENT PROJECT)

販売営業 / Publication Sales
田邊 直子 Naoko Tanabe (D&DEPARTMENT PROJECT)
菅沼 晶子 Akiko Suganuma (D&DEPARTMENT PROJECT)
川端 依子 Yoriko Kawabata (D&DEPARTMENT PROJECT)

表紙協力 / Cover Cooperation
MEGANEROCK

協力 / Support
福井県交流文化部新幹線開業課 Department of Exchange and Culture, Shinkansen Development and Promotion Division, Fukui Prefectural Government

表紙にひとこと

「MEGANEROCK」のイメージ画

眼鏡ブランド「MEGANEROCK」の雨田大輔さんの工房にお邪魔した際、壁に貼ってあった眼鏡を掛けた人たちのイラストに釘付けになりました。もともと鹿児島出身の雨田さん。従来の福井の職人らしさと、ロックンロールな規格外のよそ者の性質を兼ね備えた存在が、意外と「僕の好きな福井」を象徴していた気がします。当たり前の“福井らしさ”を軽く超え、伝統や歴史を敬いながらも我が道を行く。それは、これからの日本に必要な目線——“デザインの眼鏡”を、この「福井号」をきっかけに掛けてみてください。

One Note on the Cover

The illustrative images of “MEGANEROCK”

I visited the workshop of “MEGANEROCK” – Daisuke Amada's glasses brand. Amada who is originally from Kagoshima has combined the traditional Fukui craftsmanship with the atypical nature of rock and roll standards, which unexpectedly is my cup of Fukui. Honoring tradition and history, he goes his own way. This is the “Glasses of Design” Japan needs to see through in the future. Please try wearing “Glasses of Design” with this Fukui issue.

d design travel FUKUI
2024年3月25日 初版 第1刷
First printing: March 25, 2024

発行元 / Publisher
D&DEPARTMENT PROJECT
158-0083 東京都世田谷区奥沢8-3-2
Okusawa 8-chome 3-2, Setagaya, Tokyo 158-0083
03-5752-0097
www.d-department.com

印刷 / Printing
株式会社サンエムカラー SunM Color Co., Ltd.

ISBN 978-4-903097-33-6 C0026

Printed in Japan

掲載情報は、2023年12月時点のものとなりますが、
定休日・営業時間・詳細・価格など、変更となる場合があります。
ご利用の際は、事前にご確認ください。
掲載の価格は、特に記載のない限り、すべて税込みです。
定休日は、年末年始・GW・お盆休みなどを省略している場合があります。
The information provided herein is accurate as of Desember 2023. Readers are advised to check in advance for any changes in closing days, business hours, prices, and other details.
All prices shown, unless otherwise stated, include tax.
Closing days listed do not include national holidays such as new year's, obon, and the Golden Week.

全国の、お薦めのデザイントラベル情報、本誌の広告や、
「47都道府県応援バナー広告」(P. 154～177のページ下に掲載)
についてのお問い合わせは、下記、編集部まで、お願いします。

宛て先
〒158-0083 東京都世田谷区奥沢8-3-2 2F
D&DEPARTMENT PROJECT
「d design travel」編集部宛て
d-travel@d-department.jp

携帯電話からも、D&DEPARTMENTの
ウェブサイトを、ご覧いただけます。
http://www.d-department.com